印度文化史

尚會鵬／著

五南圖書出版公司 印行

序言

人們對「文化」一詞有各種各樣的理解。最廣義的文化與「文明」同義，幾乎包括人類創造的一切。這個意義上的「文化史」就是「文明史」或「歷史」。但一般意義上的文化涵義並沒有這麼廣，它主要是指心智方面，即宗教、哲學、思想、道德、法律、語言、文學、藝術以及科學技術領域。本書是在後一種意義上使用「文化」這一概念，試圖完成的主要任務是：釐清印度文化的歷史。既然文化史是關於人們在心智方面創造成果的歷史，那麼，所謂印度文化史首先要弄清的是印度人至今為止創造了具有怎樣內容的宗教、哲學思想、藝術、學問等。可想而知，這是一件很困難的事情。困難首先在於，「印度文化」這一概念有太多的內涵，印度語言和宗教的複雜性使任何人都不可能完全精通哪怕是其中的一種文化。僅以語言為例來說明這個問題：精通梵語固然有利於掌握古代婆羅門系統的文獻材料，但這對掌握伊斯蘭教文化以及佛教文化卻沒有什麼大的用處，要掌握印度的伊斯蘭教文化和原始佛教文化，你還必須掌握波斯語和古漢語。即便這些你都掌握了，對於各種地方語言所承載的文化，你還是不得不靠別人的翻譯來了解。另一個困難是，「文化」這一概念本身也包括太多的分類，而每個分類的專家都在進行著細緻的研究，要全部掌握這些成果也幾乎是不可能的。

然而，這些困難並非說寫一部入門性質、概論性質的印度文化史是不可能的。古代印度許多重要典籍都有了英譯本。近年國內南亞研究事業獲得了發展，許多古代和現代的作品有了新的漢譯本（漢譯佛經還不算），倘若不是考證某些專門問題，這些譯本已足可用。這使我們在撰寫概論性質的印度文化史時不至於因語言問題而產生太大的麻煩。第二個困難也不是不可以克服的。本書是一部入門性質、概論性質的文化史，其特點在於從整體的、綜合的角度把握印度文化發展的脈絡。固然，倘若每個領域分別由專門的人來撰寫，細部可能會更精確一些，卻不一定能從總體上把握。所以，用這種方法編纂印度文化事典還可以，撰寫印度文化史就未必適合。從總體上把握印度文化，即便在某些領域達不到該領域專家的精確程度，但如果這種把握能對具體專門的領域產生某些新的啓發，或者提供一些思考問題的新角度，這本身不就是很有意義的嗎？

基於上述考慮，我為該書確定了解決的主要問題：

1. 印度各種文化是在什麼背景下產生的？它們適合了怎樣的社會和個人的要求？它們是通過怎樣的社會和個人的活動以及使用怎樣的素材和方法創造出來的？創造者與享用者是誰？因此我們在書中分析了與文化相關聯的社會階層（種姓制度）和種族等社會背景。

2. 被創造出來的文化具有怎樣的內容、性質、構造和作用？各種文化之間有何內在的連繫？這既對印度文化的總體而言，也適用於各分支文化（如印度教文化、佛教文化、伊斯蘭教文化等）以及各具體的文化領域（哲學思想、雕刻等）。

3. 一種文化一旦被創造出來，就會有相對的穩定性，就會超越時代被繼承下來。各種文化的產生是怎樣的以已有舊文化為素材？它們是怎樣繼承和變化的？

4. 各種文化是如何交流、融合的？正統文化與非正統文化、本土文化與外來文化之間的交流和融合採用了怎樣的形式與具有怎樣的特點？

可見，這幾個問題，單靠考察某一、兩個專門領域是無法解決的。它需要一種新的綜合，一種對具體文化領域的超越。作者是朝著這個方向努力的，至於是否達到了目的，只能由讀者評說。

不言而喻，本書是在參考了大量前人研究成果的基礎上寫成的。如果沒有各個領域專家的成果，可以說就沒有這本書。我在書中列出的每一處參考文獻，除了表明所用資料的出處之外，還都表示了對這些專家的敬意和感謝。在我的學術生涯中，我的前輩季羨林先生、金克木先生以及我的恩師陳洪進先生，都給了我難忘的教誨。他們對我的影響已滲透到本書的字裡行間。此外，我也從我的學友薛克翹教授、方廣錩博士、王邦維博士、朱明忠教授等那裡獲得過與該書有關的寶貴資料和教益，在這裡特向他們表示誠摯的謝意。

本書曾是我為北大研究生講課使用的講義。此次臺灣亞太圖書出版社將其正式出版，實為幸事。交稿前，我已在理論觀點、篇章結構、行文詞句等方面盡了最大的努力，但我仍不能說這些問題都解決得十分令人滿意。我期待著讀者的批評和指教。

尚會鵬

一九九八年二月二十日於北大燕北園

目錄

緒論 印度文化的背景和特徵

一、多樣的生態環境

在古代，「印度」一詞是對南亞次大陸的統稱，它包括今日印度共和國、巴基斯坦、孟加拉等南亞八國的領土，還包括今日緬甸的一部分。古代波斯人稱這塊次大陸為「Hindu」，西方人稱「India」，中國古代文獻稱「身毒」、「賢豆」、「天竺」等。這塊大約五百萬平方公里的土地是古代印度人民繁衍生息之地。這裡產生的獨特文化——印度文化——不僅是古代世界四大文化之一，而且在四大古老文化中，只有它與中國文化未曾中斷，延

續至今。

產生印度文化的地理條件是很有特點的。北部的高山把次大陸和亞洲其他地方隔離開來，它的東、南、西三個方向有海洋包圍，使它自成一個相對孤立的地理單位。印度文化的獨特性乃與這一地理特點相關聯。整個次大陸看起來略似一菱形或一鑽石形，由北向南插入印度洋。該菱形的上端是喀什米爾地區，下端為科摩林角。次大陸北部是號稱「世界屋脊」的喜馬拉雅山山脈，西北部是興都庫什山山脈。興都庫什山有一些狹窄的隘口，是古代次大陸與外界最重要的陸上通道。這些山口，是北方遊牧民族入侵次大陸的門戶，歷史上外來民族主要就是通過這些山口進入次大陸的。這些山口還是虔誠的香客與和平的商人來往的通道，印度文化也通過這些香客和商人傳播到亞洲其他地區。次大陸的東北部是那加丘陵，這裡崇山峻嶺，叢林密佈，林中毒蛇猛獸出沒，酷暑瘴氣傷人，為旅途設置了重重艱難險阻。次大陸的東面是遼闊的孟加拉海灣，西部是浩瀚的阿拉伯海，而大海在古代也是難以逾越的天然屏障。孟加拉灣的安達曼群島、尼科巴群島，以及阿拉伯海的拉克代夫群島（今拉克沙群島）、米尼科依島、阿明迪維群島也是古代印度的構成部分。

次大陸本身的地理構成亦十分複雜。高山峻嶺、河流、湖泊、沙漠與沼澤、叢林與草原，這在交通工具落後的古代都是人們交流的障礙，這些障礙把次大陸分割成不同的地理單位和生態系統。這一特點也對次大陸的文化產生了影響：它是印度多種族、多語言、多宗教信仰的地理基礎。

讓我們由北向南對次大陸各部分的自然生態環境作一簡單考察。

次大陸的北部是喜馬拉雅山山嶽地帶。喜馬拉雅山是地球上最年輕和最高的山脈。它西起帕米爾高原，東至中緬邊界，全長約二千五百公里。這裡山巒重疊、山勢陡峭，山上終年積雪不化。喜馬拉雅山雄偉壯觀的氣勢、變化莫測的氣候、行走攀援的艱難，令人生畏之餘又常常引發無窮的遐想。它被人們視爲神居仙遊之鄉，是無數聖徒香客朝覲巡遊的聖地，圍繞它產生了無數美麗動人的神話、故事和詩歌。喜馬拉雅山南麓地勢高，氣候乾燥，植被較稀疏。從喜馬拉雅山流下的河水，水量雖不大，卻寒冷而湍急，難以涉過。地理生態類似中國的西藏南部地區。

在喜馬拉雅山和德干高原之間，是一個連綿不斷的廣大平原，這就是印度河平原和恆河平原。它是由德干高原和喜馬拉雅山匯合的結果。發源於喜馬拉雅山麓的許多河流，分別注入阿拉伯海和孟加拉灣。在這些河流中，最著名的兩條大河是印度河和恆河，它們的許多支流分別在西部和東部沖積了兩塊平原。這個地帶多半屬熱帶，由於喜馬拉雅山脈擋住了來自北方的寒流，故大部分地區全年較溫暖。平原各地生態環境又有很大不同。西部地區，即印度河流域和部分恆河—亞穆納河河間地區，屬於一個生態系統。這裡是熱帶和亞熱帶乾旱氣候，西部年降雨量只有二百五十至三百七十毫米，恆河—亞穆納河河間地區年降雨量爲六百至一千二百五十毫米。植被以熱帶落葉林爲主，樹木在每年雨季（五至六月）到來前的炎熱季節開始落葉。具代表性的動物是獅子、黃牛、駱駝，主要作物爲小麥、大麥和棉花。這裡有五條著名的河流：傑赫勒姆河（Jhelum）、奇納布河（Chenab）、拉維河（Ravi）、薩特萊傑河（Sutlej）、比亞斯河（Beas），故該地區亦被稱爲「五河地區」。這裡開發較早，吠陀文化就產生在這個地區，故這裡可稱爲印度文化的發祥地。這裡氣候乾燥炎熱，在夏季，中午至下午五時以前，整個世界在白熱強光照射之下。有時還刮一種名叫「魯」的熱風。熱風過處，樹葉凋零，草木枯萎。人若遇上這種熱風，必死無疑。所以這時候商店多關門，路上行人稀少，野無農夫，鳥獸蟄居，蟲蛇匿蹟。即便待在屋裡不動，炎熱也使人幾乎處於半昏迷狀態。這時人們需不斷喝水，但喝了水卻無汗。雖無汗，皮膚上卻可以刮下一層鹽來，所以時時要用冷水沐浴。大量喝水又影響人的食欲，再好的飯食也難以下嚥。這種氣候條件下，產生了印度教徒的沐浴、齋戒、禁欲、瑜伽、冥想、林棲等習俗是不奇怪的。印度文化重玄想、重宗教超越的特點也與此有重要的連繫。

恆河中下游和布拉馬普特拉河流域屬於潮溼的熱帶氣候，年降雨量高達一千二百五十至二千五百毫米。植被是常綠雨林，東部的動植物種類與中國南部及東南亞相似。由於氣候炎熱，雨量充沛，作物十分茂盛。受海洋季風的影響，旱季和雨季反差強烈：每逢旱季，往往滴水不下，土地乾裂，氣溫可高達攝氏四十多度，有時人畜飲水亦有困難；而進入雨季後，從印度洋上空吹來的潮溼空氣，遇喜馬拉雅山的冷空氣而凝結爲雨。每到這時，恆河平原總是暴雨施虐，世界上絕對年降雨量最大的地方——乞拉朋吉——就在這個地區。由於降水集中，恆河下游常常河水氾濫。恆河暴虐無常，旱季乾旱，雨季洪澇，年復一年，循環往復，大自然的固執和嚴酷無情，把人的自信摧毀殆盡。面對這反覆出現的自然現象，人們感到無奈、無力與無助，唯有敬畏和消極接受而已。恆河被印度教徒尊爲聖河，至今仍爲無數印度教徒之嚮往。恆河中下游和北孟加拉地區也是佛教、耆那教產生之地，佛教和耆那教的輪迴、解脫思想的形成不能說與這樣的氣候特點沒有連繫。

訥爾默達河與溫迪亞山是南北印度的界限。在這條線與印度河—恆河平原之間有一片廣闊地區。東北、西南走向的阿拉瓦利山脈又把這個地區分爲兩部分。西邊是塔爾沙漠和拉賈斯坦平原。塔爾沙漠中有一些綠洲，可通駱駝。拉賈斯坦平原和古吉拉特地區土地肥沃，且盛產銅礦。東部至松河一帶爲現在的中央邦，是古代印度的「中國」地區。這裡是西海岸與恆河平原連繫的重要通道，溝通南北印度的重要商路也經此地區，同時也是西海岸港口與內陸貿易的基地。由於地理位置重要，常是南北勢力必爭之地。

在印度河－恆河平原與德干高原之間，橫亙著連綿的溫迪亞山，把印度分割成南北不同的地理單位。溫迪亞山雖有一些山口通道可以溝通南北的往來，但在古代仍是阻礙南北印度交流的巨大障礙。歷史上北方的帝國統治很少到達溫迪亞山以南的地方。交流的不暢使南北印度文化具有不同的特點，北部和南部在人種、語言和文化風土上都有較大的不同。

溫迪亞山和訥爾默達河以南是印度半島。除西海岸地區外，整個半島的地勢西高東低，故河流都是東流入海。與東海岸平行的是東高止山脈，與西海岸平行的是西高止山脈，兩條山脈之間的高地是德干（意即「南方」）高原。德干高原是由地質年代最古老的岡瓦那古陸分裂而成的。從德干高原東流入海有幾條重要的河流，這些河流都衝擊了大小不等的肥沃平原，印度半島的文化基本上是以這幾條河流爲界展開的：從馬哈納迪河到哥達瓦里河之間（即現在的奧里薩）是古代的羯陵伽地區，因古代這裡有過一個強盛的羯陵伽王國而得名；哥達瓦里河至奎師那河之間爲安得拉地區，歷史上這裡出現過偉大的維查耶納伽拉王朝；從奎師那河到半島的南端，是泰米爾地區，這裡雨量充沛，土地肥沃，是獨樹一幟的泰米爾文化的發祥地，歷史上的朱羅王朝就興起在柯佛里河流域，

圖0-1　恆河的化身——恆河女神

圖0-2　阿旃陀石窟外景（馬哈拉斯特拉邦）

它最強盛時包括北部的安得拉地區。印度南部各地的文化傳統不僅與北方有很大的差異，各地區之間亦各具特色。

半島的西部大體可分爲兩個地區。一是馬哈拉什特拉地區（位於塔普提河與比馬河之間）。該地區處於德干高原的西北部，哥達瓦里河和奎師那河均發源於此，並沖出寬窄不等的平原，氣候較乾旱，年降雨量不足一千毫米。這裡是溝通南北的要道，在西海岸港口通向內地的山路上，有大量的佛教、印度教石窟和神廟，是印度雕刻、壁畫藝術的薈萃之地。另一個地區是處於比馬河和東加巴德拉河之間的卡納塔克地區。這裡平均海拔六百至九百公尺，北部有奎師那河幹支流形成的眾多小平原，寬達三十至四十公里，中部爲山丘，西南部爲東、西高止山交匯處，海拔約一千二百公尺。這個地區的文化也具有南北交融的特點。

次大陸的西南部海岸又稱馬拉巴爾海岸，長約七百一十公里，沿岸多有特殊形態的沙丘。這裡雨量較少，主要是東北季風雨，形成特殊的熱帶乾旱常綠林植被。由於西高止山比東高止山高得多，海岸地區與內地交通困難，使該地自成一相對獨立的地理單位。但這裡自古以來和外部世界有較多的連繫，與阿拉伯世界、東非以及東南亞有密切的貿易連繫，近代西方人也是最先來到這裡。從文化上看，這裡是多種外來文化集中匯合之地：有來自波斯地區的瑣羅亞斯德教（俗稱「拜火教」）文化，有來自西方的基督教文化和來自阿拉伯世界的伊斯蘭教文化等①。

二、多樣的社會與文化

次大陸的人文地理也呈現出無比的多樣性。從這個意義上說，倘若我們把印度不是理解為一個國家而理解為一個世界，可能更符合實際。

(一)種族與語言

次大陸人種複雜，素有「人種博物館」之稱。一般認為印度人口中有六種種族。第一種是尼格利陀人（Negrito）：他們是次大陸較古老的居民，身材較矮小，頭較寬，鼻子扁平，頭髮多為波

① 關於印度的地理，可參閱Singh, Copal. *A Geography of India,Delhi,Atma Ram & Sons*, 1976。

浪形，膚色較黑，與非洲黑人相類似；現在南印度的卡達爾人（Kadars）、伊魯拉人（Irulars）、潘尼安人（Paniyans）、安達曼群島的昂格人（Onge）和安達曼人（Andamanese）都具有尼格利陀人種的特徵。第二種是尼格羅人原始澳大利亞類型（proto-Australoid）人：屬此一人種者較多，印度大部分部族屬這一人種，如蒙達人、奧朗人、霍人、貢德人等。第三種是達羅毗荼人（南印度人）：他們身材中等，皮膚從淺褐色到黑色都有，眼睛深褐色，頭髮烏黑，四肢勻稱；一般認爲，印度河流域文化就是這一民族創造的；講印歐語言的歐羅巴人來到後，一部分達羅毗荼人與外來者混合，大部分則被迫遷移到南部印度；屬此一人種者有泰米爾人、泰盧固人、卡納達人和馬拉維蘭人。第四種是北印度人：亦稱雅利安—達羅毗荼人，其特徵是長頭，膚色淺褐，鼻寬，身材較魁梧。第五是蒙古人（Mongoloid）：次大陸的蒙古人種又進一步分爲兩支，一支居住在喜馬拉雅山地區和東北部地區，稱爲西藏—蒙古人；另一支居住在東部，即今日印度的阿薩姆人、孟加拉人、尼克巴人、納伽人等。第六是北歐人（Nordic，又稱印度—雅利安人）：基本體型是身材高大，頭小，膚色較白；今日的古吉拉特人、馬拉提人、旁遮普人、拉賈斯坦人等即屬於這個人種；北歐人是最後到達次大陸並給印度文化與社會帶來深遠影響的主要種族群體。

這些不同的種族群體經過長期的融合與分化，形成今日印度複雜的民族構成。印度的民族構成遠比中國複雜，十億人口中有一百多個民族，而無論哪一個民族都不占多數。其中人口在一千萬以上的民族有印度斯坦族、泰盧固族、馬拉提族，泰米爾族、阿薩姆族、奧里雅族和錫克族。除了這些較大的民族外，印度各地還分佈著四百多個部族。各個民族的種族構成、宗教信仰和生活方式都不一樣，他們共同創造了燦爛輝煌的印度文化。

與種族因素相連繫，次大陸的語言也十分複雜。據調查，印度有一百七十九種語言和五百多種方言。百分之九十以上的人使用大約十六種語言。根據一九七一年的統計，五萬人以上使用的語言有一百一十八種。次大陸語言可分爲四大語系：

印歐語系。又稱「印度—雅利安語」。分早期、中期和晚期。早期印歐語包括吠陀經典使用的語言和古典梵語，後者是由古代偉大的語言學家波你尼經典《八章書》規範化了的一種書面用語。這種語言是現代印度主要方言與本土宗教經典的基礎，許多印度古代典籍是用這種語言記錄下來的。後來這個語系分化出許多分支，現在印度廣大地區流行的語言，如印地語、旁遮普語、拉賈斯坦語、馬拉提語、比哈爾邦語、孟加拉語等，皆屬於這個語系。以前，梵語並不爲歐洲人所了解，直到十九世紀初，歐洲人才知道它與波斯語、希臘語、拉丁語、條頓語等有密切的關係，②這使歐洲學者驚奇不已。他們由此推測，居住在次大陸的使用印歐語言的民族和歐洲人有共同的祖先。對這個古老語言的研究帶動了近代比較語言學、比較神話學、比較宗教學及比較文學的發展。

達羅毗荼語系。是次大陸較古老的語系，主要流行於南部印度，包括泰米爾語、泰盧固語、卡納達語、馬拉雅拉姆語等。南印度早期的桑伽姆文獻使用的就是這種語言。

漢藏語系。包括幾百種方言，使用人數不多，主要分佈在喜馬拉雅山麓一帶和阿薩姆山區。

---

② 如「母親」一詞，梵語為Matar，拉丁語為Mater，英文為Mather。

南亞語系。又稱蒙達語系，是次大陸最古老的語系，也是多數部族人使用的語言，主要分佈在印度各地及安達曼群島等地區，包括多種不同的方言。

語言是文化的載體，從語言的分佈上看，南亞各個地區都有獨自的語言，因而也承載著不同的文化。在歷史上，梵語以及它的變體——俗語，曾經占主導地位。它不僅是印度教、佛教和耆那教經典使用的語言，也是知識分子學術交流的語言。從某種意義上說，古代梵語發揮著現代英語在印度所發揮的作用。從二、三世紀至十一世紀的大約七百多年時間裡，梵語文學曾十分繁榮。但即便是在梵語和俗語占主導地位的時代，民間仍存在許多不同的語言。十一世紀以後，梵語文學逐漸衰落，逐漸爲各地方語言文學所取代。語言上的複雜性也是印度文化多樣性的一個表現。

(二)社會發展階段

印度次大陸交叉並存著社會進化的若干階段。這裡既有原始的狩獵者和食物採集者，又有使用木棍和鋤頭的刀耕火種者；既有各種各樣的遊牧民族，又有用鐵犁耕種的定居農民；既有手工業者和地主，又有家系古老的貴族；既有原始部落人，又有掌握現代科學知識有素養的城市居民；既有高度的現代文明生活，又有中世紀的愚昧和落後。一方面是發達的西方式民主政治制度，國家總理違法亦可遭逮捕問罪；另一方面，大批「賤民」的權利乃至生命得不到保障，人們經常看到「賤民」和嫁妝不足的新娘被活活燒死的報導。在浦那城，現代化的飛機在頭頂呼嘯，精良的坦克隆隆駛過，而在不遠的神廟裡，人們就拜倒在被祭祀犧牲的鮮肉塗得猩紅的大神腳下。說著英語的知識分子在國際研討會上與西方學者討論著「後現代主義」和愛因斯坦的相對論，而在東北部的民間，迷信活動盛行，並偶有殺活人以祭神者。富有的印度人穿著考究的西裝，而鄉間的窮人除了身上纏一塊布遮羞外，再無任何財產。在距離高樓矗立的大工業城市不遠的山區，就住著幾乎仍處於原始狀態的部落。一方面，在涉及人們的生產、勞動、資本、消費、日常生活乃至思想意識方面有著最陳舊的形式；另一方面卻擁有高度現代化的工業企業、發達的軟體產業，有能力發射衛星、建立核電站，擁有一大批高科技人才、培養了一批榮獲國際大獎（其中包括諾貝爾獎）的一流科學家。當然，在那些正在向現代社會過渡的社會裡，新與舊、先進與落後同時並存是常有的，但印度社會和文化上的這種「反差」可以說比任何國家都更顯著。

(三) 種姓制度

人種、語言和社會階段的多樣性，又由於種姓（階層）制度的存在而複雜化、僵硬化了。種姓（Caste）制度是一種森嚴的身分制度，它把人們按照身分割成一個個孤立的圈子。理論上說，每個種姓職業世襲，不通婚，不交往，每個集團有自己的生活方式和一套次文化。種姓的存在與印度教相連繫，它幾乎與印度文明一樣古老。在這種制度下，個人的地位不是由個人的成就所決定，個人通過努力改變地位的例子雖然不是沒有，但極其有限。地位的評價標準是禮儀性而非經濟或政治性的。人們只與具有相同禮儀地位的人保持密切連繫，包括身體接觸和共餐。和地位低者接觸和共餐被認為會引起汙染。印度教發展了一套高度複雜的規則以保持禮儀上的潔淨和避免汙染。世界其他文明社會也存在或曾經存在過種姓或類似種姓的制度，但都沒有發展到印度那樣極端的程度。③這一制度影響印度人生活的各個方面，印度文化也深深打上了種姓的烙印。

種性制度的存在對文化的融合帶來了影響。在這一制度下，印度固有文化在同化異質文化的時候，主要不是採取將異質文化融合為一體的方式，而是將其作為一個相對獨立的部分容納到印度文化之中。印度歷史上不斷遭受外來入侵，較大的入侵就有古代的雅利安人、馬其頓人、匈奴人、突厥人、貴霜人、阿拉伯人以及後來的英國人。印度的政治史可以說是一部不斷被異族征服的歷史，印度的文化史可以說是一部不斷地接受異質文化挑戰的歷史。不過，異質文化挑戰的結果是，外來文化既沒有消滅印度文化，印度文化也未能完全把外來文化同化。種姓是長期遭受外力打擊下產生的一種保護機制，因為對具有不同文化、不同生活方式的人採取不接觸的辦法，不失為一種保護自己文化傳統的有效方式。這種機制保護了印度文化自身，卻也阻礙了外來文化與印度文化的融合。進入次大陸的異民族以及他們的文化，多數情況下不是被完全同化，而是作為一個相對獨立的部分存在著。據推測，最早來到次大陸的遊牧民族雅利安人，就未能與土著民族（達羅毗荼人）完全融合。直到今天，二者不僅在體徵上而且在語言、文化上仍存在著明顯的差異。後來到達印度的異民族也大體是這樣：伊斯蘭教的入侵和統治的結果，帶來了伊斯蘭教文化和印度教文化的差異和對立；到達印度的波斯人也保持著自己獨特的宗教（瑣羅亞斯德教）和文化，而與印度教徒區別開

③ 尚會鵬：「等級制度的跨文化比較」，《亞非研究》第二輯（一九九二）。

來。傳統印度教徒趨於把非印度教徒視作「不淨的人」（Mleccha）。遊牧民族都是「殺生者」，都食牛肉，而殺牛食肉在正統的印度教徒看來簡直是「罪大惡極」（即便是在當今印度教徒的日常用語裡，「食牛肉的人」幾乎與「野蠻人」同義）。與這樣的人通婚、交往以及學習他們的生活方式被認為會影響個人宗教上的超越。視異民族為「不淨」的宗教觀，限制了與異民族的通婚和交往，從而影響了民族間的融合和文化吸收。這種情況也同樣存在於「核心文化」與「邊緣文化」的關係中：以婆羅門文化為主要代表的印度核心文化在向周圍擴展的過程中，對邊緣文化（部落或部族文化）也主要不是採取同化而是採取容忍的方式，即承認和容忍部落地區的生活方式和信仰。這樣，邊緣文化通常不是被同化掉，而是逐漸成為印度核心文化中一個相對獨立的部分，一個部落或部族也成為一個具有特殊生活方式和信仰的種姓集團。這也是印度文化具有無比多樣性的一個重要原因。④

㈢政治上的分裂

在考慮印度社會文化的多樣性時，政治上的長期分裂也是應考慮的一個因素。印度歷史上長期處於分裂狀態，統一與分裂的時間之比大體是三比七，這與具有同樣悠久歷史的中國形成鮮明對照。中國歷史上長期處於統一狀態，統一與分裂的時間比大體為七比三。如果說中國的歷史以統一

④ 尚會鵬：「論古代異民族的挑戰對中國和印度社會的影響」，《亞非研究》第四輯（一九九四）。

爲常態，分裂只是一種異常情況的話，印度則相反，統一只是短暫的現象，分裂是常態。長期處於分裂狀態是和複雜的地理和人種條件連繫在一起的：地理條件的差異形成許多個地域單元，每個單元居住著特殊的人種，而且實際上也往往是一個獨立的行政單元，它們因具有不同的利益和不同的文化背景而自成一體。大而言之，北印度與南印度存在著明顯的區別；小而言之，無論北印度或南印度內部，又都存在著許多大大小小的政治實體。它們之間長期爭戰不已，相互吞併。在這樣的情況下，人們較難形成「國家」、「民族」之類的概念。印度歷史上只出現過少數幾個大的王朝，如孔雀王朝、笈多王朝和莫臥兒王朝。即便是這些大王朝，也從來沒有完全統一過次大陸，仍有諸多小王國未歸在帝國版圖之內。號稱統一了全印度的孔雀王朝，實際上也只不過是以宗主權加在原來的統治機構之上而已，阿育王從來沒有自稱過「印度之王」，而只稱自己爲「摩揭陀王」，並把其廣大的領土稱作「征服之地」。可以說像中國古代王國那樣的統一，在古代印度是沒有的。⑤缺乏政治上的統一既是印度社會文化多樣性的果：它缺乏像中國那樣較單一的種族和文化的基礎；同時也是其原因，政治上的長期分裂無法形成一種力量將各種族集團和文化凝聚、統合到一起。

⑤ 尚會鵬：「論古代異民族的挑戰對中國和印度社會的影響」，《亞非研究》第四輯（一九九四）。

三、宗教：印度文化最重要的特徵

(一)超自然中心的生活方式

人與自然的關係、人與人的關係以及人與超自然的關係，是每一文明社會都必須考慮解決的最基本的幾組關係，但因生存環境不同，並非每一社會對這幾組關係的重視程度都是相同的。正如一個人的不同愛好和興趣決定了此人的個性一樣，一個社會對上述幾組關係的側重點不同構成了該社會文化傳統的主要價值取向。如果說中國文化傳統較注重解決人與人的關係，社會的基本理想是實現人與人之間關係的徹底和諧，其主要特點表現爲尊祖宗、尚人倫、重道德的話，那麼，印度的文化傳統在解決人與超自然的關係上走得較遠。或許由於次大陸複雜的人種關係使得解決社會問題困難較大，印度文化把相當大的精力放到探討人與超自然的關係上了，宗教構成印度人精神生活的核心。印度文化具有宗教性特點，宗教滲透於文化的各個領域。

印度是個宗教之國，教派之多、宗教對人們的影響之大，似無他國所能比。中國學者梁漱溟曾說過，印度「其物質文明之無成就，與社會生活之不進化，不但不及西方，且直不如中國。他們的文化中具無甚可說，唯一興盛的只有宗教之一物。而哲學、文學、科學、藝術附屬之。與生活三方面成了精神生活的畸形發展，而與精神生活各方面又爲宗教的畸形發達，這實在特別古怪之至！所以他與西方人非一條線而自有其所趨之方向自不待說，而與中國亦絕非一路。世界民族蓋未有渴望

圖0-3　宗教是印度文化最重要的特徵

於宗教如印度人者，世界宗教之奇盛與最進步未有過於印度之土者……」⑥這裡流行著印度教、伊斯蘭教、基督教、佛教，耆那教、錫克教、瑣羅亞斯德教等，此外還有在信仰和禮儀方面大相徑庭、多得令人眼花繚亂的小教派。世界上幾乎所有的宗教都可以在印度找到信徒，說印度是個宗教博物館亦非誇張之詞。「印度民族心理之特別喜愛宗教，並在宗教中獲得充分體現甚於其他各國。上至君主，下至農民，不管哪個種族集團的人，都對神學表示出異乎尋常的興趣和熱烈的感情。世界上各種神學所知悉的教條，很少不是印度各色各樣的教派之中的某一教派所持有的。」⑦

印度的主要宗教是印度教。印度教不像基督教、伊斯蘭教那樣，有《聖經》、《古蘭經》根本

⑥《梁漱溟全集》第一卷，山東人民出版社，一九八九，第三九三～三九四頁。

⑦〔英〕渥德爾：《印度教佛教史綱》，商務印書館，一九八七，第四頁。

經典，印度教的經典從《吠陀》、《奧義書》、《往世書》到兩大史詩，多達幾十種。它沒有基督教教會和佛教僧團那樣嚴格的組織，種姓就是它的組織形式。它也沒有單一的、排他性的神明，而是把無數神明都收容在它的萬神殿中，從世界的終極實在、三大主神以及他們的化身、配偶，到人格化了的自然物（太陽、地母、母牛、神猴、龍蛇、性器官等），印度教徒宣稱宇宙有三億三千萬個神。印度人通常把新的神明說成是已有神明的化身，到最後差不多每一個神都變成了另一個神的某種過渡階段，或其性質、或其化身，最後，一切的神在成熟的印度教徒的心靈來看，都化合為一個神。這樣，多神教成了泛神教，而泛神教又幾乎是一神教。印度教徒可以向迦梨女神、羅摩、克里希那或象頭神祈禱，而心中絲毫沒有把他們當作唯一的、至高無上的神明。印度教分成許多教派，信奉無數神明。這個宗教具有高度的包容性和混合性。「於一切時代，印度教徒耽於思考。他在祭司的勒索、社會的限制和繁縟的宗教儀

圖0-4　恆河沐浴

式方面，要承擔沉重的負擔，但是他不允許世俗權力，或者甚至是教會權力妨礙、指導他的宗教幻想，也不會因爲祭司說某種有吸引力的思考是非正統派的而不試行這種思考。」⑧這個宗教趨於把不同偶像解釋爲神的一部分，把相互矛盾之說解釋爲眞理的不同方面，因而使這個宗教的理論變得無比複雜多樣。印度教神學理論是一套既迷信又深刻，既高度抽象又非常具體的理論。它既有極端的禁欲主義理論，又有極端的縱欲理論。印度教與其說是一個宗教，不如說是長期以來次大陸許多民族的信仰、習俗和生活方式的混合體。⑨

所謂印度文化，亦可按宗教化分成不同部分。其中，印度教（婆羅門教）文化是印度文化的正統，而佛教文化、耆那教文化、伊斯蘭教文化、瑣羅亞斯德教文化、基督教文化等爲非正統；在非正統文化中，佛教和耆那教文化爲印度土生土長的非正統文化，而伊斯蘭教文化、瑣羅亞斯德教文化和基督教文化爲外來的非正統文化。正統文化與非正統文化，外來文化與本地文化此消彼長，相互影響與融合。這種影響不僅表現爲各個宗教文化彼此吸收了對方的一些要素而豐富了自身，而且還表現爲，在不同文化的影響下產生了一些新的文化，如密教文化（佛教與印度教的融合）、錫克教文化（印度教與伊斯蘭教的融合）等。從一定意義上說，印度文化史就是一部各宗教文化相互影響與融合的歷史。

⑧ 同上，第一四一頁。
⑨ 尚會鵬：「印度教，種姓制度的思想基礎」，《南亞研究》一九九三年第一期。

印度不僅教派多，宗教對人們生活影響之深遠亦匪夷所思。在印度，人以宗教劃群、物以宗教定性。印度的聖人都是探討超自然問題的專家，文化典籍也都與宗教相連繫。不僅神話十分發達，而且敬神頌神是文學、音樂、繪畫、雕刻、建築等藝術形式不斷重複的主題。在印度，以宗教爲業、爲超自然犧牲錢財乃至生命的人（爲宗教自殺的事件至今遠未絕蹟），在人口中所占的比例比世界任何其他地方都要大。僧侶和哲學家在印度所接受的榮譽，在西方是給予富人的，在傳統中國是給予官員們的。

這個文化傳統的基本理想是教導人們脫離現實世界，達到與神明的合一。幾千年來，宗教超越問題吸引了幾乎所有有才華的印度人進行探討。印度前總統庫什瓦特．辛格也曾說：「我們在宗教事務上比世界任何其他民族要花費的時間更多」。⑩一個又一個世紀，人們對他們膜拜的神祇發出信賴的祈禱。神的無所反應並不妨礙祂的廣得人心。印度今天同樣堅強地在信賴著那些長久以來一直漠然注視著她的貧困與艱苦的許多神祇。宗教仍是理解今天印度社會、政治以及經濟生活的一個重要因素。一九九二年末發生的震驚世界的「阿約提亞寺廟事件」就是一個例子。⑪這次事件當然

⑩〔英〕特雷弗．菲希洛克：《印度人》，上海譯文出版社，一九九〇，第四頁。

⑪阿約提亞相傳是印度教大神羅摩的誕生地，為印度教徒宗教聖地。此處有一清真寺，據說是當年穆斯林來到次大陸之時摧毀羅摩廟而建。圍繞該寺廟的歸屬問題，印度教徒與穆斯林長期爭執不休，並時有暴力衝突。一九九二年末和一九九三年初，發生印度教徒搗毀清真寺、複建羅摩廟的事件，釀至全國範圍的暴力衝突。

有深刻的政治背景，不過，政治家們能煽起那樣大的宗教狂熱乃是以深刻的宗教文化為基礎的。

在印度旅行，最引人注目的名勝古蹟是宗教建築和遺址，最熱鬧繁華的地方是神廟，最精美的手工藝品是神像和祭祀用品。新德里、阿格拉、馬德拉斯等大都市街頭的衛生狀況實不敢恭維，但這些地方的神廟猶如出汙泥之荷花，乾淨得幾乎一塵不染。街道兩旁可看到許多低矮的窩棚，裡面蜷曲著蓬頭垢面的窮人，但神廟完全是另一個天地：光滑如鏡的大理石或馬賽克裝飾其內，如山的鮮花擺放在入口處，祭司們衣著整潔，神采飛揚。印度所有寺廟香火旺盛，氣氛莊嚴而神聖，到寺廟來的人表情嚴肅，虔誠而認眞。寺廟在印度教徒生活中的神聖地位遠在我們的想

圖0-5　街頭宗教活動

像之上。⑫如果到瓦拉納西（古貝拿勒斯）走一趟，你對印度文化的宗教氣氛會更有體會。這裡是印度教徒的聖地，寺廟林立，朝聖者雲集，是全國各地來的那些老年男女的安息之所。在這裡的恆河浴場沐浴，被認爲可以洗淨罪惡，故成爲許多印度教徒人生最大的追求。在這裡死去被認爲是最神聖的。從火葬場上飄來的焚燒屍體的氣味使人不安，恆河中的水亦齷齪不堪，但多少個世紀以來，天天都有成千上萬的印度教徒爲尋求潔淨和解脫跳到河中沐浴。在日出之時，他們兩臂高舉向著日神，耐心地呼喚「歐姆——，歐姆——」。在冬天，一些老人顫巍巍地進入水中，爲的是無罪而潔淨地面對死亡。

(二) 業報輪迴和解脫思想

業報輪迴的思想可以說是印度所有宗教的核心，這一思想對印度人和印度文化影響極大。根據這一思想，包括人在內的一切有生命之物都有靈魂（阿特曼），個人靈魂是不滅的，靈魂寓於軀體之中，而軀殼是短暫的、要滅亡的，靈魂總是從一個軀殼轉到另一個軀殼。個人靈魂附著一種神祕的「業力」，它是由生命之物行爲的性質決定的。在靈魂借助軀殼不斷轉移的過程中，業力起決定作用。根據這種理論，人除了有一個可感覺到的現世外，還有感覺不到的前世和來世，人在這三個世界流轉輪迴，無始無終。三個世界有因果連繫，即善行產生善的結果，惡行產生惡的結果。靈

⑫ 尚會鵬：「中印神明觀的對比分析」，《亞非研究》第六輯（一九九六）。

魂轉世採取什麼形態完全由業的性質來決定。業的法則至高無上，也是最可畏懼的。一個人如果行爲公道仁慈，他的靈魂再生時會有較高的地位，但若作惡多端，則再生時可能會是一條狗，或一隻老鼠。這種因果報應規律不僅超越人之上，連諸神亦不能改變它的運行，但業報理論又不是宿命的，它承認個人是本身命運的改變者，不過，改變的實現不是在現世而是在來世。天堂和地獄也不是永久的，沒有一個靈魂能永久地留住天堂或地獄，幾乎每個靈魂都遲早要回到人間，在新的轉生中去承受他的「業」。業報理論解釋了社會許多暴虐不公的事實，使人們要求平等公正的願望永遠得不到滿足。人與人之間的一切不平等事出有因，因而也都是合理的，個人試圖改變現實的一切努力皆徒勞無益。這種理論成爲種姓制度的理論基礎：人的賤貴、貧富、愚智都是過去生命的後果，是同一項法則不可避免的作用。僅從一個生命或一個瞬間來看是不公平的，但從全部、最終來看是完全公平的。這一套理論要人們即便不是興高采烈，也要心平氣和地接受現存的社會秩序。[13]個人的努力不能改變今世，卻能改變來世。改變來世的命運仍不是最終目的，人的最終目的是追求超越輪迴，達到解脫。解脫是印度人生活的最高理想，雖然各個教派使用的辭彙不同，但追求永恆和解脫，探討大宇宙（宇宙靈魂）與小宇宙（個體靈魂）的統一可以說是傳統印度人思考的主要問題，也是幾乎所有哲學和宗教派別的核心。絕大多數派別只是在解脫的解釋和解脫的手段上有差別而已，所以印度宗教和思想流派眾多，但最終要解決的問題卻是集中到一點，即如何實現個我與神

⑬ 尚會鵬：「印度教種姓的思想基礎」，《南亞研究》一九九三年第一期。

的合一。這一思想還通過民間藝人的吟唱、巡遊者的宣講和僧侶的傳道等形式，深深地影響了一般民眾。在《羅摩衍那》中，羅摩的妻子悉多在經歷了誘惑考驗仍堅守貞節之後，最大的要求只是死亡：「如果除了羅摩外，我從不想別的男人，那就請大地女神露出罅隙讓我進。」⑭這一特點也體現在道德、法律、詩歌、戲劇、小說、繪畫、雕塑、建築等文化形式中，所以不理解印度人的宗教就無法欣賞印度的藝術，就無法了解印度人，也無法理解印度的文化。

追求宗教超越並不是不要世俗生活。印度思想有一種把世俗生活與解脫連繫起來、賦予世俗生活以宗教意義的特點。例如，印度人主張人生有四個重要目的：法（Dharma，道德、公正之道、法則）；利（Atha，利益、財富、對幸福的追求）；欲（Kama，各種欲望，尤指性快樂）；解脫（Moksha，宗教上的拯救）。其中，「利」、「欲」與「法」、「解脫」是矛盾的，但在印度思想中它們卻是一致的。印度有一部《欲經》，專門論述如何追求愛欲，其中包括不少按照中國倫理道德所不能容忍的內容，但這部經

圖0-6　苦行者

⑭季羨林譯：《羅摩衍那》，人民文學出版社，第七卷，一九八二，第五二三頁。

典宣稱這樣的追求仍是神聖的。著名的《政事論》是專門講「利」的，鼓吹爲了獲得利益不擇手段，甚至不惜採用耍陰謀詭計搞垮對方，但這本書也宣稱解脫是最高目標。印度文化價值觀認爲，在「法」的指導下追求「利」和「欲」是神聖的。和上述四個目標相連繫，是對四個生活期的規定，印度教認爲，一個印度教徒理想的人生應分爲四個時期，即梵學期（brahmachary）、家居期（grahastya）、林棲期（vanaprastha）、遁世期（sanyas）。前兩個時期是世俗生活，後兩個時期是宗教超越生活，世俗與超越就是這樣被統一起來了。⑮

　　這種傾向把人們引向對永恆和超越的不懈追求，也在整體上賦予印度文化如下的特點：崇神明，重玄理，追求永恆和超越，輕視短暫、經驗、眼前的、具體的事物，追求超越因果的事物，鄙視有因果的事物。印度教徒認爲人類的感覺只能及於事物的外表，在森羅萬象的背後有著超乎物質之上的存在，這就是宇宙的「大我」（Brahman）。重視向內追求的結果是把人引向靈魂的背後，認爲有一個超乎肉體的「個我」（Atman）。至少在正統的印度教徒看來，一切經驗事物都是變動不居的，因而也是靠不住的和不值得追求的，只有超驗的彼岸世界才永恆不變，才值得花費畢生精力去追求。印度教還宣傳這樣的思想：現實世界的差別也是沒意義的，因爲從根本上說一切事物都是人的一種幻覺，人與我、我與萬物，終歸是一回事。類似這樣的教導，不僅體現在偉人的哲學論著中，也以通俗的形式在民間廣爲流傳。如，有這樣一則故事宣傳這一古老思想：

⑮ 初曉波、尚會鵬：「解脫與印度教對理想人生的設計」，《南亞研究季刊》一九九五年第四期。

一千年以後，林部（Rinbhu，仙人）來到了尼格（Nidgha）的城市，為的是要授予更多的知識，他在城外見到婆羅門尼格。那時皇帝帶了許多隨從正要進城，尼格站在遠遠的地方觀看。

林部上前招呼道：「婆羅門啊，為何獨自站在此地？」尼格說：「看那皇帝正在進城，人群擠在皇帝的周圍。」林部說：「告訴我，這些人中，誰是皇帝？誰又是其餘的人？」尼格說：「那騎著大象、如山峰矗立的，便是皇帝。其餘是侍從。」林部說：「這兩個，皇帝和象，你已指出，但是沒有分別的特徵，把分別的特徵說給我吧，我便知道何是大象何是皇帝。」尼格說：「象在下，皇帝在上。有誰不知道騎者與載者的關係？」林格說：「教給我，讓我知道，『在下』、『在上』又是什麼意思？」尼格衝上去把師父按倒在地，騎在上面說：「聽著，我在上猶如那皇帝，你在下，好似那象！為了教導你，給你這個例子。」林部說：「如果你是在皇帝位置，我在象的位置，那麼且再告訴我：我們之中誰是你，誰又是我？」尼格突然醒悟，撲倒在林部面前，抓著他的腳道：「真的你是林部，我的師父。從這句話我知道我的師父來了。」林部說：「是的，來教導你，因為你往昔誠心地隨在我旁，現在我來到你這裡。剛才教過你了，簡單說，那是至上真理之核心：完全的無人我之分」。林部說了這話便離去了。此後，尼格一心思索人我無分的道理。他再看一切生物無殊於他自身。於是他見到了梵，達到了最高的救贖。

由於探討宗教超越是印度人精神生活的核心，故在印度文化中，那些與這一核心有關的學問就特別地發達。宗教和哲學與這一核心關係最密切，故最為發達。古代印度留下來的典籍主要是關於宗教哲學的，印度文化對人類文明最大的貢獻可以說是在宗教和哲學方面，以至於有「世界哲學減掉了西方哲學就是印度哲學」的說法。⑯其次，為準確地誦讀、理解經典而發展了音韻學和語法學，為辯論形而上的問題發展了邏輯學等學科。基於同樣的原因，印度古代產生了豐富的神話、故事和頌神敬神的詩歌，而另一方面，那些與探討超自然問題關係不大的、經驗性的學問受到忽視，如古代印度人在歷史學、方志學等方面就沒有什麼可誇耀的成就，因為這些學問是以對現實生活作詳細觀察和記錄為基礎的。印度是一個會講故事但不善於治史的民族。古代印度沒有留下眞正的歷史學和地方誌方面的著作，歷史人物、歷史事件幾乎都和神話傳說混雜在一起，幾乎所有的人物和事件都沒有確切的年代，所有的典籍都無法確切判斷形成年代和作者，這使我們在了解印度歷史（包括文化史）遇到很大的困難。在印度藝術中，有像阿旃陀、埃羅拉石窟那樣的敬神頌神巨大的藝術品，卻沒有出現像中國的《清明上河圖》那樣細緻入微的風俗畫和只有用顯微鏡才能欣賞的微雕藝術。在科學技術方面，那些具有抽象特點的、與宗教有關的天文學、數學較發達，而物理、化學、機械製造等經驗性知識就沒有發達起來。印度古代有許多科學發明的萌芽，都因印度文化的這種價值取向而未能進一步發展。印度文化向現代世界貢獻了十進位制和數位「0」，古代也曾有過

⑯ 黃心川：《印度哲學史》，商務印書館，一九八九，第十九頁。

先進的醫療技術等，但這些貢獻在印度文化中只占很次要的地位。印度文化的這種超自然中心取向是古代印度科學技術未能發展成爲現代科技的主要原因。

㈢宗教的統一與凝聚作用

說印度文化極其複雜多樣，還只是事情的一個方面。在次大陸極爲多樣性的社會與文化的背後，的確還有一些不能忽視的統一和凝聚因素。正是這些因素賦予印度文化以統一的性質，其中，最重要的就是宗教。印度文化的統一和凝聚，可以說是宗教上的統一和凝聚。

儘管各宗教哲學派別的學說有很大的不同，但他們都對此岸世界持否定態度，都承認在此岸世界中有精神在活動，而精神被物質性世界所汙染，清除這種汙染達到清淨圓滿的境地是人生最終目的。幾乎所有的派別都接受業報輪迴的學說，並都將擺脫輪迴達到解脫樹爲人生最高目的。知識分子都關心著相同的問題，即探討紛繁世界背後的統一性和接近這個統一性的途徑。對印度教經典的理解不僅僅限於少數的哲學家和學者，印度教習俗和印度教精神在次大陸的廣大鄉村也同樣發揮著重要作用。無論走到哪裡，也不管哪個種族，說怎樣的語言，吠陀知識以及掌握這些知識的婆羅門普遍受到尊敬，不可接觸者受歧視的地位也都受到承認。印度教經典《吠陀》和《往世書》有許多地方版本，爲多數人所了解。古老的宗教能給次大陸各地的人民以慰藉。不管是在喜馬拉雅山的雪山之巔，還是在奎師那河與科佛里河平坦的三角洲上，崇奉濕婆（Siva）和毗濕奴（Visnu）的廟宇的尖頂高聳著。就是那些在信仰上不崇拜這些神祇的宗教團體也不能不置身於印度教環境中。兩

圖0-7　比爾拉廟（又稱勒克什密那羅延神廟，一九三九年落成，新德里）

大史詩——《羅摩衍那》和《摩訶婆羅多》——被翻譯成許多地方語言在次大陸廣爲流傳，由這兩部史詩改編的故事、戲劇傳說在民眾中更普及。這樣，兩大史詩不僅是印度文化的重要組成部分，還起著統一和凝聚印度文化的重要作用。「在操泰米爾語和卡納拉語的地方的宮廷裡，古代史詩《羅摩衍那》和《摩訶婆羅多》就像在西旁遮普的旦叉始羅和恆河流域上游的奈米莎林（Naimisharanya，印度教一聖地，在今錫塔普爾縣，相傳是古代聖者撰寫《往世書》的地方）的知識界中一樣被虔誠地研讀著。」[17]印度教文化不僅影響了所有的印度教徒，甚至也影響了外來的基督教徒和伊斯蘭教徒。可以說，只有宗教才是印度各地區、各社會群體、各種文化要素的公約數。

[17]〔印〕R. C.馬宗達、H. C.賴喬杜裡等：《高級印度史》上卷，商務印書館，一九八六，第十四頁。

宗教的統一作用還表現在民族認同上。在印度，宗教不僅是一種信仰和一種生活方式，同時也是一種民族認同。中國人把民族、國家看得比較重，正像「國家」、「民族」這兩個名字本身表明的那樣，中國人把「國」、「民族」與自己實際生活的圈子——家庭、宗族密切連繫起來，「亡國」幾乎是亡種、亡族、亡教的同義語。而在印度，對民族的認同主要在宗教，人們生活的重心也在宗教。在這種情況下，「亡國」未必等於亡族、亡教。⑱印度人曾經容許無數異族統治者君臨其上，原因之一在於他們不大在意什麼人來統治剝削他們——無論是本地人或異邦人。對他們而言要緊的是宗教而不是政治，是靈魂而非軀體，是無數的來生而非暫駐的今生。外來民族可占其國土，掠其財富，焚燒廟宇，屠戮人民，卻無法改變其信仰，國家亡而印度教不會亡，印度教不亡民族就不會亡。甚至那些最強有力的統治者也領略了宗教的力量：旃陀羅笈多皈依了耆那教，阿育王成了聖者，希臘人國王彌南陀虛心地向佛教徒請教，殘暴的遊牧民族首領迦膩色迦王最後成了虔誠的佛教信徒，阿克巴大帝幾乎皈依了印度教。在二十世紀內史無前例地統一了印度全境的偉人甘地，與其說是一個政治家毋寧說是一個聖者。古代印度沒有使用武力，其文化卻在亞洲廣大地區內產生廣泛而深遠的影響。宗教上的巨大的凝聚力和影響力是印度屢被征服卻未被同化的一個重要原因，這是印度人引以驕傲的。

⑱ 尚會鵬：「古代異民族的挑戰對中印社會的不同影響」，《亞非研究》第四輯（一九九四）。

第一章　印度河文化：印度文化的一個淵源

一、印度河文化遺址的發現

一八五六年英國人在今巴基斯坦境內修建從卡拉奇至拉合爾的鐵路時，在一個叫摩亨佐—達羅（Mohenjo-Daro，意爲「死者之丘」，在今巴基斯坦信德省拉爾卡納縣）的荒涼之地發現了一堆殘破的磚塊。當時誰也不知道這是一座四、五千年前的城市遺址，築路工便將磚塊搗碎成道碴鋪在鐵路枕木下面。在此之前，英國考古學家卡甯漢就曾注意到位於巴基斯坦旁遮普省哈拉帕地區的古文化遺址，並做了小規模的發掘。一九二〇年，考古學家拉·班納吉曾在摩亨佐—達羅做了初步發掘。一九二二年，約翰·馬歇爾又在哈拉帕和摩亨佐—達羅兩地進行了發掘，隨後向世人公佈了一個驚人的消息：這是一處湮沒了三千多年的古代文化遺址。這個文化叫「印度河文化」。由於這一文化首先是在哈拉帕發現的，故又稱「哈拉帕文化」。經碳十四檢測測定，這個文化的上限大約爲西元前二五〇〇年。印度河文化遺址的發現被認爲是二十世紀最重要的考古發現之一。

經過不斷地發掘與研究，現在人們對印度河文化的知識愈來愈豐富了。在此以前，人們只知道雅利安文化（即吠陀文化）是次大陸最古老的文化。吠陀文化最早只可追溯到西元前一五〇〇年左

圖1-1　摩亨佐—達羅遺址

右。而對印度河文化的發掘表明，早在雅利安人來到次大陸一千多年前，這裡就已經存在過相當發達的文化。雖然目前關於印度河文化和後來雅利安人的文化之間的關係還未搞清楚，但許多學者都認爲二者之間是有一定連繫的。這樣，印度文化的歷史一下子提前了一千多年，上推到與埃及、亞述和巴比倫文明同樣古老的年代。

印度河文化遺址出土的文字尚未解讀，其確切年代尚難斷定，因此對印度河文化還不十分清楚。不過，通過對摩亨佐—達羅和哈拉帕出土的文物進行細心的考察，人們還是可以對該文化做出一些推測的。現在我們大體知道，這個文化是在相當長的時期內，經過了許多迂迴曲折才發展起來的。其中心區域的文明延續的年代大約爲西元前二五〇〇至前一七〇〇年，上限比中國有文字記載的夏朝還要早幾百年。但在中心區域興起以前，這一文化已有發展，被史學家和考古學家稱為「前哈拉帕文化」。

印度河文化的範圍很廣，北起喜馬拉雅山南麓，南至訥爾默達河，西自伊朗的莫克蘭海岸，東達恆河平原，總面積比中亞的兩河文明要大得多。

二、印度河城市的性質

印度河文化是一種城市文化。這些城市規模宏大，嚴格地遵循著統一的格式。建造顯然經過了精確的丈量，甚至連建築物磚塊的形狀和大小也有一定的規格，可見當時城市的修建有周密的規劃。摩亨佐─達羅城市房屋的主要街道筆直，寬約三．一二公尺。房屋由磚塊砌成，而不用石頭做建築材料，燒製這麼多的磚塊需要大量的柴薪，由此可以推測當時這裡雨量充沛，長有大量的草木，與現在貧瘠荒涼的生態環境大不相同。另外，還發現了長達三百一十八公尺的灌溉設備，這也表明當時的雨量確實很充沛，可能後來由於季風發生變化，雨量也減少，城市也衰落了。

城市各家的房屋，既有兩間的小房，也有堪稱宮殿的寬敞房子。每家房子都砌有厚厚的磚牆，居室也用牆壁隔開。各家都備有水井、浴室和廁所，甚至還有下水道，直通大街上的排水渠。印度河文明排水系統的完備給人特別的印象，由此推測，當時的人們很可能已經知道使用簡陋的自來水之類的設備。在古代文明中，直到羅馬文明出現前，西方人是不知道如何使用下水道設施的。考慮到印度和中國多數農村至今尚無這樣的設備，這種成就尤其令人驚歎。

在這些城市中，沒有發現大規模的宮殿和寺院，卻有規模巨大的浴室。摩亨佐—達羅的浴室爲長方形，長五十五公尺、寬三十三公尺、外牆厚二·四公尺，四周有走廊和房間。中心是一個巨大的浴池，長十二公尺、寬七公尺、深約二·四公尺，兩端有階梯，方便上下。用水來自附近一間房屋裡的水井。洗浴後的水是由一條巨大的下水道排泄出去的，這條下水道有用磚石支撐的頂蓋，高約一·八公尺。大浴室經歷了近五〇〇〇年的歲月仍能保存下來，說明它的構造非常堅固。

城市中市民的住宅堅固而漂亮，這在古代城市中可說是獨一無二的。古代埃及和美索不達米亞文明把錢財都用在建造寺院、宮殿、墳墓上，一般民眾的房屋簡陋而矮小，而印度河文明中的一般居民的建築卻很出色。有的學者們據此推測，印度河文化不是以國王或貴族爲中心的文化，而是以一般市民爲中心的文化。不過，後來的發掘表明，這種推測過於理想化了。印度河城市都有堅固的城堡，摩亨佐—達羅和哈拉帕都在城市

圖1-2　印度河印章（牛）

圖1-3　印度河印章（文字）

的西邊築有堡壘。這是人工建造的長橢圓形的高臺，高度爲九至十五公尺、長三百六十公尺、寬一百八十公尺，周圍有帶洞的城牆，中間有公共建築物，城牆外面的下方有下城，面積約一平方英里。由此推測，當時的城市還要抵抗外來者入侵。這樣的工作似乎是由一個統一的中央集權國家領導的。能實現如此井然有序的城市規劃，也說明當時已有一個有效的權力集團的存在。這樣看來，這些城市並非是一些自由城邦，也不是一個沒有階級分化的平等社會，實質上可能還有國家與之相連繫，也可能存在著一個統治階層。而且，修建規模如此宏大的城市，還很容易使人想到當時曾使用過奴隸。有的學者這樣推測，當時的社會是由祭司兼國王的人物統治著。

印度河文化的一個顯著特點是其驚人的保守性。印度河水常常氾濫，城市經常被淤泥埋沒，而每次洪水過後，總是在同一地點，在被埋沒的城市上面又建造起幾乎完全相同類型的新城市。在摩亨佐–達羅，從地面到地下共發現了九層城市，雖然千餘年過去了，但城市主建築的方式仍完全相同，文字也沒有改變。

從城市的遺物上看，大麥和小麥是當時居民的主要食糧，也吃胡麻、豆、棗及椰子果實等，因此當時必定栽培這些作物。當時人們還吃狩獵得到的鳥獸肉，並知道釣魚或用漁網捕魚等。飼養的家畜有牛、水牛、羊、象、駱駝等。牛主要供使役用，還用來牽引兩輪車。由此推測，當時居民中有相當一部分從事農業和畜牧業。

當時的商業似乎非常發達。從這些城市遺址中出土了爲數眾多的刻有各種圖案的印章。一些學者認爲，這些印章可能用來作爲財產所有權的標記；也有的學者不同意這種看法，認爲它只是普通人帶在身上的護身符。不過，有一個不容忽視的事實，即印度河印章也在底格里斯下游和美索不達米亞被發現。合理的解釋可能是：當時商人們與相當遙遠的國家進行著貿易，這些印章是用作列印商品標記的。城市中還發現了銅制的棒，有人推測這是當時的貨幣。如果眞是這樣的話，應當是世界上最古老的金屬貨幣了。此外，還發現了許多頸環、胸飾、臂腕的環鐲、指環、足鐲等等。由此可見，當時必定已有許多出色的工匠，專門加工金、銀、象牙等產品。當然，雖然當時還使用石器，但已經達到了使用青銅及黃銅工具的階段，創造了發達的銅器時代的文化。①

三、文字和藝術

印度河城市已使用了文字。這些文字主要刻在印章上，迄今出土的銘文與圖畫並見的印章總數二千五百餘枚，文字符號四百一十九個，其中基本符號六十二個，說明當時的居民使用同一種文字。這些文字具有象形文字的特點，符號一般用線條組成，字體清晰。每個文字一般由兩個或兩個以上的符號組成。有的符號表示概念、意義和數字，有的則表示音節，並在其上加上短線表示重音。銘文很短，一般爲五個至七個符號，最多不超過二十六個，多爲單行，由右到左。這些印章的用途可能有兩類：一類用於宗教，表示對神的崇拜和避邪用的護身符，上面刻有三面神獸主的像、

① 劉欣如：《印度古代社會史》，社會科學出版社，一九九〇，第一、二章。

圖1-4 印章（犀牛）

圖1-5 印章上的人與動物

十字、卍、同心圓、車輪等符號；另一類似乎是作爲私人名字用章或商業機構的印鑑。

由於沒有發現與文字有連繫、可互爲印證的其他材料，和缺乏一些解讀的線索，故印度河文字至今仍未能解讀。自這種文字發現以來，不斷有熱心的研究者聲稱破讀了此文字，但多不可靠。其中，較受信賴的是捷克學者赫羅茲尼的研究。他聲稱已破譯出一百二十五個文字符號。他認爲印度河文字與古代中亞的赫梯象形文字類似，大量吸收了蘇美爾文化和伊朗文化。他依此爲線索試行解讀，並推斷創造印度河文化的民族屬印歐民族。②印度學者S.R.拉奧稱他已辨認出一千八百枚印章中的近五百條銘文。他認爲這種文字原來由六十二個基本符號組成（其中包括由圖形組成的混合文字），後來演變爲二十二個，是一種由綴音文字向字母文字過渡的表音文字。他認爲哈拉帕文字屬於古印歐語系的前雅利安語，對後來的吠陀梵語有很大的影響。不過，也有學者提出了不同的看法。以約翰·馬歇爾爲首的多數學者認爲，

② 〔日〕中村元：《印度古代史》，春秋社，一九六三，上卷，第一、二章。

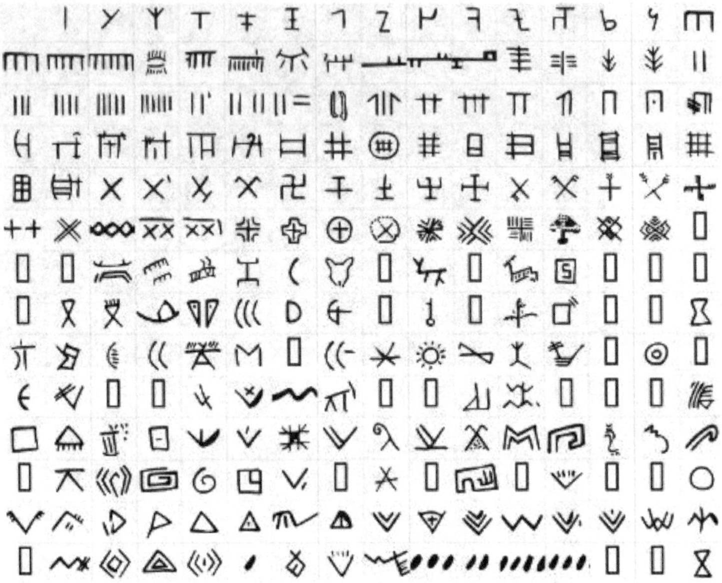

圖1-6 印度河文字

印度河文明時代的語言屬古達羅毗茶語。近些年法國、東歐、北歐一些學者借助電子電腦研究，也獲得大體相同的結論。美國學者沃爾特·費爾塞維斯從研究印度泰米爾地區的古代民族達羅毗茶的方言入手，對哈拉帕印章的每個文字和音節尋蹤覓蹟，初步破譯出四百一十九個符號中的一百個。他認爲哈拉帕文字的語言爲古達羅毗茶語，③主張創造印度河文明者乃達羅毗茶人。不過從這些遺址發現的頭蓋骨進行的研究，可知存在著好幾種人種類型，如蒙古人種、阿爾卑斯山人種、地中海人種和原始澳大利亞人種。這說明，這個文明是由幾個種族交流混合而形成的。也有人推測，最初這裡由原始澳大利亞人種居住，後來地中海人來到這裡，並取得優勢。不過，關於印度河文字，至今尚無一種普遍接受的

③〔印〕H·庫蘇瑪律：「印度河流域文字的新見解」，《南亞譯叢》一九八一年第一期。

看法。

這個時期已創造出許多精美的藝術品。如用凍石刻成的印章、彩色的壺、各種陶像、精製的裝飾品等。不少學者認為，在大體處於同時代的蘇美爾藝術品上，也可以看到同樣的藝術風格。由此人們推測，當時這兩個古文明中心之間存在著密切來往。有學者甚至把這時期的印度藝術稱作「印度－蘇美爾型」藝術。許多藝術品已達到較高的水準。如著名的青銅舞女像，身材苗條，右手叉腰，撐在臀部，左手持一容器，微倚左腿一側，兩腿微向前傾，似乎正合著音樂節拍起舞。雕像神態安詳，線條流暢，姿勢優美。

藝術品中還有一個刻著三個小猴子的珠子，形體很小。一猴前肢抱住另一猴的腰，三猴抱在一起，刻劃精細動人。此外，出土品中還有婦女梳妝用品，如青銅鏡、盛香粉、口紅、眼膏用的化妝盒、穿耳針、耳鈎、鑷子、三件一套的化妝用具、剔刀及大量其他飾品。裝飾品的形狀和圖樣種類繁多，有的非常精美。在哈拉帕發現的少數石雕像，使人想起古希臘雕像的那種優美的形態。這表明當時人們的審美意識已很發達，雕刻藝術已有高度的發展。

四、宗教生活

在他們的遺物中，沒有看到武器一類的東西。因此一些學者認為，這些城市的居民大體過著和平的生活，維持這一文明的力量不是權勢和武力，而是精神力量，即宗教起了主要作用。當時的統治階級把宗教灌輸到群眾中，利用宗教的力量，建立起對民眾的控制，所以祭司可能統治著當時的社會。不過，沒有發現武器並不等於沒有武力，利用宗教統治民眾並不等於說排斥其他方式統治。當時的統治階級很可能既利用宗教也利用權勢來進行統治。

印度河城市中沒有寺廟、殿堂，也不存在祭壇，甚至連祭祀用具也沒有發現，這一點和後來侵入次大陸的雅利安人的信仰確實不同。還可以看到對男女生殖器官的崇拜、樹神崇拜及動物崇拜，特別是對牡牛的崇拜。在一些地區發現了一些彩繪的婦女及牛的陶像，這些陶像和今日印度教徒供奉在農村神廟的陶像很相似，二者之間可能有某種連繫。

在印度河文化遺址中，沒有發現像古埃及和中國那樣規模宏大的帝王陵墓，甚至也沒有發現帝王崇拜的痕蹟，這是值得注意的。印度後來的一些帝王，喜歡把身穿盔甲、手執武器的帝王像刻在貨幣及印章上，而在印度河文化的文物中卻看不到這類東西。印度河出土的印章圖案，描繪有動物、植物、器具，也有神像，但沒有帝王形象，可見當時的王權還不怎麼強大，對人們的生活影響較小。城市的居民總體說來過著較和平的生活，對於其他民族的入侵，他們似乎總是設法避免直接抵抗，這和後來印度文化的傳統十分相似。

當時究竟流行一種什麼樣的宗教尚不清楚。遺物中有一些神像，其中有的很像印度教神明的偶像。對「母神」的崇拜當時似乎已很流行，已發現了這個「母神」的一些小雕像。這種崇拜和後來印度教中的性力派（Sakti）並不完全相同，但基本觀念是一樣的，即都相信女性的生殖能力是萬物之本源。

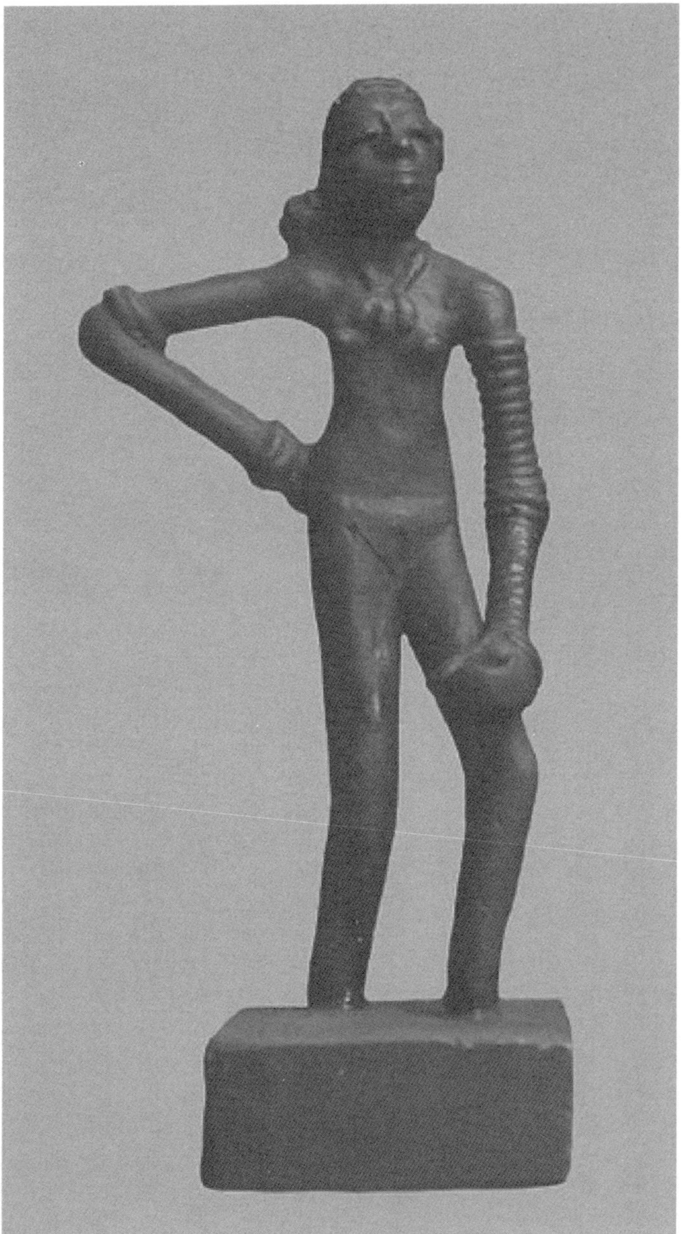

圖1-7　跳舞的女孩（青銅，摩亨佐－達羅）

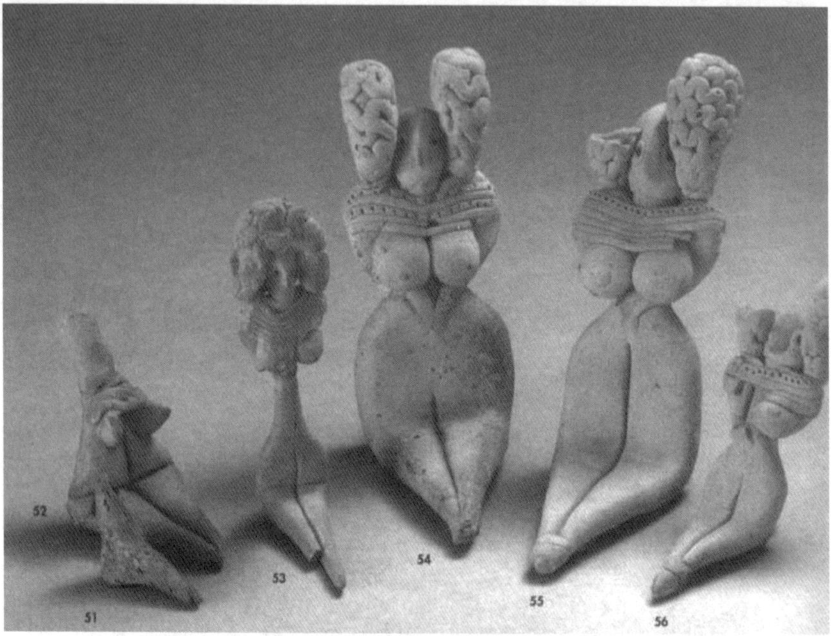

圖1-8　印度河文化遺址出土的小雕像

除了「母神」之外，還有一個男神的雕像。該神的一些特徵十分類似印度教的濕婆大神：他雙眼微閉，凝神冥思，似乎正在修煉瑜伽或禪定，而濕婆神據說就是一位練瑜伽者，有「偉大的瑜伽行者」的稱號，印度教中瑜伽修行的做法很可能起源於此時。這位男神高聳的頭飾兩邊還長了兩隻角，他的周圍雕有一些動物，這與濕婆神被稱爲「百獸之王」或「獸主」相一致。他長有三面看得見的臉、三隻眼手持三叉戟（Trisula），而濕婆神也有三張面孔和多種形象，也是三隻眼睛。這麼多的相似之處可能不是偶然，它表明當時的宗教信仰與後來出現的印度教（婆羅門教）有某種連繫。此外，在摩亨佐—達羅城市遺址中發現了濕婆林伽（Linga，男根）的石頭斷片，很可能當時已流行男根崇拜。而這種崇拜在後來的印度教中也是較流行的。

五、印度河文化的衰落及對印度文化的影響

印度河文明的中心城市摩亨佐—達羅，在西元前一七五〇年前後突然衰落。關於印度河文明衰落的原因，學者們有種種推測。有人認為它是為後來到達次大陸的野蠻民族（雅利安人）摧毀的，有人認為它毀於洪水、地震、旱災等自然災害，還有人認為是它內部階級矛盾及爭霸鬥爭造成的。④其中，日本學者中村元指出：「利用宗教而不憑藉武器進行統治，這在屬於同一文明、信奉同一宗教的人們之間是有效的，但對不信奉這一宗教的野蠻民族就不起作用了。因此，他們對從西方侵入的野蠻民族（也許是雅利安人）就完全無能為力。隨著使用精良武器、英勇善戰的野蠻民族的侵入，印度河文明也就

圖1-9　男祭司雕像（西元前3世紀前葉，摩亨佐—達羅）

④ 方廣錩：「試論印度河文明衰落的原因」，《南亞研究》一九八六年第三期。

脆弱地徹底崩潰了。」⑤考古學方面的證據是：摩亨佐—達羅城最上層，發現城市、街道、房屋被燒毀，街巷、井邊及房屋內外有居民被砍傷的骸骨。此外，後來的吠陀文化的重要典籍《梨俱吠陀》的頌詩中提到，雅利安人在戰神因陀羅與火神阿耆尼的援助下，在一次戰鬥中摧毀了黑皮膚的達薩人（敵人）的九十座城市。《梨俱吠陀》中還提到火神阿耆尼燒毀了那彌爾，這個那彌爾很可能就是摩亨佐—達羅。

印度歷史學家羅米拉·塔帕、沃爾塞維斯及日本學者小西正捷提出了較有說服力的看法。他們認為印度河文明不是突然衰落而是逐漸衰落的。原因是生態環境遭受破壞所造成的一系列嚴重後果，即濫伐森林造成的水土流失；水利工程失修引起的洪水氾濫淹沒了摩亨佐—達羅城市；河流改道、淤塞，河床升高、海水後退，造成港口城市交通困難、貿易衰落；雨量減少，連年遭受旱災；沙漠擴大，土壤日益鹽鹼化，侵蝕了大面積的耕地，導致糧食歉收。這種生態危機迫使印度河流域的大批居民放棄居住的中心城市，向東南遷徙到恆河流域濕瀛地帶，開墾茂密森林區以種植水稻。晚期印度河文化也隨之擴散到這些地區。在擴散過程中，這個文明的城市特徵也逐漸消失，城市文化退化為非城市文化。「四二〇〇年前在黑海以東的大草原上，氣候的突然改變使得一切變了樣，這個地區的放牧者由於他們的家鄉變成了沙漠，便不得不騎上馬、坐在牲口拉的車裡到處流浪。隨著沙漠延伸，放牧人流動範圍也在擴大。」「大約在同一時期，古埃及的王國崩潰了，印度河流

---

⑤〔日〕中村元：《印度古代史》，春秋社，一九六三，上卷，第一、二章。

域的哈拉帕城市也荒蕪了。」⑥環境的破壞可以毀滅一個文明，讓這個高度的文明付出了沉重的代價。印度河文化的滅亡給今日的人類提供了重要的教訓。

人們常常認爲印度河文明就是印度文明，這是錯誤的。印度文明又稱恆河文明，是指後來發達起來的印度—雅利安人的吠陀文明。印度河文明已滅亡，而印度文明仍在延續。二者之間有很大差異，確也有諸多相似之處。例如印度歷史學家**D.D.**高善必認爲二者之間有很大的連繫。他認爲，摩亨佐—達羅遺址中的大規模公共浴場，是後來印度教聖池（Puskala）的原型。印度教徒有在人工修建的水池中沐浴的習慣，在許多印度教寺廟中，一般都附設著浴池。在其中洗浴，不單單爲了衛生，還有宗教上的涵義，即洗滌罪孽、清除汙穢。這種習慣很可能起源於印度河文化時期。印度河文化中對一些吉祥符號的崇拜，如卍、十、車輪、太陽、菩提樹、牛、虎、蛇等，已爲後來的吠陀文化所吸收。蓄鬚男祭司石雕像的姿勢及沉思的表情是後來吠陀文化的宗教藝術典型。在羅塔兒墓葬中發現的男女成對排列的屍骨可能是後來印度教「薩提」（Sati，寡婦隨夫殉葬）習俗的開端。⑦有的研究者指出，印度河遺址中發現的農具和車子和古代佛教雕刻中反映的農具和車子，以及現在印度農村正在使用的農具和車子有著驚人的相似性。另外，古代印度錢幣的造型和錢幣上各種符號也可以看到印度河印章圖案的影響。有的學者甚至提出這樣的看法：印度河文明是一種城市文明，

---

⑥「人類許多文明毀於環境災害」，《參考消息》一九九七年七月十七日。

⑦ Kosambi D.D.: *Introdution of Indian History*, Bambay, 1962，pp.20-30.

城市文明的基礎一般比較脆弱，在外來民族的暴力打擊下城市文明的基礎被破壞了，但在城市周圍的農村社會，是很難破壞的。所以印度河文明並沒有滅亡，而是「非城市化」了。在後來的雅利安人與土著人的接觸、融合過程中，吸收了印度河文明的某些要素。上古印度文化史，可以說實質上就是印度河文化與雅利安文化的相互鬥爭、相互融合的歷史。其結果形成你中有我、我中有你的格局，雖說是兩種傳統，卻成爲一個整體。文化的發生和發展都是要相互借鑑的，印度文化的產生和發展從印度河文化中繼承了一些要素並不是不可能。

美國學者喬治．費爾斯丁在一部名爲《尋找文明的搖籃》的書中提出了驚人的觀點：1.哈拉帕文化是後來梨俱吠陀文化的故鄉；2.沒有發生過雅利安人摧毀土著人的事；3.印度河文明的滅亡是由於自然災害；4.印度河文化是人類最古老的文化。⑧

由於印度河文字尚未解讀，目前關於印度河文明仍有一大堆不解之謎。印度河文化與已知的印度文化之間的關係究竟如何，人們只能作出一些猜測，還無法下明確的結論。許多問題要等到印度河文字完全解讀後才能弄明白，一些推測還需要今後的考古發現來證明。不過，印度河文化與印度文化之間存在著相似之處，則是事實。通過對印度河文化的研究，過去那種認爲吠陀文化是印度所有後期文化唯一源頭的看法，似乎不能成立了。印度河文化對於印度文化的成長與發展具有重要影響看來是可以肯定的。

---

⑧ George Feurstien等："The Search of the Gradle of the Civilization"，《南亞研究》一九九七年第一期。

第二章 前期吠陀文化：婆羅門教文化的興起

印度最早有文字可考的文化是「吠陀文化」，年代大約爲西元前一五〇〇至前六百年。歷史學家稱這個時代是次大陸原始社會向奴隸制過渡的時代。「吠陀文化」得名於闡述這一時代文化的印度宗教文獻——吠陀經（Veda）。這個時期的文化以婆羅門教（又稱吠陀教）爲代表，吠陀文獻就是婆羅門教的經典。這個時代又可分爲前期和後期。前期主要指《梨俱吠陀》（*Rig-veda*）所反映的文化，故亦被稱爲「梨俱吠陀時代」。《梨俱吠陀》爲四部吠陀本集之一，年代最古老，大體爲西元前一五〇〇至前一〇〇〇年。這部經典共有十卷，匯集了一千零二十八首抒情詩歌，除二十餘首關於世俗生活的詩歌外，皆爲頌神之作。其內容極其豐富，反映了當時的宗教、社會和文化生活，成爲印度傳統文化最古老的源泉。《梨俱吠陀》被德國學者M·謬勒譽爲「印度的精神金字塔」。後期吠陀文化是指其餘三部吠陀反映的文化，年代大約在西元前一〇〇〇至前六〇〇年。後

圖2-1 被認為具有神秘意義的om音

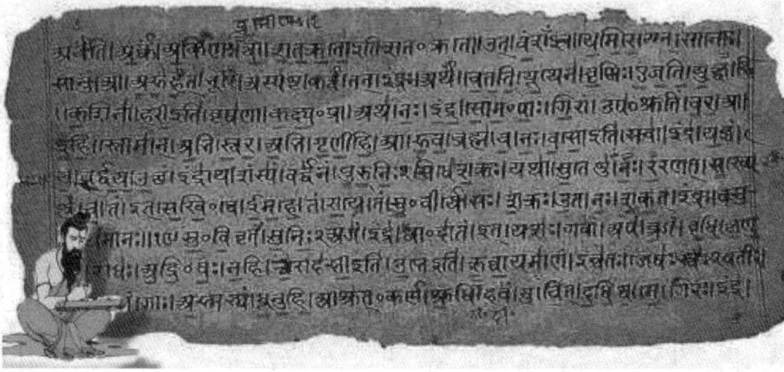

圖2-2 《梨俱吠陀》殘卷

期吠陀時代與印度兩大史詩《羅摩衍那》和《摩訶婆羅多》所反映的時代大體一致，故又稱「史詩時代」。

吠陀時代是一個非常重要的時代，這個時代創造的文化對後世印度文化有深遠的影響。吠陀文化是印度傳統文化的最重要的淵源，我們今天所稱的「印度文化」，大部分可以追溯到吠陀文化。吠陀經典是幾千年來印度人最權威的聖典，吠陀經典中的祈禱詞至今仍爲印度的祭司們唱頌，故不了解吠陀就無法了解印度文化。

一、雅利安人的到來：吠陀文化產生的社會背景

據歷史學家推測，大約在西元前一五〇〇年，一批說著印歐語系語言的雅利安人（Aryans）開始大規模地分批進入南亞次大陸。他們通過興都庫什山的一些山口，來到印度河流域的旁遮普地區。這個時期大體是中國的商朝前期。關於雅利安人的來源，現在學術界推測認爲，他們原來居住在中亞的高加索山脈一帶，後逐漸向西遷徙，一支進入歐洲，成爲歐洲使用印歐語系民族的

共同祖先；一支進入伊朗，史稱「印度－伊朗人」。到伊朗的一支後來可能發生了內部衝突，其中一部分進入印度，他們就是吠陀文化的創造者，即所謂的「印度－雅利安人」。從吠陀頌詩中提到的河流以及動物、植物的名稱來看，他們開始活動的地區大約在印度河與蘇特累季河之間，北面以喜馬拉雅山爲界。吠陀文獻中根本沒有提到原產於東南印度的稻米，說明吠陀文化沒有影響到南部印度。雅利安人遷徙的過程是緩慢的，大約持續到西元前九百年。

雅利安人初進次大陸之時，其社會似乎尚處於「逐水草而移」的遊牧生活階段。《梨俱吠陀》中說，他們使用馬匹和帶有輻條車輪的馬車，財富的標記是牲畜。牛在生產和生活中具有重要意義，牛奶是重要食品，牛是交換的主要媒介。雅利安人的征服似乎遇到了次大陸土著居民的激烈抵抗。土著居民爲達羅毗荼人和屬於原始澳大利亞人種的蒙達人，他們的社會文化發展水準要比雅利安人高，已掌握了犁耕和灌溉技術，農業和畜牧業較發達，人口也較新來的雅利安人爲多。他們築有城堡，戰鬥力很強，雙方似乎進行了長期的戰爭。《梨俱吠陀》記載了雅利安人與

圖2-3 因陀羅

當地居民激烈鬥爭的經過。他們稱當地的居民爲「達薩」（Dasa），說他們是黑皮膚、沒有鼻子的妖怪（達羅毗荼人膚色較黑，鼻樑較低），說話結結巴巴，誰也聽不懂，並崇拜生殖器，還舉行一些低級的宗教儀式等等。雅利安人呼請威力巨大的大神因陀羅幫助自己，並爲因陀羅搗毀了這些妖怪的城堡與水壩而歡呼：

因陀羅，用它自己偉大而致死的雷霆，
把比里特羅（龍）擊為碎片。
那比里特羅的罪惡者，猶如喬木的樹幹，
斧頭的砍伐，低睡在地上，那僕倒的龍躺著了。
因陀羅的敵人，受不住兵器的鏗然打擊，
摧毀了那些正傾崩的殘破之城堡。
那裡，因他躺著猶如一條決堤的河，
大水湧出流在他身體的上面。
那水流本被龍的法力所禁錮，
現在，那龍躺在激流的脚下。

達薩的奴隸們由惡龍防備著，眾水拘留著，
猶如被強盜所劫持之牡牛。
可是他，他打倒了比里特羅，
便放開那水流被監禁的洞穴。①

經過長期的鬥爭，雅利安人憑藉戰馬、輕便戰車和鐵制兵器等軍事上的優勢，終於征服了土著人，並使後者接受其語言與文化。他們稱被征服者爲「達薩」，而征服者則以「雅利安人」（原意爲「高貴的人」）自稱。被征服的土著人有的被殺害，有的被驅趕到恆河流域和森林地帶及南印度，有的則在當地成爲奴隸。社會出現了最初的階層劃分：征服者與被征服者。這也是印度特殊的等級制度——種姓（Caste）制度的雛形。這種制度在當時被稱爲「瓦爾納」（Varna）。「瓦爾納」一詞在梵文中原義爲「色」，與征服者和被征服者的膚色有關。故種姓制度最初可能是對白皮膚的雅利安人和黑皮膚的非雅利安人的區分。雅利安人雖然征服了土著人，但他們不得不與被征服者接觸。爲了既要使土著人接受雅利安人的文化，將其納入雅利安人社會中來，同時又要保持自己文化的特性，便有必要將自己和被征服的非雅利安人作嚴格的區別。於是就有了雅利安人和「達薩」的區別。後來，隨著雅利安征服者在西北印度的定居和向恆河下游的擴張，與土著人有了更

①《梨俱吠陀》Ⅰ，三十二～十一；三十二～八；Ⅱ，三十二～五；三十二～六。

加頻繁而密切的接觸，分工也有了進一步發展，從而促進了雅利安人內部的分化。「瓦爾納」的劃分更趨詳細，由兩個等級發展到了四個。雅利安人中出現了三個等級：從事祭司職業的婆羅門（Brahman），以部落軍事首領、武士為首的刹帝利（Ksatriya），從事各種生產活動的平民吠舍（Vaisya），原來以奴隸為主的「達薩」集團，大部分變為首陀羅（Shudra）。種姓制度就這樣產生了。婆羅門祭司階層具有很高的社會地位，他們利用宗教，開始控制整個社會和文化。《梨俱吠陀》中的《普魯沙歌》（或譯作《原人歌》）提到四個「瓦爾納」劃分，並將這種制度的產生與神意結合起來。這首頌歌說：

當眾神分割普魯沙（原人）時，
將他分成了幾塊？
他的嘴是什麼，他的兩臂？
他的兩腿？他的雙足叫什麼？
婆羅門（祭司）是他的嘴，
兩臂成為羅惹尼亞（王者）；
他的兩腿就是吠舍（平民），

從兩足生出首陀羅（勞動者）。②

不過，當時種姓制度尚處於萌芽狀態，社會階層分化尚不明顯。種姓制度的發達是在吠陀文化後期。所以有的學者認爲，這首頌歌是後來婆羅門祭司插入到《梨俱吠陀》中，是婆羅門僧侶集團企圖假借神的旨意，把自己的特權地位和現實中的四個「瓦爾納」等級地位固定下來。

雅利安人也接受了土著人的生活方式。他們不再過「逐水草而移」的遊牧生活，開始定居從事農業，因此人們都住在用木料和竹子建造的固定住宅中。也有一些活動房屋，可以分解成若干部分並能在其他地方再安裝起來，可見他們四處遷移的生活習慣還未完全改變。與印度河文明時期的城市不同，當時的居民住在沒有城市生活氣息的村落中。人們的食品有穀物和肉類，小麥、大麥是主要食糧，肉食有魚、鳥、山羊、綿羊、馬和牛，此外還食用牛奶、奶油、酥油和凝乳，以及甘蔗、水果和蔬菜等。人們的服裝通常由兩件或三件一套組成：一件內衣、一件長袍和一件外衣或披風。衣服通常用羊毛或皮革製成，染成黃色和紅色。男女都喜歡佩戴項圈、耳環、腳鐲和手鐲之類的金飾品，印度人至今仍保留著這種習慣。還梳髮和塗油，女人梳辮子，男人有時將頭髮盤起。

當時男女的社會地位似乎較平等。女孩子可以參加社會活動，她們像男孩子一樣接受教育，遵守婆羅門學生婚前應當遵守的戒律。婦女也有學習吠陀經典的權利，這與後來的印度教不讓婦女學

② 《梨俱吠陀》十～九十，金克木譯，見趙國華編寫：《印度古代神話》，知識出版社，一九九三，第七頁。

習吠陀經典的情況大不一樣。沒有蹟象表明當時的女子過著後來印度女子那樣的隱居生活。當時似乎也沒有後來流行的「薩提」（寡婦殉夫制）習俗。不過必須說明，關於這個時期的社會情況，缺乏可信的文字和考古材料，多屬推測。

二、宗教：吠陀教

宗教在當時的印度雅利安人的生活中占有十分重要的地位，吠陀文化可以說是一種宗教文化。也就是說，印度文化從這個時候就走上了超自然中心的道路了。不過，當時人們信仰的宗教還沒有一個明確的名稱，「吠陀教」是後來人對當時宗教的稱呼，因爲宗教儀式和大量敬神頌神的詩歌都記錄在吠陀本集中。這個時期的宗教又可和吠陀後期的宗教一起稱爲「婆羅門教」。早期的婆羅門教是雅利安人的宗教，所以婆羅門教文化帶有雅利安人遊牧生活的特點。

(一)祭祀

由於生產手段極爲簡單，人們征服大自然的能力極低，對大自然懷有深深的恐懼是很自然的。人們認爲神主宰一切，神擁有施以福禍的能力，只有依靠神的幫助，才能得到他們的恩惠和避免他們帶來的禍難。那麼怎樣才能與神溝通呢？人們認爲是祭祀，即通過不斷向神奉獻犧牲、穀物和美酒，獲得神的恩賜。當時已出現了「祭祀至上主義」的傾向，祈求戰爭勝利、娶妻生子、牲畜下患，祈求風調雨順、五穀豐登，必須進行祭祀；若祈求避禍禳災、祛病護身，或贖罪、或詛咒別人等，也要進行祭祀。《梨俱吠陀》中的許多詩篇強調了祭祀的重要，如第十卷第十九首頌詩以神的口吻這樣說：「我是供養者的支持者。凡是不供養我者，皆於戰場擊斃之。」祭祀的方式，通常是點燃一堆火，將精選的食物和酒漿投到火裡。當時人們喜歡用一種叫蘇摩（Soma）的酒祭神。這是一種令人興奮的山地植物的汁液，據說眾神都喜愛喝。祭祀活動有專人主持，後來這些人逐漸形成了一個祭司階層——婆羅門。在獻祭的同時，還向神吟誦大量的讚美詩。當時流行大量這樣的頌神詩歌，《梨俱吠陀》就是這類頌詩的彙編，後來成爲婆羅門教最重要的聖典。據說，投在火裡的物品，是由火負責送給神的，故火在祭祀中起著非常重要的作用。這裡，火實際上充當人與神之間的媒介物。後來，火被人格化、被神化，成爲火神阿耆尼（Agni）。《梨俱吠陀》中有四分之一的詩是頌火神阿耆尼的，這說明當時人們對火多麼重視。

圖2-4　火神阿耆尼

(二)吠陀諸神

吠陀宗教是多神崇拜的宗教，崇拜樸素的自然神和地方保護神。據統計，《梨俱吠陀》中列舉的神明多達三十三個，大都是自然力量的人格化，皆起源於對自然力量的敬畏。按照後來的一個傳說，整個宇宙分成天、地、空三界，三界中的許多自然現象被人格化，成爲讚頌的對象，如雷電之神因陀羅（Indra，中國古譯「帝釋天」）、火神阿耆尼（Agni）、水神阿帕斯（Apas）、天神伐樓那（Varuna）、酒神蘇摩（Soma）、暴風神樓陀羅（Rudra）和馬錄多（Marut）、風神伐由（Vayu）、雨神帕健尼耶（Parjanya）、黎明女神烏莎（Usas）以及太陽神蘇里耶（Surya）等等。這些神明不僅具有駕馭自然的強大力量，還能支配一切生靈，主宰人間禍福，爲人類消滅一切邪惡勢力。在吠陀的萬神殿中，男性神不僅數量多，而且力量大，這一點和印度河文化中的神有明顯不

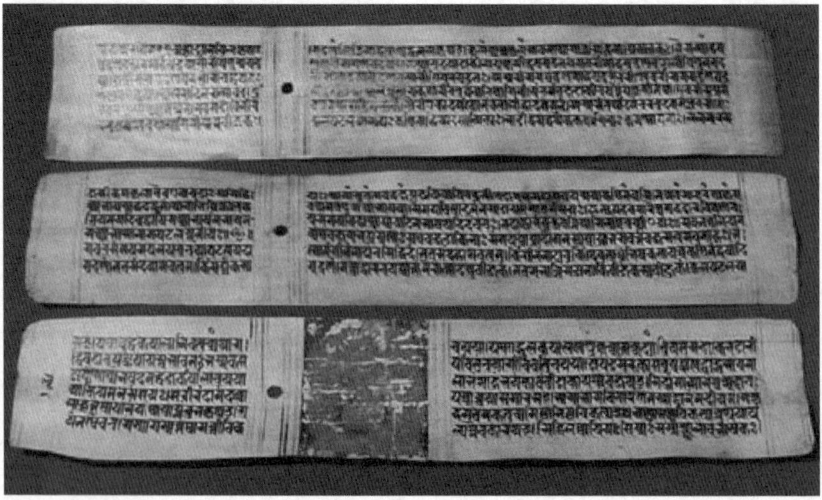

圖2-5　古經文

同：後者的母神地位與作爲其配偶的男神是平等的。這很可能反映當時這樣一種社會現實：隨著社會的發展，父權制已逐漸取代母權制占統治地位。吠陀諸神中沒有至高的主宰之神，在頌揚某位神明時雖然有時也用「諸神的主宰」之類的辭彙，但總體上看還未出現一個眞正的主神。當時的人們似乎以一種極樸素的思想，即以人的特點來想像神明，認爲他們大都具有超凡的力量，都是公正賢明，扶正壓邪，保護人民。他們的性情和常人差不多：娶妻生子、有妃子，愛喝酒並常常喝得酩酊大醉，有的神高傲自大、愛聽奉承話，甚而相互爭吵、互施暴力、通姦等等。圍繞著這些神明，印度先民創造了許多想像力豐富的故事。吠陀諸神的性格多是積極活潑的，他們主動干預人間事務，這表現了雅利安遊牧民族強悍、好戰、主動進取的習性。這和後來印度教中性格消極的神明大不相同。

因陀羅神是諸神中力量最強大者，據說他住在空界，是雷電之神，也是雅利安人的戰神和保護神。吠陀詩歌將他描繪成一個偉大的勇士：全身和髮鬚呈茶褐色，軀幹巨大，具有雷霆萬鈞之力，發怒時毛髮直立，平時手執金剛杵，駕著天馬拉的戰車巡行於天空，掌風的兩神馬錄多和伐由是他的隨從，另外，他還嗜酒如命，說他的酒碗如巨鯨可吸引百川。《梨俱吠陀》中有一首《因陀羅醉酒歌》，寫他大醉後飄飄然，誇耀自己巨大的威力，其形象魯直可愛。③該神特別受到雅利安人的崇拜不是沒有理由的：他實際上是好戰的雅利安武士的形象，因陀羅是雷霆的一種人格化表現，由

③ 趙國華編寫：《印度古代神話》，知識出版社，一九九三，第二〇〇～二〇二頁。

於次大陸北部旱季乾熱少雨、雨季又雷雨施虐，因此人們深深感到自然力量的不可抗拒，對雷霆產生巨大的恐懼。《梨俱吠陀》中有四分之一的詩歌是頌揚他的。有一首頌詩說：

……殺死惡龍後放出洪水。
劈開高山的洞穴
「……使塵世萬物震撼，
他挫折了達薩的氣焰，而把他們驅散，
他好似交好運的賭客的賭注，
贏得了敵人的財產……」

伐樓那神原是蒼天的化身，後演化爲司法之神，掌握著自然及人間一切活動的規律及秩序，維護著道德規範，是正義的化身。《梨俱吠陀》說他向四處派出密探，揭露那些隱蔽的罪惡。有一首詩歌說：「他（指罪犯）雖然逃逸到很遠地方，但不能逃脫伐樓那的注意。他的偵騎自天而下，以其千萬隻眼巡視著大地。所有存在於天地間及天地之外的事物，都爲伐樓那察覺。甚至人眼的閃動，也被他數著。」無論是誰，只要不遵循他的律令，都將立刻得水腫而死。人們向伐樓那這樣贖罪道：

如果我們對愛我們人犯過罪，
如果我們冤枉過弟兄、朋友、同伴以及
經常與我們一起的鄰居，或是陌生人，
伐樓那啊，請你饒恕我們的罪孽吧。
伐樓那啊，無論我們凡人冒犯了天界諸神該當何罪，
當我們不夠堅強而觸犯了你的法紀時，
神啊，不要為那種罪過而懲罰我們。④

《梨俱吠陀》有一部分是後期輯成的，在這一部分中，一些神的形象和地位發生了一些變化。如早期伐樓那占重要地位，後來地位降低，成爲水神，而因陀羅神漸居主要地位（在更後來的印度教中，因陀羅神的地位又降低了，位於三大主神之下）。《梨俱吠陀》後期，出現了一些統一的、抽象的神祇，如諸天神（Visvedeva）、造一切神（Visvakarman）、生主神（Prajapati）、信仰之神（Srddha）、原人（Prusa）等等。最後，在《梨俱吠陀》最末一冊書中出現了以一神概括諸神的趨勢：這個唯一的神被祭司們用各種不同的名字稱呼，他們把他叫作阿耆尼、閻魔（Yama，這個神在後來的佛教中也有，並通過佛教傳到中國，成爲中國的「閻王爺」）、摩陀利思梵

④ 轉引自〔印〕R. C.馬宗達、H. C.賴喬杜裡等：《高級印度史》上，商務印書館，一九八六，第四十五頁。

（Matarrisvan）。這一部分與較古老的部分對照起來，為我們認識古代印度神明的生成和演進提供了很好的材料。這個演進的過程大概是：最初是信仰「萬物有靈」，即認為自然界的一切也如生物一般有靈魂；後來這些自然之物逐漸人格化和神化，變成了風神、雨神、火神、雷電之神等，成為一個多神的群體；再到後來，出現了一些抽象的神明。不過，這個趨勢並沒有導致具有一個絕對神明的一神教的出現，而是朝著泛神論的方向發展了，逐漸出現了「世界靈魂」的概念。《梨俱吠陀》時期出現的泛神論思想萌芽，到了後來的奧義書時代獲得了發展，在吠檀多哲學中達到了最高的形態。

總的來看，早期吠陀時代的宗教是一種帶有泛靈論特色的多神教，當時還沒有形成複雜的教義，婆羅門祭司的勢力還不強大，似乎尚未壟斷宗教祭祀活動。

三、哲學思想的萌芽

哲學是一個民族對世界的基本看法。印度古代有發達的哲學，哲學是印度文化的一個非常重要的部分。當然，印度古代哲學不是一下子形成的，它有一個發展過程。在吠陀時代早期，印度人對世界的看法還相當模糊，《梨俱吠陀》中還只有一些哲學思想的萌芽。較系統的哲學思想的提出是在後期吠陀的《奧義書》中。不過，這並不是說對這個時期的哲學思想萌芽的考察不重要。因為後來印度哲學系統的建立和發達，乃是以這些思想材料為基礎，也就是說，吠陀思想是印度哲學思想發展的原點。

宇宙是怎樣形成的？宇宙形成之前世界是什麼狀態？《梨俱吠陀》的詩人們也像中國古代大詩人屈原那樣，對著茫茫的宇宙發出了「天問」。總的來看，當時人們對這個問題並沒有統一的看法。有的認爲世界起源於神，有的認爲起源於物質，也有的則認爲世界的起源既非神亦非物質，而是一種抽象。

如前所述，當時的社會宗教氣氛濃厚，人們充滿著對超自然力量的敬畏，故以神學來解釋世界的起源似乎占主導地位。《原人歌》試圖對世界的起源做出泛神論的解釋。詩人把世界的起源歸爲一個人格化了的神——原人：

> 原人是千頭、千眼、千足，他在各方面都擁抱著大地，站立的地方寬於十指（印度詩歌中的一種表現方法，意為遍佈大地以外的整個太空）。
>
> 原人是現在、過去、未來的一切。他是不朽的主宰，由於受（祭祀的）食物的供養，他永垂不朽……原人的四分之一構成萬有，四分之三是不朽的天界。
>
> 當諸神以原人作為犧牲舉行祭祀時，春天是他的牛油，夏天是他的燃料，秋天是他的供物。
>
> 從原人生出遍照者（即原初物質），從遍照者又生出原人。當他誕生的時候，他的面前、後面都超過大地。

從那完滿犧牲的祭祀中產生了頌詩（《梨俱吠陀》）和歌曲（《沙摩吠陀》），從他生出了韻律和祭祀的儀式（《夜柔吠陀》）。

從他生出馬和二排牙齒的動物。牛是從他生出的，山羊和野羊也是從他生出的。

婆羅門是他嘴，羅惹尼亞（刹帝利）是他的雙臂，吠舍是他的雙腿，首陀羅是他的腳。

月亮是從他的心中生出來的。從他的眼睛生出太陽，從他的口中生出阿耆尼，從他的氣息生出伐由（風神）。

從他的肚臍生出了空界，從他的頭生出了天界，從他的腳生出了地界，從他的耳朵生出了方位。他們就這樣創造了世界。⑤

從這首詩我們可以看出，日月、諸天神、時空、方位社會中四個階層的人、經典，以及動、植物等，皆由一個更高的實在「原人」化生。這實際上是承認世界起源於一個最高的神明。這個解釋一直爲後代婆羅門教和印度教所沿襲，對後世印度宗教思想產生了巨大影響。

不過，當時的神學體系還不像後來那麼發達，人們的思想仍具有樸素的特點。有的詩篇對神的存在提出懷疑，表現出一種樸素的無神論傾向：「許多人說，因陀羅並不存在。誰看見過他呢？

⑤《梨俱吠陀》X，九十。

我們在讚美誰啊！」（《梨俱吠陀》，Ⅷ，100-3）。「他們詢問關於可怖的他（因陀羅），他們說，他在哪兒？而且他們簡直說，他是沒有的。」（《梨俱吠陀》，Ⅱ，12-5）這說明，當時有一部分人不滿足於對世界的神學解釋，試圖從物質世界本身思考世界萬象的本源問題。有一首叫《水主歌》的詩歌，把水視爲宇宙的本源：

在天、地、神和阿修羅之前，水最初懷著什麼樣的胚胎，在那胎中可以看到宇宙的一切諸神。

水最初確實懷著胚胎，其中集聚著宇宙間的一切天神。這胎安放在無生（太一）的肚臍上，其中存在著一切東西。（《梨俱吠陀》，X，82-5、6）

在《金卵歌》中，則認爲世界是由一「金卵」所生：「起先出現了金卵，他生下來就是存在物的唯一主人。他保護了大地和這個天。我們應向什麼天神獻祭品？」「他是呼吸（精神）的賜予者，力的賜予者；一切聽從他的命令，天神們（聽）他的（命令）；他的影子是不死，他的（影子）是死，我們應當向什麼天神獻祭品？」⑥

⑥《梨俱吠陀》X，一二一。轉引自趙國華編寫：《印度古代神話》，知識出版社，一九九三，第二〇〇～二〇二頁。

把宇宙的形成和發展的原因理解成某種物質的東西，這可能是後來印度哲學中唯物主義思想（如順世論）的出發點。不過，後來這種樸素唯物主義的思想在印度文化傳統中被窒息了。

《梨俱吠陀》中的「有無歌」，則把世界起源的歸之於「太一」（「那一個」）：這個「太一」，既不是神，也不是具體的物質，而是一種更爲抽象的存在：

那時既沒有「有」，也沒有「無」，
既沒有空中，也沒有那外面的天，
什麼東西轉動著（或：覆蓋著，包孕著）？在什麼地方？
在誰的保護之下？
是不是有濃厚的深沉的水？
當時沒有死，沒有不死，
沒有夜、晝的標誌，
那一個以自己力量無風呼吸，
這以外沒有任何其他東西。
起先黑暗由黑暗掩藏，

那全是沒有標記的水，
「全生」由空虛掩蓋，
那一個以「熾熱」的偉力而產生。

起先愛欲出現於其上，
那是心意的第一個「水種」。
智者們在心中以智慧探索，
在「無」中發現了「有」之連繫。

他們的準繩伸展了過去，
是在下面呢？還是在上面？
有一些持「水種」者，有一些具偉力之，
自力在下方，動力在上方。
誰真正知道？這裡有誰宣告過？
這（世界）是從哪裡生出來的？這創造是從哪裡來的？
天神們是在它的創造以後，
那麼，誰知道它是在哪裡出現的？

這創造是從哪裡出現的？
或者是造出來的？或者不是？
它的看管者在最高的天上，
他才能知道，或者他也不知道。⑦

這首詩蒙有一層神祕主義色彩，晦澀難懂，如何理解？有很大爭論。不過，從這裡看出，詩人對神與世界的關係提出了疑問，試圖對世界萬象作出更爲抽象的概括，這在當時很了不起。這裡提出了一個令人驚歎的假設：宇宙不能用現實的範疇而要用更抽象的概念來理解，它產生於一種「非有非無」狀態，即「太一」。這裡用來描述太一的語言，和後來印度哲學中「梵」（或稱「終極實在」、「宇宙靈魂」）的概念已較接近，可能是「梵」的雛形，表明當時人們的抽象思維已相當發達。這種透過現象世界追溯本源的努力，始終是印度精神文化的一個重要特點。詩中還提到「偉力」、「自力」、「衝動」等概念，雖然我們還不完全知道這些概念究竟是指什麼，但既不能設想它們完全是精神或靈魂的東西，也不能設想完全是物質的東西。

《梨俱吠陀》中沒有提供關於死後靈魂問題的一致理論。當時的人死後土葬或火葬，根據一些章節的敘述，死者居住在閻摩所掌管的王國裡。「靈魂」這個概念在當時是由「心」、「氣息」之

⑦《梨俱吠陀》X，一二九。轉引自趙國華編寫：《印度古代神話》，知識出版社，一九九三，第二～三頁。

類的辭彙表達的。⑧

四、藝術

這個時代最突出的藝術是詩歌。印度民族是一個擅長詩歌的民族，《梨俱吠陀》是印度最古老的詩集，其文學地位可與中國的《詩經》相媲美。印度詩歌產生於頌神的需要，《梨俱吠陀》的一千餘首詩歌，絕大部分是頌神娛神之作。詩歌與宗教密切連繫在一起，可以說是整個古代印度詩歌的一個傳統，而這個傳統就始於梨俱吠陀。許多吠陀詩歌是非常優美的抒情詩篇，具有很高的文學欣賞價值。其中，獻給朝霞女神和大地女神的詩篇，可以說是優秀抒情詩的典範。《朝霞女神頌》是這樣的：

這個光華四射的快活的女人，
從她的姊妹那兒來到我們面前了。
天的女兒來了！
像閃耀著紅光的牝馬一般的朝霞，

⑧ 參閱〔日〕中村元：《印度思想史》，岩波書店，一九六八，第一、二章。

遵循著自然的節令；
是奶牛的母親，
是雙馬童（星）的友人。

你又是雙馬童（星）的朋友，
又是奶牛的母親，
朝霞啊！你又是財富的主人。

你驅逐了仇敵。
歡樂的女人啊！
我們醒來了，用頌歌迎接你。

像剛放出欄的一群奶牛，
歡樂的光芒到了我們面前。
曙光彌漫著廣闊的空間。

光輝遠照的女人啊！你佈滿空間，

你用光明揭破了黑暗。
朝霞啊！照你的習慣賜福吧！
你用光芒遍覆天空。
朝霞啊！你用明朗的光輝
照耀著廣闊的空間。⑨

這些詩歌名義上是獻給神的，抒發的卻是人們對大自然淳樸的愛。朝霞帶來的是黎明的美麗，是新一天的希望。吠陀詩人似乎對黎明之美有特殊的感受，因為《梨俱吠陀》中有二十首詩是獻給朝霞（黎明）女神烏莎的。把朝霞比作「快活的女人」，反映出詩人美妙的想像。

《大地女神頌》也很優美：

真的，你就這樣承受了
山峰的重壓，大地啊！
有豐富水流的你啊！用大力

⑨ 金克木譯，趙國華編寫：《印度古代神話》，知識出版社，一九九三，第一～二頁。

潤澤了土地。偉大的你啊！
頌歌輝煌地鳴響著，
向你前去，寬廣無限的女人啊！
像嘶鳴著的奔馬，
你發出豐滿的雲，潔白的女人啊！
你還堅定地用威力
使草木緊系於土地；
同時從閃爍的雲中
由天上降下紛紛的雨滴。⑩

一般認爲，當時的人還未掌握書寫藝術。早期吠陀文獻主要是靠口頭傳授的，後來才整理成文字。對古代印度人來說，吠陀經典具有無比的神聖性，吟詠吠陀不敢有半點的錯誤。爲了保證經典的完整性，需要依賴語音語調的調整，由此印度最古老的音韻學發達起來了。《梨俱吠陀》頌詩多是四行詩構成，平均每首頌詩含有十首四行詩。使用的韻律達十五種之多。梵語的重讀音節優美而有規律，吠陀頌詩的吟詠具有音樂性。古代印度人還發明了其他各種辦法，來保證經典的完整，如

⑩ 金克木譯，趙國華編寫：《印度古代神話》，知識出版社，一九九三，第八十九～九十頁。

做成一個新的集子，其中將吠陀本集中的原文分解成獨立的音韻形式，以和本集相參照。另一種方法是，編成一部類似索引的書，上面記錄著頌詩文字的數目，甚至連每首詩有多少音節都寫得很清楚。音韻學的發達又促進了印度古代詩歌藝術的發展。

在《梨俱吠陀》時代，印度的建築術也有一定的進步。文獻中提到有千柱和千門的大廈，也提到有石造樓閣和百道圍牆的建築物。有些人認爲，文獻中提到的因陀羅神的偶像，可能是印度最古老的雕刻藝術品。

第三章　後期吠陀文化：婆羅門教文化的鼎盛時期

一、雅利安人的擴張和種姓制度的發達

據推測，大約在西元前十世紀中葉，居住在恆河上游的雅利安人部落開始相互殘殺，一些大部落吞併弱小部落，出現了一些較強大的王國。隨著王國的出現和王權的增長，雅利安人開始向外擴張，即從印度河上游向東推進至朱木那河、恆河流域。這一方面是因爲新國王的冒險精神所致，另一方面也是因爲祭司們想使火神阿耆尼享受新占領地方的供奉。在後期吠陀時代結束以前，幾乎整個恆河平原都被雅利安人所征服。史家稱這個時期爲「後吠陀時期」或「奧義書時期」。後期吠陀文化是婆羅門教文化的繁盛時期，也是雅利安人文化與次大陸土著文化的進一步融合時期。

當時，印度次大陸已開始使用鐵器，農業有重大發展，分工進一步發達，手工業和商業逐步興起，並具有較大的規模。隨著財富的積累，社會的階級分化更明顯，出現了壓迫階級與被壓迫階級。不過，在次大陸，階級的分化是和種姓制度結合在一起的。征服者雅利安人與被征服者達羅毗荼人之間沒有完全融合，最初出現的只是征服者與被征服者的劃分，但隨著分工的進一步發展，社會集團日趨增多，等級也愈來愈嚴格。梨俱吠陀時期尚處於萌芽狀態的種姓制度發達起來了。兩個較高的種姓集團（即婆羅門和剎帝利）是壓迫階級，他們享受著首陀羅不能享有的特權。首陀

羅遭受「任意壓迫」。對四個種姓規定了不同的稱呼方式。改變種姓雖然並非不可能，但開始變得更爲困難。高種姓的生活開始受到嚴格的約束，對他們有了「生活期」（詳後）的規定。種姓之間開始禁止通婚，但高種姓可與低種姓的女子通婚。婆羅門的權力和威望大大提高，他們幾乎壟斷了所有祭祀活動。由於他們從事與神明溝通的職業，愈來愈受到社會各階層的尊重，被視爲神在人間的代表。他們實際上也支配了人們的社會生活。並且，這時出現了宗教上的「潔淨」與「汙穢」概念，即認爲某些人、某些職業是潔淨的，而另一些人和職業是汙穢的，並且汙穢像傳染病一樣，會通過食物授受和身體接觸而傳染。這樣，一些低階層的人（如首陀羅）地位下降了，受到公開的歧視。如《梵書》中提到，凡是木匠（多屬首陀羅）接觸過的東西就會使祭典招致不潔。他們實際上是印度「不可接觸者」（Untouchable）的前身。由於容納了新的土著

圖3-1　描繪古代印度生活的浮雕

部落加入雅利安社會，首陀羅的人數大大增加，他們的地位相當於奴隸。値得注意的是，在幾個正式的種姓之外，還有兩個重要的集團，一個是弗拉蒂亞人，另一個是尼沙德人。前者可能是雅利安人，但因不遵守婆羅門的教規，仍以遊牧爲生，雖然地位較低，但在履行了某些規定的儀式後還能成爲婆羅門社會的成員；後者明顯是非雅利安人。這些人住在自己的村裡，有自己的統治者，他們很可能是有文獻記錄的最早的不可接觸者（即「賤民」）。種姓制度後來不斷分化，每個大的種姓集團又分化爲許多小集團，這種集團叫「亞種姓」，種姓制度構成後來的婆羅門教乃至印度教的一個重要內容，可以說是後來印度教的基礎，也是印度文化的一大特色。

在後期吠陀時代，各部落之間出現了兼併，結果出現了一些較大的王國。國王在戰爭中卓有成效的領導，不可避免地導致王權的增長。吠陀文獻中出現了「天下之主」（Sarvabhumi）、「四海之內的唯一統治者」（Ekaraj）等表示絕對王權的概念。這些國王通常屬於剎帝利種姓，多是世襲（也有選舉產生）。他們自稱是全體人民的絕對主人，對普通百姓可以「隨意加以迫害」，對各奴隸階層則可「隨意加以驅逐和殺戮」，舉行與他們的地位相稱的盛典，如即位時的灌頂大禮（Rajasuya）和馬祭（Asvamedha）等等。國王通過各級職務的人管理著社會。在《梨俱吠陀》中，除了「大祭司」這個職稱以外，幾乎沒有提到國王的高級民政官員。而在後期吠陀中就出現了許多這樣的官吏名稱，如司庫官、稅收官、蘇塔（Suta，國王傳令官、歌手或戰車馭者）、侍從官、監督官、國王的狩獵隨從官和信使等。這表明當時已經形成了一套有效的行政機構。

根據吠陀文獻推測，當時，農業仍是人們的主要職業，不過階級分化已相當明顯，村落裡已出現了地主。貿易和工業繁榮起來了，工業項目之多達到令人注目的程度。專業分工已有很大發展。我們知道當時戰車製造者已和木匠分開，弓匠分化出弓弦匠及造箭者。世代經商的人開始形成一個階級。①

二、吠陀文獻

這是一個僧侶控制人們生活的時代。爲了維護僧侶的統治，婆羅門編寫大量的經典，試圖爲當時的社會秩序製造理論根據，故這個時期出現了大量婆羅門文獻。「吠陀」原意爲知識、學問。漢譯佛經中譯作「明」，表示「聖明」、「聖典」，是對這個時期的文獻資料的統稱。開始是靠口頭傳承，後來經由婆羅門學者用梵語記錄下來。吠陀文獻實際上包括三大類：第一類是《吠陀本集》，共分四部，是頌詩、祈禱詞和咒語之類的彙編；第二類是記載各種儀式和典禮的書籍，稱爲《梵書》或《婆羅門經》（*Brahmanas*）；第三類是《奧義書》。四部吠陀本集中的後三部以及《梵書》、《奧義書》形成時間較遲。吠陀文獻是一個包羅萬象的文獻體系。前面提到，吠陀是上古印度典籍的總匯，是印度宗教和正統哲學的思想淵源。後來印度正統的思想，從法典化了的吠陀文獻中，逐漸引申、發揮出印度的宗教及其禮儀、哲學、英雄史詩、神話、歷史傳說、法律、幾

① 劉欣如：《印度古代社會史》，中國社會科學出版社，一九九〇，第二章。

何、天文學、數學和語言科學。所有這些構成了一般所稱的婆羅門教（Brahmanism）。「它是一種文化，一種生活方式，一種宗教，以及其他。」②這個體系經歷了一個長時間的積累過程。到了吠陀晚期，吠陀文獻已大體構成了一個龐大的文化體系（其中有的文獻年代更後）。它們是當時婆羅門教的經典，也是了解上古印度社會和文化生活的主要文獻。吠陀文獻有狹、廣兩義。狹義的吠陀文獻僅指吠陀本集（四部），廣義的吠陀除了四部吠陀本集外，還包括幾類作品：即梵書類、森林書類、奧義書類和吠陀分集（又稱「吠陀支」）類。吠陀各類文獻之間的關係大體如下表。

㈠吠陀本集（Samhita）

這是吠陀文獻中最古老的部分。它們是有關敬神、頌神的諺語、詩歌和信條的彙編。其中，前三部吠陀爲一組，被稱爲「三明」（Trayi）。早期，只有前三部吠陀才被公認爲正規的經典。《阿闥婆吠陀》產生的年代要晚些，其地位也較前三部經典爲低。《梨俱吠陀》意譯爲《頌贊明論》，是讚頌不同神祇的抒情詩集。這是一部年代最久遠也是最重要的一部吠陀文獻。相傳《梨俱吠陀》共有二十一支派，每個支派各有自己的傳本。現在僅存四派，它們是Sakla派、Vankala派、Asvalayana派和Sankhayana派。一般認爲，Sakla派的傳本最古老，共十一卷，收錄一〇一七首頌詩。

② 〔英〕渥德爾：《印度佛教史》，商務印書館，一九八七，第二十六頁。

表3-1　吠陀文獻表解

吠陀本集	《梨俱吠陀》（*Rigveda* s.）		
	《娑摩吠陀》（*Samaveda* s.）		
	《夜柔吠陀》（*Yajurveda* s.）		
	《阿闥婆吠陀》（*Atharvaveda* s.）		
梵書（每部梵書包括三部分）	Vidhi（儀規）		
	Arthavada（釋義）		
	Vedanta（極義，吠檀多）	……	
		……	
			……
		森林書（Arayaka）	……
			奧義書（Upanisad）
吠陀支 Vedanga	Siksha（聲調學）		
	Chandas（音律學）		
	Vyakrana（文法學）		
	Nirukata（難字集解）		
	Jyotisha（天文學）		
	kalpa（禮學，經書）	Sauta Sutra（所聞經）	
		Grihya Sutra（家範經）	
		DharmaSutra（法經）	Dharma Sutra（法經）（法論）80餘部
			Artha Sastra（利論）5派13部

《娑摩吠陀》又譯作《歌詠明論》，是祭祀酒神蘇摩時由特定的祭司詠唱的頌歌。據說它也有許多支派，目前僅存兩派，但兩派差別不大。這部著作分兩卷，共一五四九首（一說爲一八一〇首，又說爲一八七五首）頌詩。它的大部分內容直接取自《梨俱吠陀》，只有七十五首（一說是七十首，又說是九十多首）頌歌是獨立的。由於是詠唱的歌詞，故對於了解古代印度音樂具有重要意義。

《夜柔吠陀》，意譯爲《祭祀明論》，是祭祀中行祭者念誦的祈禱詞。其中不僅有取自《梨俱吠陀》的詩篇，還有獨創的散文。現存的《夜柔吠陀》有兩個不同的支派，即所謂《白夜柔吠陀》（*Sukla Yajus*）和《黑夜柔吠陀》（*Krsna Yajur*）。所謂「白」，是指它與所屬的梵書區分比較清楚。這個版本主要保存在由Vajasaneya校訂整理的《白吠陀本集》中，共四十章，一九七五節經文。《黑夜柔吠陀》的「黑」是指與所屬梵書的界限不分明，即《黑夜柔吠陀》與所屬的梵書大體是一回事。該派現存四種版本：《伽陀迦本集》（*Kathakas*）、《羯毗私陀羅伽陀迦本集》（*KapisthalaKathakas*）、《慈氏本集》（*Maitra Yaniyas*）、《鷓鴣氏本集》（*Taittiriyas*）。

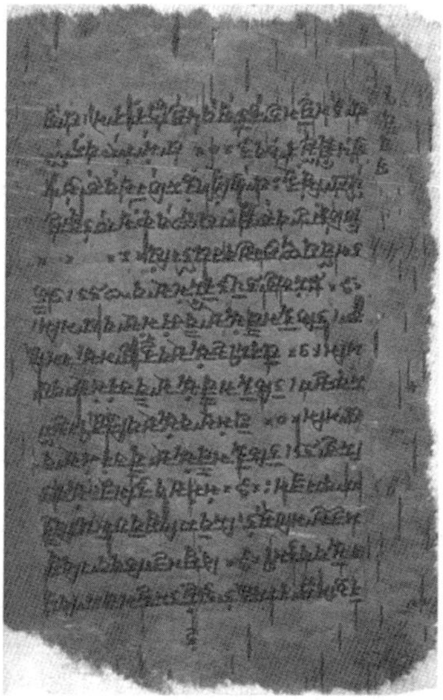
圖3-2 《阿達婆吠陀》

《阿闥婆吠陀》，意譯爲《禳災明論》，主

要匯集了用於醫治疾病、恢復人與人之間和睦以及驅除邪魔的詩歌、咒語。也有一些非常美麗的頌詩，讚美天神的威力和全知全能，以及大地聖母恩德。這部經典形成的時間雖比前三部吠陀爲晚，但內容大半是古老的。有些頌詩來自民間而不是出自祭司之手，並且可能與《梨俱吠陀》的最古部分同樣古老。《阿闥婆吠陀》共收詩一百三十首，約六千頌，分爲二十卷，其中有六分之一是散文。據傳它曾分爲五十派，現存兩派傳本：派帕羅陀派（Paippalada）與釋烏那伽派（Saunaka）。

(二) 梵書（Brahmana）

又名婆羅門書（古譯《淨行書》），比四部本集產生時間爲晚，大約爲西元前一〇〇〇至前五〇〇年。內容主要是對四部吠陀的說明、補充和解釋，故每部吠陀本集都有自己所屬的梵書。每部梵書的內容分三部分：對祭祀儀式的具體規定、對宗教儀禮的解釋以及對教義的闡述。梵書是對婆羅門教的具體闡述，集中體現了婆羅門教「吠陀天啓」、「祭祀萬能」、「婆羅門至上」的特點，不僅是婆羅門教的重要經典，也是後代印度宗教哲學思想的極重要的淵源。現存十七部梵書，它們是：

《梨俱吠陀》所屬兩部：

1. 《他氏奧梵書》（*Aitareya*）
2. 《喬屍多基奧梵書》（*Kausitaki*）

《娑摩吠陀》所屬九部：

1. 《二十五大梵書》（*Pancavimsa*）
2. 《二十六梵書》（*Sadvimsa*）
3. 《歌者梵書》（*Chandogya*）
4. 《多羅婆伽羅梵書》（*Talavakara*）
5. 《世系梵書》（*Vamsa*）
6. 《沙摩術梵書吠陀》（*Samavidhana*或*Samavidhi*）
7. 《提婆達迪耶也梵書》（*Devatadhyaye*）
8. 《賞醯特奧義梵書》（*Samhitopanisad*）
9. 《阿爾塞耶梵書》（*Arseya*）

《夜柔吠陀》所屬五部，其中《白夜柔吠陀》所屬一部：

1. 《百道梵書》（*Satapatha*）

《黑夜柔吠陀》所屬四部，亦即《黑夜柔吠陀本集》：

1. 《鷓鴣梵書》（*Taittiriya*）
2. 《伽陀迦梵書》（*Kathaka*）
3. 《羯毗私陀羅伽陀迦梵書》（*Kapisthala Kathaka*）
4. 《慈氏梵書》（*Maitrayaniya*）

《阿闍婆吠陀》所屬一部：

1.《牛道梵書》（*Gopatha*）

(三) 森林書（Aranyaka）

又音譯作《阿蘭若書》。據傳它是在森林中傳授的，故稱森林書。它實際上是梵書的一部分，即梵書闡述教義的那一部分，均附屬在梵書的末尾。這部分在語言、體裁和內容上都與梵書相仿，但它們討論的是各種儀式的喻義和各種本集原文所含的神祕意義，也討論人與自然、人與神的關係等問題，而不注意研究儀式的細節，故有相對的獨立性。森林書大部分是古老的，但有些可能是後期的作品。理論上講，每一吠陀本集、每一梵書都有所屬的森林書，但現存森林書僅存四部：

《梨俱吠陀》所屬兩部：

1.《他氏森林書》（*Aitareya Ar.*）

2.《喬屍多基森林書》（*Kansitaki Ar.*）

《娑摩吠陀》所屬一部：

1.《耶摩尼奧義梵森林書》（*Jaiminiyaupanisad-brahmana Ar.*）

《黑夜柔吠陀》所屬一部：

1.《鷓鴣氏森林書》（*Taittiriya Ar.*）

(四)奧義書（Upanisad）

這個名稱是從「upa-ni-sad」一詞引申而來，意即「坐在某人身邊」。這是指那些可以傳授給坐在近旁的兒子或弟子的祕密教義。《奧義書》有些包括在森林書內，有些是森林書的補遺，被編排在森林書的末尾，也有些是獨立的著作。奧義書和森林書又被稱爲「吠檀多」（Vedanta），意爲「吠陀的終結」。這有兩層涵義：一是指它們被編排在吠陀文獻的末尾，是吠陀文獻的最後部分；二是它所闡述的道理是吠陀思想的頂峰。《奧義書》含有哲學性質的深思冥想，我們將在後面專門介紹《奧義書》的哲學思想。

現存《奧義書》約兩百種，其中絕大部分是後世的作品，一部分成書於佛教產生之後。一般認爲最古老、最重要的《奧義書》五部：《歌者奧義》（*Chandogya Up.*）、《廣林奧義》（*Brhadranyaka Up.*）、《他氏奧義》（*Aitareya Up.*）、《喬屍多基奧義》（*kausitaki Up.*）、《鷓鴣氏奧義》（*Taittiriya Up.*）。其他較重要的還有八種：《由誰奧義》（*KenaUp.*）、《依莎奧義》（*Isa Up.*）、《伽陀迦奧義》（*Kathaka*

圖3-3　奧義書：向弟子傳授的祕密教義

Up.）、《白騾奧義》（*Svetsvatara Up.*）、《慈氏奧義》（*Maitrayaniya Up.*）、《質問奧義》（*Prasna Up.*）、《剃發者奧義》（*Mundaka Up.*）、《蛙氏奧義》（*Mandukya Up.*），加起來稱為「十三奧義書」。③

(五) 吠陀支

意即「吠陀的枝節」，是吠陀的附屬文獻。吠陀本集、梵書、森林書和奧義書屬於「天啓書」，即古代印度人認為它們皆來自神，而吠陀支不屬於「天啓書」，但與天啓書有密切關係。它們沒有前述諸類吠陀文獻那樣大的權威。這類文獻被稱為「傳承經」，意即「記憶所及或傳說中的經典」，因為它們是由古代聖哲傳下的，而這些聖哲得到了吠陀的「天啓」。從體裁上看，多為散文，後來有些被改為韻文。後代人稱其為「經」（Sutra，線，意即恰如用線穿蓮花瓣那樣把許多格言、法則、教義串起來）。吠陀支共有六種，故又稱「吠陀六支」：

1. 式叉論（Siksa）：是關於語音學的著作。主要研究和記錄各吠陀的發音方法、連聲法等。吠陀文獻不是書面紀錄，而是靠口口相傳保留下來的。為了在口傳過程中不走樣，需要對吠陀經典的

---

③《奧義書》較早的西方譯本有德國學者馬克斯．繆勒的《奧義書》（一八七九），中譯本有徐梵澄先生用文言文翻譯的《五十奧義書》（中國社會科學出版社，一九九五年修訂版）。本書引文出於此書，為了便於理解，這裡轉譯成白話文。

讀音、聲調作詳細研究和記錄。式叉論就是關於這方面的著作。

2.韻律學（Chandas）：主要研究吠陀的韻律。代表著作有古印度韻律學家黃龍（Pingala）作的《黃龍氏韻律經》（*Pingalacch andah sutra*）。

3.文法學（Vyakarana）：是研究吠陀文獻文法的著作。古印度著名文法學家的《波你尼文法》就是這類著作的代表。

4.注釋書（Nirukta）：主要對吠陀文獻中的難字進行注釋。

5.天文學（Jyotisa）：多半是關於如何選擇祭祀吉日的曆書，其中保存了古印度許多天文學材料。

6.儀仇經（Kalpa）：此類文獻出現較遲，估計成書於西元前後。內容十分龐雜，大體分爲三類：

(1)天啓經主要是解釋由祭司執掌的大祭，現存十三部。其中，《梨俱吠陀》所屬兩部，《沙摩吠陀》所屬三部，《夜柔吠陀》所屬八部（其中《白夜柔吠陀》一部，《黑夜柔吠陀》所屬七部）。

(2)家庭經主要敘述在家庭中由家長主持進行的祭祀。現存十部。其中，《梨俱吠陀》所屬兩部，《沙摩吠陀》所屬兩部，《夜柔吠陀》所屬五部（其中《白夜柔吠陀》所屬一部，《黑夜柔吠陀》所屬四部），《阿達婆吠陀》所屬一部。

(3)法經是關於社會職責、種姓的行爲規範、倫理道德乃至習俗法的總匯，對維護婆羅門教社會秩序起著極大的作用，反映了婆羅門階層的政治和社會理想，是了解古代印度社會的重要材料。現存較古老的法經有：《沙摩吠陀》所屬一部，《夜柔吠陀》所屬六部（其中《白夜柔吠陀》所屬一部，《黑夜柔吠陀》所屬五部）。由於法經對於維護社會秩序起著重要作用，故後代婆羅門不斷編纂新的法經，如後來著名的《摩奴法論》（*Manava dh.s.*）、《那羅陀法論》（*Naradasmrti dh.s.*）、《祈禱主法論》（*Br-haspati dh.s.*）、《伐悉私陀法論》（*Vasi-stha dh.s.*）、《祭言法論》（*Yajnavalkya dh.s.*）、《毗濕奴法論》（*Visnu dh.s.*）等。這些法經加在一起，構成古代印度龐大的法律體系。④

吠陀文獻是了解古代印度社會的重要文獻，但它體系龐雜，且多是口耳相傳，版本衆多，只有一部分是後人記錄整理成文字。

三、宗教生活

以宗教典籍的大量編纂爲標誌，吠陀教獲得了高度的發展。宗教在人們生活中的作用更大了，宗教內容也發生了變化。宗教上的獻祭儀式通過祭祀專家婆羅門之手大大發展起來。人們通常把這個時期由吠陀教發展而來的、以「吠陀天啓」、「祭祀萬能」和「婆羅門至上」爲特點的宗教稱爲「婆羅門教」（又稱「吠陀教」）。

---

④ 本節參考了黃心川：《印度哲學史》，商務印書館，一九八九，第五十三～五十四頁；方廣錩：「吠陀文獻」，載《世界宗教資料》一九八四年第三期。

(一) 諸神的變化

宗教的變化首先表現在諸神地位的變化上。和梨俱吠陀時期的宗教相比，這個時期雖然還能看到對伐樓那等諸天神的讚頌，但許多古代神祇的光輝逐漸趨向黯淡。在梨俱吠陀時代將近結束時出現的一神教傾向，現在更加明顯。創造萬物的主宰——「生主之神」——在《梨俱吠陀》中並沒有很高的地位，而此時他的地位大大提高。在後期吠陀文獻中，有一些故事說，生主之神具有非凡的力量，比如，說他化作野豬把地球從太初洪水裡扛起來，當快要孳生後代的時候，他又變成了一隻烏龜。這是最早講述神明改變形體的紀錄，後代印度宗教中的仙人「下凡」或化身學說，很可能就起源於這些有關生主的故事。因陀羅等以前威力無比的天神，其地位更加衰落，而人們對那些原來不如因陀羅或伐樓那那麼顯赫的某些神祇卻特別偏愛起來。如樓陀羅，《梨俱吠陀》中稱他是暴風神之父，全身褐色，脖頸發青，千眼多手，持弓箭，有善惡二重性格，發怒時用霹靂之箭，損傷人畜草木；而在人畜受病害時，又能以草藥療之，使之化險爲夷，吉祥如意。儘管他有如此的法力，但在梨俱吠陀中並不起眼，遠在因陀羅、伐樓那之下，但後來卻贏得了「濕婆」（Siva，慈悲之神）的稱號，被尊爲偉大的神祇和生物之主。他所以能孚眾望，可能是因爲他是土著人的神明，與印度河文化中的主要男神是同一神祇。這說明此一時期雅利安人與土著人的信仰已有了進一步的融合。

與樓陀羅同時出現的另一神祇是毗濕奴（Visinu）。在《梨俱吠陀》中，他是以「大步伐」（Paramampadam）著稱的日神，據說他三步可以跨越天、地、空三界，但其地位在天神伐樓那之下，而到了吠陀時代末期，毗濕奴已取代了伐樓那的地位。他的「大步伐」成爲聖哲和先知們努力的目標。在吠陀經典時代結束前，毗濕奴被認爲與諸天神（Visvedeva）是同一神祇。

(二)祭祀儀式的發達

梨俱吠陀時期，人們認爲祭祀起著溝通人與神的作用。到吠陀後期，祭祀活動作用被進一步強調，認爲祭祀不僅可以溝通人與神，還可以支配萬物，能達到一切目的，而眾神祇反倒降居次要地位，似乎成了祭祀活動的僕役。祈求的福報並非來自天神的恩賜，而是直接來自祭祀行動本身，能否成功全依仗祭祀方式是否精確。這樣，一套極其繁雜的祭祀儀式發達起來了。大體說來，鼎盛時期的婆羅門教祭祀活動可以分爲兩大類。第一類是家庭祭。這是在家庭中進行的以人事爲主的各種儀式，主要是對婆羅門而言。一個正統的婆羅門，按要求一生要進行十二種重要的禮儀：1.受胎禮，一般在婦女懷孕後進行；2.祈男禮，祈求胎兒爲男性舉行的儀式；3.分髮禮，婦女懷孕三至四個月，將頭髮分開，祈求母親和胎兒安康；4.出生禮，嬰兒出生後，祈求滌除胎前的不淨、將來健康的儀式；5.命名禮，爲嬰兒命名；6.出遊禮，嬰兒第一次外出；7.哺養禮，最初吃食物；8.結髮禮，表示已進入童年；9.剃髮禮，表示已成年；10.入法禮，從師學習吠陀，接受宗教訓練；11.歸家禮，學成歸家，開始過世俗生活；12.結婚禮。

此外，還有新月祭、祖先祭等定期舉行的祭儀。

第二類祭祀活動是天啓祭。這是在公共場所、以祭祀天神和各種超自然力量爲主的儀式，由婆羅門祭司來主持。這類祭祀根據性質不同又分爲兩種。一種叫「供養祭」，是以動植物供奉諸神或祖先的祭祀，分爲七種：1.置火禮，即在家宅置三種方位不同的「火」（家主火、供養火、祖先祭火），作爲公開的儀禮，一般是在新婚滿月日舉行；2.火祭，此祭的目的較爲廣泛，被認爲是祈求牧畜（牛）的繁殖，每天早晚兩次，把牛酪及其他供物投入祭火；3.新滿月祭；4.初穗祭，向諸神供奉各種新收穫的穀物或果蔬，祈求豐收，每年三次，秋季獻米，春季供麥、稗，夏季供竹筍；5.四月祭，印度古時候將一年分爲三季，每滿四個月舉行一次，祈求農作物茂盛、豐收；6.獸祭，祈求豐年，祛除各種障害，一般在新滿月祭中舉行；7.修陀羅摩尼祭，祭祀因陀羅神，獻祭者各有其目的：婆羅門想獲得名聲，剎帝利希望取得勝利，吠舍祈求財富等。

天啓祭中的另一類是以蘇摩酒奉獻於神明或祖先，故稱「蘇摩祭」。這類祭祀也是名目繁多。凡是不屬於供養祭的都可稱蘇摩祭。主要有：

1.火神贊：爲讚頌火神阿耆尼舉行的祭祀，通常是在獻祭者有重大願望時舉行，對祭官、祭場、祭儀都有嚴格的要求。

2.力飲祭：以奉獻七杯或更多的蘇摩酒而得名，通常是在國王剎帝利或婆羅門爲了獲得更高的權力和地位時舉行的。

3.即位禮：國王即位時舉行。

4.馬祭：又稱馬祀，是婆羅門教最重要的祭祀活動。在行祭期間，祭官通過一定的儀式選定一匹健壯的牡馬，使之在外遊蕩一年，在馬遊蕩時，有國王或國王代表率領的軍隊跟隨。當馬闖入其他國家的領土時，就逼使該國降服，否則就用武力征伐。一旦取勝，被打敗的國王要作爲扈從列入戰勝者的隊伍，否則要遭恥笑。在勝利者牽馬回國後，還要由祭官舉行盛大儀式，唱吠陀讚歌，將馬宰殺，或用其他動物代替作爲犧牲。這種祭祀曠日持久，耗資巨大。婆羅門教認爲，完成了馬祭的國王，就有資格成爲「王中之王」。這種用大量牲畜祭祀的作法反映了遊牧民族的習俗。

5.人祭：施祭的目的是祈求在馬祭中沒有獲得的東西。很多學者都認爲，馬祭是代替人祭的一種形式。在吠陀文獻中屢次提到以人作犧牲的事實。如《白夜柔吠陀》中列舉可作犧牲的一百八十四種人，並各有獻祭的特定對象，如對閻摩神用石女、對暴風神馬錄多（Marut）用農民、對天神用禿頭翁、對地神用跛者、對死神用獵人、對眠者用盲人、對舞者用詩人、對歌者用職官、對地獄用殺人犯、對黑暗用盜賊等。作犧牲的方式不一，有的可自投於水，有的在禮拜太陽神後永遠隱遁山林等。近年的考古發掘證實了這種祭祀的存在。不過，吠陀文獻中也規定可用牲畜、穀物等替代。

6.全祭：婆羅門出家前舉行的祭祀，出家者將其財產與眷屬都奉獻於人和神。這也說明，當時的社會制度殘酷，下層人的生命沒有保障。

當然，並不是每個階層、每個人都必須全部進行這些儀式，這些儀式主要對社會的上層（主要是婆羅門）而言，但不可否認，繁雜的祭祀活動是當時社會的熱點，是當時文化的最重要的內容。祭祀活動如此被強調，可能與次大陸複雜的種族情況有關。當時有征服者雅利安人與被征服的土著人之間的區別，在被征服者中，除了達羅毗荼人，還有許多使用不同語言、有不同習俗的其他種族集團。統治者要把這些不同的人群控制和凝聚起來相當困難，而宗教祭祀提供了一種控制手段。借助於對超自然神明的崇拜儀式，人們可以超越種族的區別，獲得一種統一。

(三) 婆羅門至上

由於儀式繁多，若不是專家就難以司掌，於是，以祭祀爲業的僧侶階層發展起來。又由於祭祀對人生意義重大，專門掌管祭祀的僧侶的地位也大大提高。婆羅門在《梨俱吠陀》時代還只是管理祭祀活動的祭司或祭官，在社會和宗教生活中還沒有突出的地位。但到了吠陀後期，出現了世襲祭司的婆羅門家族。他們自稱爲吠陀仙人的後裔，其地位已有顯著的提高。婆羅門祭司形成一個重要的階層，壟斷了一切宗教事務。

圖3-4 跳舞的濕婆（青銅）

祭司們主持宗教儀式，通常要收取很多的報酬。如果沒有足夠的報酬，他們就拒絕念咒語。他們制定了條規，說明舉行每一種祭祀活動需要多少報酬，如值多少匹馬、多少頭牛，或者多少金子。漸漸地，他們之中的許多人不僅社會地位愈來愈高，也愈來愈富有，形成了一個剝削階層。他們享有種種特權，如接受佈施、豁免賦稅、犯重大罪過時可免死等。婆羅門本人連同其妻子，甚至所有的牛都要受到公眾的敬禮。從而足以控制所有思想與變動，掌握印度人民的心靈與精神生活。《夜柔吠陀》甚至稱婆羅門為「人間的神」。他們是宗教的指導者，是當時的知識分子階層。他們的權力和義務是學習和教授吠陀，為自己和別人舉行祭祀，接受和施行佈施等。一些婆羅門常常以自己血統純正而自豪。他們想用這種方法提高自己的地位，而對其他階層的人則極力貶低。

種姓制度是以血統、職業世襲、內部通婚、互不交往為特徵的社會等級制度，如前所述，它的起源和雅利安人對土著人的征服以及勞動分工的發展等因素有關，而婆羅門教將這一制度和宗教結合起來，將社會階層的分化神聖化，並賦予婆羅門種姓至高無上的地位。按照婆羅門的理論，前面三個種姓（婆羅門、剎帝利、吠舍）是獲得了兩次出生的人，一次是肉體上的出生，一次是通過「入法禮」獲得的精神上的出生，故稱「再生族」；而第四個等級（首陀羅）只有肉體的出生而無精神上的出生，故稱「一生族」。「一生族」不准讀、聽吠陀，否則會玷汙聖典，亦不能參加宗教儀式。婆羅門對種姓制度所做的神學上的解釋，起到了牢固這一制度的作用，⑤促進了種姓制度的發達。

當然，種姓法規以及各種姓的地位都是婆羅門自己規定的，現實中婆羅門的地位與經典上的規定並不完全一致。在現實中，有出身首陀羅的人當上了國王，也有的婆羅門耕田種地，從事較低微

---

⑤ 尚會鵬：「印度教：種姓制度的思想基礎」，《南亞研究》一九九三年第一期。

的職業。婆羅門和那些擁有較大實權但種姓地位並不太高的人常常發生矛盾和衝突。婆羅門有時不得不做出妥協，想出種種變通的辦法，如一個首陀羅出身的國王，可以用黃金做一個子宮，請來婆羅門進行各種祭祀儀式，自己從這金子宮裡鑽出，表示得到了新生，從此可以獲得刹帝利的身分。這個黃金子宮與其他大量財物，便成了對婆羅門的佈施。婆羅門普遍受到尊敬則是事實，後世儘管出現了某些變化，但印度僧侶受尊敬的文化傳統一直延續下來了。

除了這些特點，婆羅門教提出了規範教徒生活的一些規則。最重要的是把人生劃分爲四個生活期，即所謂「四生活期」。每個生活期完成不同的任務，有不同的行爲方式。這四個生活期是：

1. 梵行期：與師父共同起居，學習吠陀，接受宗教訓練，敬事師長，節制欲望，一般爲十二年。
2. 家居期：在家過世俗生活，娶妻生子，從事與婆羅門身分不相違背的社會職業，進行家祭並施捨，從事祭祀、學習和慈善事業。
3. 林棲期：家事既畢，本人自己或攜妻隱居森林，過苦行生活，嚴格奉行祭祀的各種規定。
4. 遁世期：靠接受施捨爲生，把苦樂置之度外，以期獲得最後的解脫。

在吠陀後期文獻中，也有主張把遁世期安排在林棲期之前，也有人認爲梵行期後即可漫遊在外。一旦進入林棲期與遁世期，婆羅門就要進行苦行和禪定。苦行就是用種種方法折磨自己，如臥在荊棘叢中，絕食，只吃草根，舉起一手永不放下，刺體出血，肉上加釘，火烤日曬等等。婆羅門教對苦行的推崇似乎是基於這樣的認識：人生的終極目的是達到解脫，而肉體是達到這一目的的障礙，輕視肉體存在、儘快拋棄肉體的束縛才能使靈魂得以解脫。婆羅門教認爲，苦行不僅是培養一個人道德意志的有效方法，通過苦行還可得到支配世界的超自然力量。在後來的兩大史詩以及其他印度教經典中，都有不少因苦行而獲得極大法力的故事。「四生活期」的安排只是一種理想，主要是對婆羅門種姓提出的，而且並非每個婆羅門都按這種安排生活，但它的確是正統的婆羅門追求的目標，對其他種姓也有影響，爲後來的印度教所襲用。⑥

四、《奧義書》的哲學思想

(一)《奧義書》的特點

吠陀後期的婆羅門教已發展了一套較完整的教義，這些思想主要體現在《奧義書》中。《奧義書》是婆羅門教的重要教義，在印度思想和文化史上占有崇高地位，對後代印度哲學和文化產生了重大影響，印度幾乎所有思想流派都可追溯到《奧義書》。《奧義書》在近代被介紹到歐洲，對歐洲的一些學者也產生了影響。德國哲學家叔本華說過：「全世界沒有一門學問能如《奧義書》一樣有益與高尙，它曾慰藉了我的一生，使我死也瞑目。」⑦

《奧義書》的內容十分龐雜，晦澀難懂。書中充滿了人們對宇宙和人生的驚異：世界是如何創

⑥ 初曉波、尚會鵬：「解脫與印度教對理想人生的設計」，《南亞研究季刊》一九九五年第四期。

⑦ 轉引自〔美〕威爾．杜蘭：《世界文明史：印度與南亞》，臺灣幼獅文化出版公司，一九七三，第三十四頁。

造出來的？我們從哪裡來？我們住在哪裡？我們到底往哪裡去？我們該聽誰的支配？世界的本源是什麼？等等。其中有許多古怪的想法，但也包含了一些深奧的思想萌芽。它實際上是由許多人、經歷很長時間撰成的，因此它反映的內容也不僅僅是吠陀時代的事。該書神話要素多，不是系統的理論闡述，多採用比喻、對比的方法。它不像後代哲學著作那樣使抽象思維的結果，而是產生於神祕的靈感。通常採取師徒、父子、夫妻間對話的形式，主要是在師父與弟子或新的思想家之間流傳，並不向一般人公開。因此，一種思想通常與某個人（不光是婆羅門，也有刹帝利）的名字連繫起來。其中最生動閃亮的名字，一位是具有犀利口才的男性亞若瓦克亞（**Yajnavalkya**），另一位是女性加爾基（**Gargi**）。後者可能是印度最早的女哲學家。這說明當時社會已承認個人獨立的哲學思考。

和吠陀本集表現出的思想相比，《奧義書》提出了一些新思想。「重視知識」就是《奧義書》體現的一個重要思想。和早期重視祭祀儀式不同，隨著對儀式眞正涵義的追求，人們自然要更近一步對宇宙和人生作形而上的思考，最初視自然、人生和儀式爲絕對，最後終於把「阿特曼」和「梵」視爲絕對者。當然，所謂的知識主要指吠陀知識，但這也說明「祭祀萬能」的特點開始有了變化。

(二) 創世說

《奧義書》關於創世的思想很有意思，它把世界歸因於「神我」的一個輕舉妄動：

然而他非常苦惱，悶悶不樂。因為他孤單單地一個人，沒有樂趣。他希望有第二個人。他是那樣的巨大，同如一男一女相抱持。他使自己跌成兩片，於是便產生了夫婦。他自己就像是那碎片的一半。如亞若瓦克亞所常說。所以在他的空間裡有了他的妻子，他與之交合而生出人類。她妻子反問自己：「他既然從他自己生出了我，現在他怎麼能與我交合呢？讓我躲藏起來吧。」於是她變成了一頭母牛，而他則變成了一頭公牛，與她交配，生出牛群來。她變成一匹母馬，他就變成公馬。她變成母驢，他就變成公驢，與之交配，生出有蹄類動物來。她變為母山羊，他就變為公山羊。她變為母綿羊，他就變為公綿羊，與之交合，生出山羊綿羊群來。自此之後，只要是他們倆在一起，就可以生出所有的生物，甚至螻蟻之類也創生出來了。他知道了：「只有我才是造物主，因為我創造了萬物。」造物之名便是這樣來的。⑧

有時，哲學家們把深奧的道理用淺顯的比喻來闡述：

「從那棵樹上摘一無花果來。」

⑧《廣森林奧義書》Ⅳ，三～四節。以下引文出自徐梵澄譯《五十奧義書》中譯本。為了便於理解，這裡將文言文轉譯成了白話文，特此說明。

「摘來了，先生。」
「將它切開。」
「切開了，先生。」
「你看到了什麼？」
「相當微小的種子，先生。」
「將當中的一粒再切開。」
「切好了，先生。」
「你又看到了什麼？」
「什麼也沒看見，先生。」
「我的孩子，這就是至細至微者。
你看不見，但正是從這精微者中，
長出一棵巨大挺拔的無花果樹。」⑨

圖3-5 古代人形（現代製作）

《奧義書》想要闡述的是這樣的一種思想：在創造世界的過程中，造物主與萬物合而爲一，與所有事物、各種生命結爲一體，每一形式曾一度是另一形式，僅僅由於偏見才將它們分割開來。這

⑨《歌者奧義》，VI，十二，第二〇三頁。

種思想可能是泛神論和輪迴轉世思想的根源。

㈢「梵」與「我」理論

這是《奧義書》的另一個重要思想。對印度思想來說，再沒有什麼概念比這兩個概念更重要的了。「梵」（Brahman）[10]原意爲「咒力」、「祈禱」之意，指吠陀中的頌歌、祭詞、咒詞及其包含的神祕力量。梵書認爲，遵循一定的規則並使用吠陀語言進行祭祀，可以驅使天神。也就是說，非人格的吠陀語言以及祕密咒語，比諸神還有力量。後來，「梵」發展爲一種超越世界萬象乃至諸神的「主宰」、「絕對者」和「最高實在」，成爲哲學的最高本體。吠陀後期的神學家從「梵天」（Brahma）一詞中概括出一個形而上學的實體「梵」。

梵是無所不在的，梵和人們經驗的一切事物是同一的，它是「思維的眞實者」、「意圖的眞實者」，它可以使自己的思維、意欲完全在現實中實現。它「含括一切業（行爲），一切欲，一切香，一切味，含括萬事萬物而無言。」它遍佈於所有方位，存在於一切事物之中。「它（最高實在）是梵，因陀羅、生主和一切諸神；它是地、水、風、火、空五大；它是一切混合的細微者；它

---

[10] 在印度古代宗教典籍中，與Brahman相近的概念有三個：「梵」（Brahman），指宇宙靈魂；「婆羅門」（Brahman），指祭司階層；「梵天」（Brahma），指印度教三位一體的神明。這三者之間的區分並不總是十分清楚。有時梵天也用來指梵。

圖3-6 哲學家在向人們講述宇宙和人生的道理

是這或那的種子：卵生、胎生、濕生、芽生、馬、牛、人、象。無論是有氣息的東西——能走的或能飛的，以及不動的東西（植物）都是它。」⑪

《奧義書》的哲學家們都認爲梵是超越任何人類感覺經驗的，具有不可思議的性質。在本體意義上，梵不具有任何屬性，也不表現爲任何形式，故無法用邏輯概念來理解或用日常語言來表達。《奧義書》在描述梵的性質時常常使用一連串的否定句子，即只指出「不是這個，不是那個」，而不說是它究竟是什麼。以否定達到肯定的方法在哲學上稱爲「遮詮（遮其所非）法」。這種方法和中國的老子的「道可道，非常道」的論述方法相似，不過，《奧義書》的哲學家們更是把這種方法發展到極致，後代印度教和佛教的哲學家在描述宇宙本源時也常用這種方法：

⑪《他氏奧義》，三二。

它（梵）不粗不細，不短不長，不像火紅，不像水濕；沒有陰影，那樣黑暗；不是風，不是空，不黏著；沒有味，沒有嗅（香），沒有眼睛，沒有耳朵；沒有語言，沒有感覺，沒有生力，沒有氣息；沒有端，沒有度，沒有內，沒有外；它不消滅什麼東西，也不被什麼東西所消滅。⑫

「我」（「阿特曼」）是指個體靈魂。「阿特曼」一詞在吠陀本集中只是一個普通的人稱代詞，和神祇沒有任何關係。在《梵書》中一般解釋爲人體的主要器官，如皮、血、骨、肉、心等。森林書把它解釋爲人的各種器官或氣息，認爲它和肉體的「我」是不同的，它滲入於一切事物之中，是萬物創造的根本。它隱藏在生命的背後，死後這個阿特曼仍然存在。所以活著的時候應該靜心冥想萬有之眞理，即發現阿特曼，最後達到與梵合一。到了《奧義書》中，「阿特曼」被解釋爲個體靈魂、萬物內在的神祕力量，宇宙統一的原理，因而和那個宇宙的最高實在梵等同起來。《奧義書》中常常談到的「我是梵」、「你就是那」、「這個我就是梵」等，指的就是個人對梵我統一的親證。作爲絕對者的梵和阿特曼，一方面「小於米粒或麥粒，或芥子，或黍，或黍子核」。另一方面，又「大於天，大於地，大於空，大於萬有世界」。⑬

⑫《森林奧義書》，Ⅲ，八～八。
⑬《歌者奧義》，Ⅲ，十四～三十三。

《奧義書》中的哲學家們總是圍繞著「梵」與「我」兩個概念探討宇宙靈魂與個人靈魂的關係問題。哲學家們對「梵」與「我」之間的關係說法不一，也很零亂，根據一些學者的整理，二者的關係大體可描述如下。

作爲外在的、宇宙終極原因的「梵」和作爲內在的、人的本質或靈魂的「阿特曼」在本質上是同一的。這個「梵」還可以稱爲「本來的自我」，「存在於身體中的黃金原人」，「存在於心臟內部的『阿特曼』」。「阿特曼」終究應該從梵得到證悟，但是由於人的無明（無知），人對塵世的眷戀，受到業報規律的束縛，因而把梵和「阿特曼」看作兩種不同的東西。如果人能摒棄世俗生活，抑制五情六欲，實行達摩（法）的規定，那麼，他就可以直觀「阿特曼」的本質，親證梵和我的同一，這就是「梵我一如」的宗教救贖理論。關於如何使梵與我合一起來，哲學家們的看法並不一致，但基本的看法是：人應當摒棄世俗生活，抑制感性欲求，忠實遵守種姓的法規。人生的最大追求是達到梵與我的合一。這樣，《奧義書》的不可思議的理論實際上分爲三個層次：第一個層次，是個體本質，或個體靈魂「阿特曼」；第二個層次是宇宙的本質或宇宙的靈魂「梵」；第三個層次，也是最重要的部分，是阿特曼與梵合一的層次。《奧義書》的哲學家將這一思想不厭其煩地向他們的弟子灌輸，這個命題成爲後世印度哲學吠檀多學派的中心命題，這個教義對後代印度宗教和哲學乃至印度人的生活的影響，無論怎樣估計也不會過高。⑭這一獨到的哲理一直支配了從佛陀

⑭ 尚會鵬：「梵我一如拯救觀與印度世俗社會」，《世界宗教研究》，一九八九～三；尚會鵬：「印度教：種姓制度

到甘地、泰戈爾的思想，到現在仍是一種崇高的教義，吸引著許多印度人。

這樣，從梵書時代至高無上的祭祀中衍生而來的「梵」和「我」的概念，在《奧義書》中卻有了否定祭祀的涵義。這在當時確實是一種嶄新的思想。它可能反映了這樣一種社會現實：在軍事民主制的部落逐漸向國家的過渡中，國家的統治者剎帝利的勢力日益增長，他們與婆羅門的矛盾和鬥爭也日益加劇，一些人開始對勞民傷財的祭祀的眞正價值表示懷疑，追求一種高於祭祀之上的宇宙本源並試圖與之達到統一。許多《奧義書》提到，新思潮的創造者與領導者不是婆羅門而是剎帝利。這個過程實際上也意味著吠陀的權威以及與之密切連繫的婆羅門至上地位的動搖。如《歌者奧義》中說，吠陀乃至從屬於吠陀各支派的各種學問，實際上只是一個名稱，並非什麼眞正的知識。這在當時的確是對吠陀的權威和婆羅門階層的優越地位提出的挑戰。

㈣四位說

《奧義書》的哲學在研究悟證梵和解脫的問題上，對人的精神、心理狀態進行了劃分，認爲「我」在不同條件下處於四種狀態，這就是「四位學說」。1.醒位，即人處於清醒的時候。這時人的主觀與客觀尖銳對立，主觀精神（我）受到客觀世界的嚴重束縛，因此是不自由的，痛苦的。2.夢位，即睡覺但有夢的狀態。此時主觀精神部分脫離了客觀世界的束縛，處於無視無聽狀態，但做

的思想基礎」，《南亞研究》一九九三年第一期。

夢本身就是白天外界經驗的殘餘，因此還會有恐怖和痛苦，人還不是完全自由的。3.熟睡位。熟睡而無夢，比夢位更進了一步，但「我」仍束縛於肉體，還不是徹底的解脫。4.大覺位，又稱「死位」。此時「我」不僅完全擺脫了客觀外界的束縛，而且也擺脫了自身肉體的束縛，達到了眞正的自由與解脫，只有在這時才可能與梵達到合一。哲學家們對人的心理活動的分析是深刻的，這個理論可能是世界上最古老的「精神分析」理論。

㈤早期的業報輪迴思想

在這裡我們已發現對投生和轉世的信仰，並渴望解脫肉體轉世的鎖鏈。這個思想和「梵」與「我」的理論相輔相成，也是印度宗教和哲學的一個十分重要的思想。這個思想在《梨俱吠陀》中尚未出現，梵書中間或談到死後轉生問題，但並不一致，在《奧義書》中則有較系統的論述。其主要內容是：每一個人的靈魂在死後可以在另一個軀殼中復活，肉體以及人的各種欲望是無意義的：

先生，在這臭味的、不結實的軀體內，是骨骼、皮膚、筋肉、骨髓、肥肉、精液、血漿、黏液、淚水、鼻涕、尿水、糞便、腸氣、膽汁與痰的集合體，欲念的獲得究有什麼好處呢？在這軀體裡，那些是為欲念、怒火、貪婪、幻想、恐懼、沮喪、妒忌、生離、怨結、饑餓、口渴、衰老、死亡、疾病、憂愁、與喜愛所苦，欲念的實現，有何可樂？我們眼見，世界猶如蚊蚋、蚊蠅般的衰退，猶如草芥與樹木般的長成與凋謝……在其他的事物中，像海洋的乾涸，山峰的坍落，北極星的移位……大地的陷落。諸如此類生存的迴圈，欲念的追求究系為何？當一個人一生為欲念而生，是否最後又眼見他再回歸大地呢？⑮

五火說指人死後再生所經歷的五個階段，用五種祭火來象徵，即人死後被火葬，人的靈魂像煙一樣便依次經歷以下五個階段：1.進入月中；2.變成雨；3.下到地上變成食物；4.成爲男子的精子；5.進入母胎中再生。這種思想原來只在一部分王侯中流行，後來也成爲婆羅門的信仰，這似乎是業報輪迴思想的早期形式。

二道、四生說一個人重新轉世的形態，首先取決於他本人現在的行爲——業（羯摩），即依照人的行爲決定人將來要成什麼樣子，行善的成善，行惡的成惡。若是崇信神明、奉行吠陀的規定、在森林中苦行，死後依次進入太陽、月亮、電光，最後到達梵的世界，不再回到地面，這個道路稱爲「神道」。那些不斷進行祭祀、行爲端正的人，死後進入月中，在那裡享受生前積存的善業的果報。享受完之後，便化作風，然後成爲煙、霧、雲、雨降到地上，化作米、麥等食物，如果運氣好，進入男子的身體化爲精子，然後進入母胎獲得再生，這條道路被稱爲「祖道」。在地上究竟變作什麼，要根據前世業的情況而定。行善者可再生爲婆羅門、剎帝利等，若有惡業，如不信奉神

⑮ Hume, R. E., *The Thirteen Principal Upanishads*, p.169，轉引自〔美〕威爾·杜蘭：《世界文明史：印度與南亞》，臺灣幼獅文化出版公司，一九七二，第三十六頁。

明，違逆種姓義務等，則再生為狗、豬、賤民等。惡業極大者，會淪入更低級的一類，即微小的生靈（蟲子）、植物之類。人們必須時刻警誡自己不要陷入這種情況。《奧義書》據此還把有生命的物類（「有情」）分為胎生、卵生、濕生、種生四種。人、獸等為胎生；鳥、雞等為卵生；濕生是從濕氣生，如蚊蟲等；中生是中種子而生，如草木等。這就是所謂的「二道四生」教義，⑯是後來輪迴思想的早期形式。

《奧義書》還規定了各個種姓輪迴解脫的方法，主要是證悟梵我同一和從事艱苦卓絕的修行，即苦行、佈施、正行、不殺生、實語、禁欲、同情等。業報輪迴的思想在後來出現的佛教中得到了進一步的發展。

以上是《奧義書》中較正統的思想。必須指出，《奧義書》中還包含了其他一些與正統思想相對立的看法，甚至否定神明、否定婆羅門教的非正統思想。這些思想後來為非婆羅門宗派的思想家所繼承，成為反婆羅門教理論（如佛教和耆那教等）的重要淵源（關於這個問題我們將在下一章討論）。總之，《奧義書》的內容很龐雜、很深奧。它把印度民族的思維水準提高了很多，使印度人的哲學走在當時其他民族的前面。

---

⑯ 黃心川：《印度哲學史》，商務印書館，一九八九，第三章：奧義書的哲學思想。另見（日）中村元：《印度思想史》，岩波書店，一九六八，第二章。

五、音樂與舞蹈藝術

此一時期已產生相當發達的音樂。印度音樂的起源與宗教有密切關係。由於祭神的需要，產生了頌神歌。四部吠陀中，《娑摩吠陀》就是專門記錄祭祀時唱的頌歌，這些頌歌當時都配有專門音調和韻律。《梨俱吠陀》和《阿闥婆吠陀》提到一位叫Gandharva（乾達婆）的神，後來成為印度專職音樂的神明。這個時代似乎已經有了專門的歌手。大約在吠陀後期，就已經出現了七音階的名稱，簡稱sa、re、ga、ma、pa、dha、ni。今天這七個簡稱作為唱名仍一直為印度人廣泛使用。印度音樂對音階的劃分相當發達，音程共有二十二個，不僅包括現代西方的十二音程，還有附加的音程，用來產生半音音階之間的音，通常作為精心控制的滑音出現。這種滑音藝術（在印度叫作mhir）在西方音樂中沒有對應之處。從印度的二十二個音程中挑選五個或七個音，就構成現在西方音樂的七音階的基礎。後世形成發達且獨具特色的印度音樂，並分化為宮廷音樂、宗教音樂、民間音樂和軍樂。

印度舞蹈的起源也與宗教有關。人們為了娛神、祈求和平或豐產，產生了最早的舞蹈。在遠古時代，印度人在舞蹈藝術方面就已有了很高的造詣。《梨俱吠陀》中有「黎明女神穿著閃光的衣

圖3-7 印度舞蹈面具

服，像舞女一樣」，這很可能就是後來出現在神廟中「神奴」（專門以舞娛神的舞女）的前身。《梨俱吠陀》中還有「男子戴著金首飾，通過舞蹈表達戰爭的場面」等句子，這是對印度舞蹈的最早記載。

第四章　「沙門」文化時期：佛教和耆那教文化的興起

一、城市的出現和自由思想的興起

大約在西元前六世紀前後，南亞次大陸的政治、經濟和文化中心已轉移到恆河的中下游地區。這個時期，雅利安人已完全融入當地社會。與之相連繫，在原來的部落社會基礎上，出現了許多國家，史稱列國時代。當時的國家大大小小有三十多個，其中較強大的國家也不下七、八個，如阿槃底（今馬瓦爾地區）、喬薩羅（今奧德地區）、跋衹（今阿拉哈巴德一帶）、摩揭陀（今比哈爾邦南部）等。這些國家爲爭奪霸權，相互征戰、吞併，戰爭頻繁，頗似中國戰國時代諸侯爭霸的局面。另一方面，當時的經濟已發展到一個新的水準。鐵器已普遍用於農業，使肥沃的恆河平原上的農業獲得了較大的發展，原來遊牧或半遊牧的社會已轉變爲完全的農業社會。這個時期商業的發展尤爲明顯。出現了不少專門從事長途販運或海外貿易的商人。這些人雖多屬吠舍種姓，但他們通過商業活動積累了相當的財富，成爲一個十分重要的階層。佛經中提到過由幾百人組成的商隊，這些商隊擁有許多車輛，常年從事貿易活動。這個時代的恆河下游地區出現了許多工商也發達的城市，如佛經中提到的王舍城、舍衛城、吠舍離城等，既是王國的首都，工商業亦十分繁榮。

圖4-1　古城吠舍離遺址

政治經濟的變化改變了當時社會階級力量的對比。使種姓制度發生了變化。國家權力的加強，使執掌經濟及行政大權的世俗貴族剎帝利種姓的勢力日益上升。這是一個剎帝利的時代，剎帝利的力量超過了婆羅門。佛教的創始人釋迦牟尼和耆那教的創始人大雄，都出身剎帝利種姓。此外，隨著商業的發達，吠舍種姓的地位大大提高，吠舍和剎帝利兩個種姓都對傳統婆羅門教的「婆羅門至上」信條提出了挑戰。整個來看，這個時期的種姓制度仍很嚴格，不同種姓之間嚴禁通婚，習俗也不允許人同時從事兩種職業，或從一個種姓轉變到另一種姓。不過，種姓之間也有接觸和通婚的，如這時有了「混雜種姓」的說法，這些人是種姓雜婚者的後代，社會地位與「不可接觸者」相似。這從另一側面說明，當時冒犯種姓法規者大有人在，許多人也不再買婆羅門的賬。這個時期編撰的一些婆羅門經典，哀嘆人心不古，道德頹廢，婆羅門地位江河日下，表明舊的階級關係出現了變化。

社會的變化在文化上帶來了許多新氣象：舊的文化體系——婆羅門教文化衰落了，興起了一種反婆羅門教文化的「沙門」文化，「沙門」（Sramana）意即「勤息」，是對婆羅門教後期一批反對吠陀權威、反對祭祀、反對婆羅門至上的出家修行人的稱呼。這些人是勢力增長了的刹帝利階層的代表，可稱其爲婆羅門教社會的叛逆者。他們是一批具有新思想、敢於向婆羅門和婆羅門教挑戰的人物。他們使用的語言不是梵語，而是一種由梵語與土著語言結合的俗語（Prakrit）。這些人在社會上相當活躍，影響很大。有的收徒授藝，著書立說，宣傳自己的新思想；有的四處雲遊，向人們教授邏輯與辯術，傳授求證事物的藝術，或與人辯論，並由此獲得「愛講小道理者」和「巧言令色者」的稱呼。他們中有懷疑論者，有向人們證明神靈根本不存在的唯物論者，有罵婆羅門的學問是胡說八道的激進主義者，也有提倡享受人生的享樂主義者。大批的聽眾聽他們的解說與爭論，有時王公們對那些參與爭論而獲勝的辯士加以獎勵。「沙門」文化實際是新興的刹帝利和工商業階層的文化，是這個階層的思想、價值觀和生活方式的反映。整個來看，這個時代的印度思想界自由開放，文化上充滿了活力，可與中國「百花齊放、百家爭鳴」的春秋戰國時代相媲美。

雖然這些新的思想各種各樣，但都有一個共同的特點，即都無視婆羅門教的規定，不按照婆羅門教規定的「四生活期」生活，自行出家，按自己的方式尋求解脫之道。他們抨擊在婆羅門教儀式中占據重要地位的用牲畜進行的祭祀。前面講到，早在奧義書時代，就有人對吠陀的權威地位提出疑問，人們已對祭祀的作用表示失望，到了這個時代，更多的人對使用大量牲畜的祭祀提出了批評，祭祀在人們生活中的重要性降低了。新思想家們宣稱，祭祀對於宗教救贖是沒有用處的，正確的行爲才是獲得救贖的途徑。正確的行爲有許多方面，而奉行「阿希姆薩」（ahimsa，不殺生）、食素是一個重要方面，而不殺生正是針對婆羅門教祭祀至上主義提出來的。這實際上反映了當時這樣的社會現實：社會已從遊牧社會進入了農業社會，牲畜成爲重要的生產工具，大量使用牲畜進行祭祀對社會生產力造成了嚴重破壞，所以社會上出現了強烈反對用牲畜祭祀的呼聲。

根據佛經記載，當時具有反婆羅門教思想的人勢力相當大。佛經中常常提到「六師外道」、「九十六種外道」等，即指沙門思想中有影響的學派及其領袖。印度文化史上把承認吠陀權威的思想流派稱爲正統派，或稱婆羅門系統；不承認吠陀權威的所有流派被稱爲非正統派，屬沙門系統。佛教和「六師外道」皆屬於不承認吠陀權威的沙門系統。在沙門系統中，佛教與其他學說的主張也不相同，佛陀及其弟子常常與他們爭辯，佛教稱這些學說爲「外道」。

從地域上看，佛教、耆那教等沙門思想都產生在恆河下游地區。婆羅門教文化的中心地區是西北印度，恆河下游是雅利安人後來征服之地，屬於婆羅門教文化的邊緣地區，這裡的婆羅門教文化勢力相對較弱，土著文化勢力較強，反婆羅門教的沙門思潮主要在這裡出現並得以迅速壯大。從文化背景上看，沙門思想帶有更多的土著文化色彩。根據佛經上記載可推測，釋迦牟尼的皮膚是黃色的，佛教把黃皮膚作爲成佛必備的三十二種體相條件之一，說明釋迦牟尼不是雅利安人而是土著人。他一生都在恆河中下游活動。沙門思想的興起，某種意義上說仍是雅利安文化與土著文化衝突的表現，這表明兩種文化融合的過程仍在進行。

在當時各種各樣的沙門思想中，有的派別很快消失了，沒有留下什麼影響，而有的流行了相當長的時間，影響較大。其中，有三個派別在當時勢力強大，對後世印度文化產生了很大影響。一個是釋迦牟尼創立的佛教，一個是「六師外道」中的耆那教，還有一個是唯物主義派別順世論。以下簡要介紹這三個派別。

二、釋迦牟尼與原始佛教

(一)喬達摩．悉達多傳說

在當時眾多的雲遊大師中，有一個叫喬達摩．佛陀的偉大人物，創立了一種新的學說——佛教。根據佛教的傳說，他出身於北方喜馬拉雅山南麓的迦毗羅衛王國（今屬尼泊爾）的釋迦族。時間是西元前六世紀前後，大約與中國的孔子是同一時代。他的父親是淨飯王，是迦毗羅衛國的國王（部落酋長）。出生後不久，母親摩耶夫人逝世，他由叔母撫養長大。十六歲時與一女子結婚，生一子。他是在宮廷環境中成長的，自幼受到良好教育。到後來，他看到人的生、老、病、死等痛苦現象，領悟到人生的空虛無常，二十九歲時終於棄家出走，過上了清心寡欲、恬靜無爲的遁世生活。他向兩位宗教大師學道，並且遊歷王舍城、菩提伽耶附近的苦行林等地方，在森林中苦行六年，骨瘦如柴，身體極度虛弱，但後來他發現，苦行生活無助於解脫，於是，在尼連禪河（現在的利拉詹河）中洗了個澡，接受了一村女施予的乳酪，身體元氣才有所恢復。後來他坐在菩提伽耶的一棵菩提樹下參禪，三十五歲時聲稱悟成大道，成了「佛」。「佛」的梵文爲Buddha，意即「覺者」，即「覺悟了眞理之人」。後人稱他爲「佛陀」，他還獲得了「如來」（獲得正覺的人）、「釋迦牟尼」（釋迦族的聖人）等稱號。按照中國的說法，釋迦牟尼和孔子大體是同時代人。

此後，他赴印度教聖地貝拿勒斯（今北印度的瓦拉納西）附近的鹿野苑開始說法，和幾個弟子結成了僧團。他在四十五年間以一個游方大師的身分雲遊恆河下游各處，向這個地區的國王和人民宣揚他的思想。他奠定了佛教教團（僧伽）的基礎，以他爲首，由比丘（Bhiksu，和尚）、比丘尼（Bhiksuni，尼姑）、優婆塞（Upsaka，善男）、優婆夷（Upasika，信女）四部分人組成佛教教團。據說佛陀在八十歲（西元前四八五年前後）死於一個叫拘屍那揭羅（Kusinara，在今尼泊爾國境線附近）的地方。據佛教傳說，當時附近八個國家聽說釋迦牟尼逝世的消息，紛紛來到這裡。他們按印度的習俗，將釋迦牟尼的遺體火化，把舍利（骨灰）分成八份，各自帶回建塔供養。①

(二)原始佛教的主要教義

與主張積極入世、注重人倫道德的中國孔子的思想不同，釋迦牟尼對人生持否定態度，他更關心宗教救贖問題。佛教主要宣講緣起論、四諦、八正道，最終目的是要跳出輪迴達到解脫。

緣起論。佛教形成時代，不同宗教和哲學派別對世界的成因以及人生看法的解釋各不相同，

① 〔英〕渥德爾：《印度佛教史》，商務印書館，一九八七，第三章。

釋迦牟尼提出了「緣起論」，作爲他對世界萬事萬物成因的基本解釋。他認爲，世界上一切事物都依賴一定的條件而存在，因一定條件而滅亡。佛教以「諸法（事物）因緣生，緣盡法還滅」來表述釋迦牟尼對世界的這一基本看法。這種看法經後來佛教思想家的完善，提出了著名的「十二因緣說」。這一學說講的是人生「三世輪迴」的十二種相互連繫的原因和結果。大義是：因無知（無明）產生了種種世俗行爲（行），這種行爲產生一種牽引力量（識），使人在相應的處所投生，因「識」而使人在母胎中得以發育（名色），並進而發育成各種器官（六處）。有了器官就有觸覺（觸），有觸覺就有了對苦、樂等感受（受），有了感受便產生貪愛（愛），有貪愛便狂熱追求可供享樂的東西（取），貪愛和執取便積累了遭後世報應的種種言行（有），由這些言行導致來世的再生（生），而有生便有死（老死）。一種原因會產生一種結果，而這種結果又成爲另一種結果的原因。不僅人，整個世界就是一個這樣的因果循環鏈。佛教的緣起論看到了事物相互連繫、相互作用和相互依賴的關係，有其合理性。佛教從這一看法出發，認爲世界萬物都在不斷地變動中，任何條件都不可能長久存在（無常），因而任何事物都不值得執著。人若追求這些東西，到頭來必然一無所獲。釋迦牟尼勸導人們認識這個道理，拋棄世俗世界，轉而追求永恆和解脫。

「四諦」與「八道」。「諦」即眞諦、眞理。四諦意即「四種眞理」，即苦的眞理（苦諦）、集的眞理（集諦）、滅的眞理（滅諦）和道的眞理（道諦）。「苦」諦，指人生充滿了痛苦，釋迦牟尼認爲人生有生、老、病、死等八苦，這是佛教對於社會人生及自然環境所作出的基本價值判斷；「集」諦指造成世間人生極其痛苦的原因，釋迦牟尼認爲痛苦的原因在於人有貪欲，有愚癡

（惑），在於對世俗世界的執著；「滅」諦指斷滅世俗諸苦得以產生的一切原因，宣傳解脫的幸福，人只有拋棄一切世俗的追求，才可達到無生無滅的極樂世界；「道」諦主要論述達到超脫生死輪迴的正確方法。佛教歸納爲八種方法，又稱「八正道」，即對佛教眞理四諦等要有正確的見解（正見）和正確的思維（正思），不說一切不符合佛理的話（正語），從事清淨之業（正業），按照佛教戒律規定的生活方習佛教禪定，專心於一境，觀察四諦之理（正定）。在當時沙門思想家中，有的爲了達到宗教上的超越，主張極端的苦行；也有的反對任何道德約束，要人們沉耽於現世的快樂。佛陀認爲這都是錯誤的。與這些看法相比，八正道可以說是不那麼極端的方法。正當生活（正命），勤於修煉（正精進），牢記四諦等佛教眞理（正念），修習佛教禪定，專心於一境，觀察四諦之理（正定）。

業報輪迴佛教繼承了婆羅門教的「業因果報」、「生死輪迴」的理論並有發展，認爲一切生命（有情）都有三世（前世、今世和來世），並都根據各自的行爲（業）不斷輪迴著。輪迴也有幾種形式：天（神）、人、動物、餓鬼、地獄（生活在地獄中的有情）。雖然其中某種境遇比其他境遇高級得多，但從根本上說都不能長久，並且都是痛苦的。只有超越輪迴，達到涅槃，才能獲得最高幸福。所以涅槃是佛教的最終目標。釋迦牟尼本人稱自己達到了這種境界。關於涅槃是一種怎樣的境界，釋迦牟尼認爲它無限圓滿、無限美妙，無法用語言來表達，人們只有按照佛教的規定去實踐，去體會。佛教典籍所作的解釋可以歸納以下幾種：

1. 是一種快樂的狀態，這種狀態在全部的自我欲望消除後才能得到；

2. 個體從再生輪迴中解脫；
3. 自我良知的消失；
4. 個體與最高實在的合一；
5. 死後的一種極樂世界。

這種境界和印度傳統中的「梵我一如」境界十分相似，某種意義上可以說是一回事。這表明佛教的產生充分借鑑了以前的印度文化遺產，它是印度文化這棵大樹上的一個分枝。

生活實踐佛教徒分爲兩類：一類是出家人，一類爲在俗信者。兩類人生活方式不同：出家人要脫離世俗生活，拋棄世俗職業，住在山林或山洞中，靠施捨度日，不得積蓄財富，也不能從事占卜、咒術或魔法等活動，要尊重他人，不與他人爭鬥，不怒不怨等；在俗信者要皈依「三寶」（佛、法、僧），實踐「五戒」，即不殺生、不偷盜、不邪淫、不妄語、不飲酒，要愛父母、妻子等家人，要善待客人，從事正當職業，爲他人著想等。

四姓平等佛教反對婆羅門教社會的等級制度，提出了四姓（種姓）平等的主張。人不應當因血統、家系和財富而受歧視。婆羅門只有德高，才值得尊敬。這種平等主張在印度現實社會中不容易實現，但在出家修行的僧團中實現了。無論出家前出身什麼種姓，加入教團後人人平等，都成爲「釋子」，平時依入教時間先後排座次。由於佛教宣稱「四姓平等」，迎合了當時正迅速上升的剎帝利和上層吠舍種姓的需要，受到他們的歡迎。一些下層種姓的人也皈依了佛教。對於婦女，釋迦牟尼也像中國的孔夫子一樣，表現出某種歧視。例如，有一次他的得意弟子阿難陀問他：

「先生，有關婦女方面，我們如何去與她們交往？」

「阿難陀，就像沒有看見她們一樣。」

「但如果我們必須看見時，又將怎麼辦？」

「不要談話，阿難陀。」

「但如果她們非要和我們談話不可，我們該怎麼辦呢？」

「保持警惕，阿難陀。」②

不過，在佛陀的平等思想下，他經過再三考慮，還是允許婦女加入佛教徒的行列。

佛教的產生是印度文化史上的一件大事。從根本上說，它產生於印度文化土壤，對世界的基本看法以及解決世界和人生問題的方法和傳統的婆羅門教系統有一定的連繫。不過它提出了許多新主張，給傳統的婆羅門教系統極大的衝擊，婆羅門教在很長一段時期衰落了。後來佛教在印度滅亡了，婆羅門教又以新的形式（印度教）得到復興，但佛教的若干教義融入印度教中，對印度傳統文化產生了巨大影響。此外，佛教後來傳到印度以外的地方，發展為一個國際性的宗教（詳見本書第十三章）。

② 〔美〕威爾．杜蘭：《世界文明史：印度與南亞》，臺灣幼獅文化出版公司，一九七三，第六十三頁。

(三) 佛教典籍

佛陀活著的時候，並沒有把他的教誨匯集成書。佛教典籍的形成經歷了一個較長的過程。佛逝世後不久，在王舍城舉行了一次誦詠佛陀教誨的大會。弟子們各自背誦出自己往日聽到的釋迦牟尼的說教，當眾釐清眞僞，作爲今後尊奉的準則。這次大會後來被稱爲「第一次結集」，編成了佛教的經典。大約一個世紀後，發生了關於戒律的爭論，因爲住在吠舍離地區的僧人們希望放寬戒律規定，他們便在吠舍離城舉行了第二次結集。這次結集譴責了十種異端，修正了經文。據說在後來的阿育王時代（大約西元前二四九年）和迦膩色迦王時代（約西元二世紀初）又進行過兩次結集。大約在西元一世紀和二世紀，佛教各種典籍才趨完備並輯錄成書。

佛教典籍分爲「經」、「律」、「論」三藏。「藏」（Pitaka）的原意是可以盛放東西的竹容器，有容納、收藏之涵義，用以概括全部佛教典籍。「經」是釋迦本人所說的教義；「律」是佛陀爲教徒制定的必須遵守的規則及其解釋；「論」是爲闡明經和律而作的各種理論解釋和研究。

佛陀傳播佛法使用的語言是流行於恆河下游地區的「摩揭陀語」。佛滅後佛教典籍的編纂主要使用兩種古印度語言：梵語和巴厘語，據認爲後者更接近早期佛教。用梵語寫成的佛典大部已亡佚，現僅存少量殘片；巴厘語形成於西元前五世紀和西元六世紀，後來消亡，但作爲書面語和宗教語言沿用到十世紀。隨著佛教的傳佈，巴厘語佛典在斯里蘭卡以及緬甸、泰國、柬埔寨等東南亞諸國流傳。佛典還被翻譯成多種印度以外的語言。現存佛典主要有三大系統：1.巴厘語系統，主要流傳於東南亞諸國；2.漢語系統，大部分譯自梵語佛典，主要在中國漢族地區、朝鮮、日本、越南等國流行；3.藏語系統，主要流傳於中國藏、蒙、羌等民族，以及尼泊爾、蒙古等國家。

三、大雄與早期耆那教

大約與喬達摩．悉達多同一時代，還有一位著名的沙門思想家，叫筏馱摩那（Vardhamana），他創立了耆那教，當時與佛教同樣有很大的影響。漢譯佛經稱耆那教的創始人筏馱摩那爲「尼乾子．若提子」（意即「離系親子」），把他和他創立的學說視爲「六師外道」之一。耆那教徒則尊稱他爲「征服者」（Jina）和「大雄」（Mahavira，「偉大的英雄」）。

據說大雄生於吠舍離城一個王族家庭，屬刹帝利種姓。他也是先結婚生子，過了一段普通人生活後出家修行，以一個裸體苦行者的身分雲遊東印度各國，苦修贖罪十二年後悟道，創立耆那教。此後三十年中，他雲遊恆河下游各地傳教，建立了一個由獨身教士和尼姑組成的教團體系，這些人自稱爲「耆那」（Jains）。他七十二歲（說法不一）時在白婆（在邁比哈爾邦）逝世，據說當時已有信徒幾十萬人。

耆那教信徒相信大雄並非耆那教第一位領袖，在他之前還有二十三位「生命洪流中的擺渡人」。據近代學者研究，第二十三位領袖也確有其人，故有人認爲大雄很可能不是耆那教的創始人。但至少，他是耆那教的一位重要改革者，爲耆那教的發展立下了功勳。

耆那教和佛教產生於同一時期和同一地域，也有相似的階級基礎，因此耆那教的教義和性質在有些方面和佛教相似。如耆那教和佛教都是作爲反對婆羅門教的意識形態出現，在印度文化中都屬非正統部分；耆那教也反對吠陀權威和祭祀殺生，抨擊婆羅門不學無術、言行不一；與佛教一樣主張種姓平等，聲稱種姓的界限是人爲劃定的；在對宇宙和人生的看法上，耆那教也認爲宇宙自下而上分爲三界，三界又各劃分若干層次，三界中充滿了痛苦，人生也是痛苦的；人的命運也受業報的支配，由於業的作用，人在三界中輪迴受苦；人生的最高目的也是追求解脫。

圖4-2 耆那教的創始人筏馱摩那像（現代製作）

不過，耆那教有其獨特之處，在許多方面和佛教的看法不一樣，二者曾相互指責。耆那教的理論核心是「七諦」學說，即命、非命、漏、縛、制禦、寂靜、解脫。

按照這個學說，宇宙萬物由「命」（Jiva，靈魂）和「非命」（Ajiva，非靈魂）組成。「命」是一種絕對精神，一團意識。它又可分爲兩類：低級「命」與高級「命」。前者是「受物質束縛之命」，後者是「不受物質束縛之命」。「命」的本質是不受物質束縛，無限清淨與圓滿；而在三界中輪迴的「命」，都受到物質束縛。這種「命」不僅存在於人、動物、植物中，也存在於地、水、風、火四大元素中。人的「命」應從受物質束縛狀態下掙脫出來，回歸圓滿、清淨的本源狀態，這是人生的最終目的。

所謂「非命」，是束縛命的物質。「非命」也分爲兩大類：一類是有形的，由原子和原子的複合體組成；另一類是無形的，由空間、時間、法和非法等組成。「非命」可束縛「命」，而「命」也可從「非命」的束縛中掙脫出來。

「業」也是一種「非命」，是一種特殊的細微物質。人有了貪欲，便造了「業」，這時「業」就會束縛在人體內的「命」（靈魂）上。「非命」束縛「命」是一個漸進的過程，猶如漏房的雨水滴到人的身上，故稱「漏」。「非命」滴漏到一定程度，會把命束縛住，使人在三界中輪迴受苦，這叫「縛」。爲了不讓「業」把「命」束縛住，人需要通過苦行來消除過去的「業」，同時還要防止新的「業」漏入，淨化靈魂，發現靈魂的本性這就是「制禦」。要做到這一點，耆那教勸告人們放棄世俗生活和一切欲望，出家過苦行生活。耆那教爲信徒制定了「五戒」，即不殺生、不說謊、不盜、不淫、無所有。其中，不殺生尤爲重要，因爲傷害生命是最大的罪惡。這樣，舊「業」排除，新「業」不生，「命」就會回復到清淨圓滿狀態（寂靜），並進而脫離輪迴之苦（解脫）。

耆那教認爲，人的知識是相對的、短暫和有局限性的，因而也是靠不住的。若從一個觀點來看，世界是眞實的，但若從幾個觀點來看，世界就是虛假的，靠人的感覺和知識不可能眞正認識世界。他們喜歡用「盲人摸象」的故事來闡述這個道理：六個盲人從象的六個不同部分，來加以說明。摸著象耳的人說，像是一個極大的風扇；摸著象腿的人說，像是一根又圓又大的柱子；摸著象身的人說，這動物是一堵牆；摸著象尾巴的人說，大象很像一根繩子。因此所有的判斷都是有限而具有條件的。耆那教在對人的智力作了這樣令人悲觀的判決之後，卻宣稱，絕對的眞理只存在耆那教的教義裡。

耆那教對信徒生活上的要求要比佛教來得極端。如不殺生，耆那教認爲不應傷害一切生命，甚至包括植物。在不擁有財富上也很徹底，耆那教認爲人連衣服也不能擁有，應赤身裸體（故大雄的雕像都是全身赤裸）。耆那教還提倡極端的苦行。

耆那教形成後獲得了迅速的發展。據佛經記載，大雄逝世時已有信徒五十二萬人。耆那教作爲印度非正統的兩大宗教（另一宗教爲佛教）之一，對印度文化也產生了明顯的影響。

大雄逝世後，教徒的領導工作由他的弟子擔任。耆那教的教主稱「祖師」，西元前三世紀前後，第六代祖師跋陀羅跋霍領導教團時，北印度摩揭陀地區發生了連續十二年的大饑荒。跋陀羅跋霍帶領部分弟子到南印度邁索爾一帶乞食，讓大弟子斯陀羅跋陀羅留守原地。據說，遷移到南方的耆那教徒仍嚴格遵守原來的戒律，而留在原地的人生活戒律有些鬆弛，他們放棄了裸體的習慣，穿上了白色衣服。南遷返回的信徒對這種「與時俱進」的做法大爲驚訝，兩派遂發生爭執並最終導致分裂。人們稱堅持裸體的一派爲「天衣派」（取「以天爲衣」意，或稱「空衣派」），稱穿衣服的一派爲「白衣派」。「天衣派」戒律嚴格，生活在寺廟或遠離世人的地方，反對擁有任何財產，不穿衣服，以天爲衣（當然，這個教派的產生須有一個前提條件，即氣候不能太寒冷）。他們靠行乞爲生，走路時常手持孔雀毛製作的撣子，用以驅趕路上的小蟲，以防傷害它們。「白衣派」的戒律

圖4-3　耆那教佛雕

則不那麼嚴格，主張男女平等。這兩派後來又進一步分裂成若干支派。

耆那教擁有大量的宗教歷史文獻，最古老和最重要的經典是安伽（Anga）「十二支」。它記錄了大雄及其他祖師的言行，是由留守在北印度的信徒在華氏城的一次結集中整理而成。對於這套經典，返回來的一派教徒認為是偽造的，而白衣派認為是眞傳。兩派傳承經典不同，但基本教義是一致的。

耆那教的命運也和佛教相似。孔雀王朝時代耆那教和佛教都受到阿育王的支持，西元四世紀之前耆那教的力量發展很快，但四世紀後，隨著印度教的興起，耆那教也和佛教一樣漸漸衰落。伊斯蘭教勢力進入次大陸後，它也受到沉重打擊。不過，它並沒有像佛教那樣完全滅亡，在群眾中它仍有一定影響力並延續至今。在今日的印度，耆那教信徒大約占印度人口的百分之零點五。耆那教徒雖然人數不多，但多從事商業活動，商人、工廠主、富有者居多，經濟實力較強大。③

③關於耆那教的材料，可參閱（日）中村元：《印度思想史》，岩波書店，一九六八，第四十六頁。

四、「異端邪說」：順世論

前面指出，早在《奧義書》中，就有一些離經叛道的觀點。一些人嘲笑婆羅門祭司，如在《歌者奧義》中就有人把祭司比喻爲一群狗，說每隻狗拉著前面狗的尾巴，並虔誠地說：「歐姆（婆羅門教徒的眞言，象徵三位一體），讓我們吃吧！歐姆，讓我們喝吧！」到了佛教興起時代，這種反叛的思想更獲得了發展。這個時代，有的人比佛教和耆那教更直截了當地宣稱，沒有神靈，沒有天堂也沒有地獄，沒有轉世投生也沒有解脫。他們公開斥責吠陀和奧義書哲學都是一些自欺欺人之談。在這方面，最徹底、最激進的思想是「順世論」（Lokayata）。

順世論意爲「流行於民間的觀點」或「隨順世間的思想」，它是古代印度唯物主義哲學派別，在印度思想中具有極不同的性質。它也屬於沙門思想，不過，佛教和耆那教反映的是剎帝利階層的文化，而順世論反映的似乎是首陀羅和更低等級的人的文化；佛教、耆那教以及婆羅門教表現的是印度宗教文化的一面，而順世論表現的是世俗文化的一面。從印度文化傳統來看，宣揚出世的、唯心主義的宗教哲學流派多，構成印度文化的主流；而宣稱入世的、唯物主義的派別少，只是印度文化的支流。但這種傳統也有悠久的歷史，可以追溯到吠陀、《奧義書》時代。到了百花齊放的列國時代，這一派得到進一步發展。據考證，這個學派原來也有經典，後來散失了。現在關於順世論的材料，都是根據順世論的敵對派別的記載和轉述而來。在印度文化傳統中，順世論的觀點都是作爲批判、譏諷的對象出現的。

由於記載零星，學者們對這個學派的理論特點和發展線索的看法很不一致。我們大體知道，順世論對世界的基本看法具有樸素唯物主義性質。它認爲世界統一於物質，而物質由地、水、火、風四大元素組成，人和動物也是由四大元素混合而成，四大之外別無他物。它認爲，人的意識的產生也完全是一個自然的過程，沒有其他原因。就像用造酒原料釀造出酒一樣，人死之後，「四大」分散，意識也就不存在了。這樣，順世論不僅從根本上否定了婆羅門教的超越萬物之上的「梵」和「我」的存在，也否定了佛教和耆那教關於靈魂、解脫的觀點。

順世論不承認神造就了世界，認爲世界是自然產生、自然消亡，沒有主宰、沒有終極原因。「是誰製作了棘刺？誰裝飾了孔雀？誰堆積了山原？誰鑿出了澗谷？除自然而外，不存在任何其他原因。」④這種無神論思想在印度思想體系中是極罕見的。

它還激烈地抨擊婆羅門教的三大綱領：「吠陀天啓」、「祭祀萬能」和「婆羅門至上」。他們公開稱吠陀的作者是小丑、無賴和妖魔，指出吠陀是「妖魔的言論」，「如果在蘇摩祭中所殺的牲畜都能升入天庭，那麼爲什麼祭祀者不去殺他父親呢？」它也反對佛教和其他宗教的靈魂轉世、業報、解脫等教條，「沒有天堂，沒有最後解脫，也沒有在另外世界的靈魂。四種姓、四行期等不能產生任何眞正的業果。」順世論還向人們宣揚一種享樂主義。既然不存在來世和解脫，人就應當充分享樂：「當生命還存留的時候，讓一個人快樂地活著，即使他要欠債，也要吃奶油。當身體化爲

④黃心川：《印度哲學史》，商務印書館，一九八九，第一〇三頁。

灰燼的時候，它如何能回來呢？」⑤他們反對禁欲、苦行，認爲人的本能和感覺不需要控制，生活的目的就是生存，就是幸福。順世論的這種粗俗的「物質主義」思想與爲印度正統理論追求宗教超越的精神至上主義完全背道而馳，故一直是正統學派攻擊的目標。

與順世論的自然觀相一致，順世論還提出了社會平等的主張。他們認爲，無論是婆羅門還是賤民，血管中的血都是紅的，都從娘胎生出，故沒有貴賤高低之分。這種主張受到下等種姓的歡迎，他們甚至提出了「國家的統治者理應爲人民所承認」的思想。⑥

在認識論方面，順世論也和重思辨、重推理的正統印度思想相反，它特別重視感覺和經驗，認爲只有感覺經驗才是認識唯一源泉，其他一切都不可靠。不過，這是順世論的敵對派的說法，據一些學者的研究，順世論並不否認推理的作用。

在傳統印度文化中，婆羅門教、佛教、耆那教等屬於宗教文化，而順世論屬於世俗文化；各宗教宣傳的教義和思想屬於精英文化，而順世論可視爲勞苦大眾的文化。它注重今世、反對來世，反對苦行，爲世俗文化、民眾文化提供了理論根據，從這個意義上說，這個派別具有重要意義。它在注重宗教超越、業報輪迴和「梵我一如」的印度文化氛圍中獨樹一幟，令人耳目一新。這個派別直到後世仍在一般民眾中保持著影響。

---

⑤ 同上引，第一〇八頁。

⑥ 同上引，第一一〇頁。

必須指出，我們今天所理解的順世論，主要是通過它的敵對派的引述。這些零星的引述的確給人一種粗俗的唯物主義的印象，不過，正統派的引述是否全面反映了順世論的理論，是有疑問的。⑦

五、史詩的開端

㈠歌頌剎帝利的詩篇

古代印度產生了兩部著名的史詩，《羅摩衍那》和《摩訶婆羅多》。這兩部史詩的篇幅遠遠超過古希臘荷馬史詩《伊利亞特》和《奧德賽》。兩大史詩是古代英雄的頌歌、文學的寶庫和知識的總匯，構成印度文化的重要部分。兩千年來，兩大史詩在印度人民中一直流傳不衰，對印度人民的生活、思想和文化影響極大。

史詩所表現的內容，和吠陀文獻不同，它描寫的是戰爭，歌頌的是英雄主義。與佛教和耆那教一樣，史詩實際上反映的是當時社會日益興起的武士、國王等剎帝利階層的文化。

兩大史詩產生的確切年代說法不一。不過如此鴻篇巨製、包羅萬象的作品，不可能是短時間

---

⑦ 印度學者D.恰托巴底亞耶對這個派別有專門研究。*Lokayata, a Study In Ancient Indian Materrialism*, New Delhi, 一九五九，漢譯本為《順世論：古印度唯物主義研究》，王世安譯，商務印書館，一九九二；另見金克木：「古代印度唯物主義哲學管窺——兼論『婆羅門』、『沙門』及世俗文化」，《江淮論壇》一九八一年第四期。

內完成的。一般認爲，現存的形式，大約形成於西元前五、前四世紀至西元四世紀。它的萌芽和雛形可能還要更早。根據吠陀文獻記述，在爲國王舉行的灌頂禮和馬祭等儀式中，常有一名祭司朗誦流傳的故事和古代國王的事蹟，一名剎帝利種姓彈奏著樂器演唱那臨時做成的讚美獻祭人戰功的詩篇，在這些獻祭人中，就有許多俱盧族和喬薩羅（《摩訶婆羅多》描述的部落和國家名）。這很可能就是史詩形成的開始。西元前六、五世紀的列國時代，諸雄爭霸、戰爭頻繁，史詩的形成可能與這種背景有關。此時印度思想界也空前活躍、文化繁榮，這種氛圍也促進了史詩的形成。首次指出《羅摩衍那》是一部史詩的文獻是產生於西元初期的佛教和耆那教的著作。不過當時它的規模只有現在的一半左右。《摩訶婆羅多》最初是在《家庭經》和帕尼尼的文法著作中提到的。在流傳過程中，內容不斷增加，到了西元四、五世紀，兩部史詩才大體發展到現在的規模。

(二)《摩訶婆羅多》

意爲「偉大的婆羅多」。被認爲是世界上最長的史詩，它用《梨俱吠陀》本集所建立的頌體詩形式寫成，全詩號稱十萬頌，一頌是由三十二個音節組成的一節詩。全詩譯成漢文大約有四十萬行，篇幅超過《伊利亞特》和《奧德賽》合計的八倍。作者被認爲是廣博仙人。他很可能只是一位早期的奠基者，現存的《摩訶婆羅多》可能是許多無名的歌手、詩人集體完成的。全詩分爲十八篇：1.《初始篇》；2.《大會篇》；3.《森林篇》；4.《毗羅托篇》；5.《備戰篇》；6.《毗濕摩篇》；7.《德羅納篇》；8.《迦爾納篇》；9.《沙利耶篇》；10.《夜襲篇》；11.《婦女篇》；12.

《和平篇》；13.《教誡篇》；14.《馬祭篇》；15.《林居篇》；16.《杵戰篇》；17.《遠行篇》；18.《升天篇》。此外，被稱為第十九篇的《訶利世系》雖附在書後，實際上是獨立著作。

該詩的中心故事是：婆羅多王的後代持國和般度，二人是堂兄弟。堂兄持國是個盲人，生有百子，長子叫難敵，他們被稱為俱盧的後代。堂弟般度有五子，長子名堅戰，這五兄弟被稱為般度族。般度做了國王，但不久死於森林。因五子皆幼，堂兄持國繼承了王位。堅戰成年後，應當繼承父親般度的王位，持國應當退位，但持國的長子難敵不肯相讓，企圖永霸王位，日後自己繼承。兩大家族圍繞王位繼承問題展開了鬥爭。

難敵覬覦王位，對堅戰五兄弟橫加迫害。五兄弟不得不隱名埋姓，住在民間。五弟阿周那武藝高強，在一個王國的校場上比武奪魁，贏得黑公主，黑公主成為五兄弟共同的妻子。五兄弟終於從父親的國土中分得一半國土，在一個荒蕪之地建立一個繁榮的城市，並征服了四方，登基稱帝。此事受到難敵一夥的嫉妒，難敵設下擲骰子騙局，擊敗了堅戰，使五兄弟失去一切，一併淪為奴隸。難敵還在大殿上當眾汙辱了黑公主，因而與五兄弟結下了更深的仇恨。在難敵佈下的又一次擲骰的騙局中，堅戰再次敗輸，五兄弟和黑公主被流放森林十二年。

身處困境的五兄弟仍充滿信心，度過了十二年的流放歲月，他們化裝潛逃到別國，協助該國挫敗了入侵的敵人，立住了腳，他們堅持向難敵索要國土，難敵拒不交還，雙方各串聯盟國，在「俱盧之野」（今德里附近）展開了一場大戰。全印度的大小王國，幾乎都捲入了這場戰爭。經過十八天的廝殺，難敵幾乎全軍覆沒。但事情並沒結束，難敵一方殘存的幾員大將，率殘部偷襲獲勝的般度族，將五兄弟的部隊幾乎全部殲滅，只有不住在營帳中的五兄弟和軍師克里希那（黑天）倖免。這場殘酷的戰爭，落得個兩敗俱傷的結局：雙方千軍萬馬只有九人活下來了。這個結局的安排說明了戰爭的殘酷，表露了人們對戰爭的憎惡之情。

大戰結束後，堅戰即位王位，舉行稱帝的馬祭大典，派五弟阿周那遠征四方，統一天下。若干年過去了，經歷了那場殘酷戰爭的堅戰五兄弟，終於厭倦了世俗生活，把國家交給子孫統治，帶著黑公主登雪山修道，幾位兄弟和妻子先後死去，堅戰也被月亮接上了天。在天上，堅戰看見難敵等人住在天堂，而他的弟弟等人卻在地獄。他表示不願與敵人同住天堂，寧肯和親人相處地獄。結果，天神使他和所有死者都進入了天堂。這部史詩的最後結局

圖4-4 反映《摩訶婆羅多》故事的繪畫

是：在天上人們超越了敵我，獲得了圓滿。⑧

這篇偉大的史詩是以古代王國紛爭時代的印度社會為背景，從史詩反映的事實推斷，當時的印度社會帶有奴隸制特點，其中甚至保存著一些氏族社會的遺蹟。該詩以婆羅多族的後裔俱盧族和般度族爭奪王位的鬥爭為中心故事，展現了豐富多彩的社會生活和戰爭場面，生動地描繪了數十上百的各階級、各階層的主要人物形象，反映了遠古時代印度人的精神風貌。

(三)《羅摩衍那》

意即「羅摩的遊歷」或「羅摩的生平」，其先存形式大約形成於西元前四、三世紀至西元二世紀。舊本有二萬四千頌，印度學者派特等人主編的精校本約一萬九千頌，譯成漢文詩近八萬頌，一般認為作者是蟻垤（Valmiki）。事實上，如同《摩訶婆羅多》一樣，《羅摩衍那》也是在民間口頭流傳的過程中不斷完善的。可以肯定地說，無數詩人和歌手對這部史詩的形成發揮了作用，蟻垤可能只是作過整理和編纂，為現存形式的《羅摩衍那》奠定了基礎。

現存形式的《羅摩衍那》共分七篇：1.《童年篇》（或譯《初篇》）；2.《阿逾陀篇》；3.

---

⑧ 中國翻譯了這部史詩的部分章節：金克木譯：「莎維德麗傳」，載於一九五四年十月號《譯文》；「蛇祭緣起」，載於一九七九年第三期《外國文學研究》；趙國華譯：「摩奴傳（洪水傳說）」，載於《南亞研究》一九九七年第一期。

《森林篇》；4.《猴國篇》；5.《美妙篇》；6.《戰鬥篇》；7.《後篇》。故事的主要內容如下：

喬薩羅國的國王名叫十車，由八個大臣輔佐，統治著全境。十車王有三個妻子、四個兒子。長子名羅摩，道德高尚，力大無窮。毗提訶國的公主悉多，美麗端莊，她的母親是大地，父王遮那竭曾立下約言：能爲他的一張弓上弦的男子才可娶悉多。羅摩聽到這個消息，拉斷了神弓，贏得悉多的愛慕，娶悉多爲妻。

十車王打算讓長子羅摩繼承王位，但十車王的小王后想讓自己的兒子婆羅多爲太子，要求十車王把羅摩流放森林十四年。十車王不同意，但因爲十車王以前曾經向小王后立過誓言，可以滿足她提出的兩個要求，故只好忍氣吞聲答應。羅摩爲使父王不失信義，甘願流放。悉多決心跟丈夫去森林受苦。二弟羅什曼那重兄弟情義，也願和羅摩一道流放。羅摩走後，十車王在人民的責備和思子的憂愁

圖4-5 《羅摩衍那》故事壁畫

中死去，王位讓婆羅多繼承。但婆羅多也是一個有情義的好弟弟，拒不登基，並入深山追趕羅摩，勸他回來繼承王位，羅摩不肯。

羅摩進入森林修行，但修行並不順利。妖魔羅刹來破壞搗亂，試圖劫持悉多，被殺。爾後，楞伽城十首羅刹王羅波那的妹妹來到森林，愛上了羅摩，羅摩把她介紹給弟弟羅什曼那，爲弟弟拒絕。羅刹女氣急敗壞，求助於哥哥羅波那爲自己報仇，並對他大肆誇耀悉多的美貌，慫恿他霸占悉多。羅波那用計劫走悉多，羅摩兄弟四處尋找，後從大鵬金翅鳥那裡知道悉多被劫持。魔王羅波那將悉多劫到楞伽城，勸誘悉多嫁給他，遭到堅拒。悉多被囚於無憂樹園中。

羅摩兄弟尋覓悉多，在一湖畔遇到神猴哈奴曼，在它的指點下來到猴國。此時猴國正鬧王位之爭，羅摩兄弟幫助猴王除掉敵人，恢復了王位。猴王派神猴哈奴曼率猴兵尋找悉多。得知悉多被魔王囚困於楞伽島上，哈奴曼縱身跳過大海，來到這裡，準備營救悉多。

哈奴曼在無憂樹園發現了悉多。它隱身一旁，見到魔王如何派人勸說悉多，悉多又如何堅貞不屈。哈奴曼把羅摩的信物戒指遞給悉多，傳達了羅摩的消息，得到了悉多的回音和證明。哈奴曼想要試試魔王的威力，和羅刹大戰，被羅刹捉住，後逃回羅摩身邊。

羅摩兄弟與猴軍前來作戰。海神幫助羅摩，派天上工匠在海上爲羅摩修造了一座橋，羅摩和猴王率猴軍渡海，和魔王作戰。最後魔王軍隊全軍覆沒，魔王被斬首。羅摩、悉多終得團聚，然而，羅摩卻懷疑悉多在魔宮日久，難保貞節。悉多爲證明自己的貞操，投身烈火。火神將她托出，證明她清白無辜。至此，羅摩夫妻終於得到圓滿結局。⑨

從時間上看，《羅摩衍那》比《摩訶婆羅多》要晚一些。和《摩訶婆羅多》強調哲學說教不同，《羅摩衍那》較強調人倫道德說教。《羅摩衍那》和《摩訶婆羅多》雖並稱印度兩大史詩，但二者在文體和藝術風格上都有較大的差異。《摩訶婆羅多》更像一部「歷史的傳說故事」，而《羅摩衍那》更像敘事詩。《摩訶婆羅多》比較簡明樸素，很少用華麗的辭藻。而《羅摩衍那》比較精細，時有雕琢，《羅摩衍那》更具有文學性，可以說它爲後代的古典文學開了先河，尤其是成了長篇敘事詩的偉大典範，是梵語文學的先驅，在印度文學史上占有極其重要的地位。

圖4-6　神猴哈奴曼

《羅摩衍那》的名字和故事，在西元五、六世紀傳播到東埔寨等東南亞國家。隨著漢譯佛經在中國的傳播，也爲中國人所知。

⑨《羅摩衍那》中文全譯本由季羨林譯出，見人民文學出版社，一九八二。對該史詩的專門研究，見季羨林：《羅摩衍那初探》，外國文學出版社，一九七九。

第五章　孔雀王朝時代：佛教文化的大發展時期

一、孔雀王朝的建立及統治

西元前三二七年，馬其頓人亞歷山大大帝（Alexandros Ⅲ，西元前三五六至前三二三年）率軍隊越過興都庫什山侵入西印度，所到之處建立了據點。亞歷山大試圖征服恆河平原，取道呾叉始羅（Taxila）和拉瓦爾品第，向南部和東部推進，遭到當地力量的抵抗。他的部下思念家鄉，無心戀戰，亞歷山大只得撤退，於西元前三二三年客死於巴比倫。當時恆河平原最強大的勢力是難陀王統治之下的摩揭陀（Magadha）國。大約在西元前三一七年，該國一名出身剎帝利貴族、名叫旃陀羅笈多（Candragupta）的青年，在他的足智多謀的顧問考底利耶（Kautilya，西元前四世紀）協助下，率軍擊敗了西北印度的馬其頓人部隊，並宣佈了印度的自由。之後他進抵摩揭陀國的首都華氏城（Pataliputra，在今巴特那附近），推翻了難陀王的統治，掌握了政權，吞併周邊若干鄰國，建立了印度歷

圖5-1　阿育王畫像

圖5-2　公牛柱頭石柱（西元前3世紀）

史上第一個大帝國——孔雀王朝（Maurya）。孔雀帝國的建立不僅得益於被稱爲印度糧倉的摩揭陀國的富庶，還直接得助於賢明的宰相考底利耶。這位宰相著有《政事論》，專門講述國王如何治理國家（後面將作介紹）。根據耆那教的傳說，旃陀羅笈多晚年棄了權位，皈依了耆那教。

到了旃陀羅笈多的孫子阿育王（Ashoka，在位時間約爲西元前二六八至前二三二年）時代，孔雀王朝達到鼎盛。他即位八年後，征服了東南海岸的羯陵伽（Kalinga）國，此時帝國的版圖幾乎包括除泰米爾地區以外的整個印度和阿富汗的大部。

孔雀王朝以其空前強大的國家權力，完成了多項重要事業。例如，旃陀羅笈多在全印度修建了發達的道路系統，道路設有驛站，每隔半里建一立柱作標記。阿育王時代又在各條道路兩旁植樹，隔約三里挖一口井，設立行人休息的處所，在主幹道的交叉點附近，設立國家糧倉和倉庫，供緊急時候使用。此外，爲了提高農業產量，帝國還在各地修建了運河和蓄水池，建立了較完善的灌溉體系。①

為了向民眾貫徹自己的政治理想，阿育王在其所轄範圍內各地樹起許多石柱，刻上詔文，表明自己的決心，希望獲得人民的支持。這些詔文用多種文字寫成，被稱為「阿育王詔敕」。在西北印度、阿富汗以及印度東南海岸各地都有發現，有的詔文是刻在磨平的崖岩上的。其中一個詔文寫道：

每個人都是我的兒子。正如我願我的子女在今世及來世得享各種繁榮，我願一切人也是這樣。我於道旁邊植榕樹，來蔭蔽人獸，我培植芒果樹，廣開水池，並設立旅社，以利人畜。我任命宗教大臣，專司各教事務。我在內心平等地關懷所有佛教沙門、婆羅門和耆那教徒。②

我們還知道，孔雀王朝時期的印度和當時的埃及、敘利亞、希臘等國家互派使節，可見當時與這些國家有密切的交往。這個王朝大約在西元前一八〇年前後滅亡。從孔雀王朝滅亡到笈多王朝的興起，在這一段大約六百年的時間裡，印度再次陷入分裂狀態。在恆河流域曾先後出現過幾個較

① 尚會鵬：「孔雀王朝時代的鄉村社會」，《南亞研究季刊》一九九二年第一期。
② 〔美〕威爾・杜蘭：《世界文明史：印度與南亞》，臺灣幼獅文化出版公司，一九七三，第八十六頁。

大的王朝，如巽伽（Sunga）王朝、卡奴瓦（Kanva）王朝、安度羅王朝，西北印度則被外來民族所統治：先是希臘人侵入並建立了若干王國，繼之是塞種人的統治。塞種人的第一個王朝由馬烏斯（Maues，西元前一二〇年左右）統治，他曾自稱「王中之王」。塞種人之後是安息人的統治。

這是一個佛教獲得空前發展與傳播的時期。佛教在這個時期不僅在次大陸普及，還傳播到海外，成爲一個國際性宗教。

二、佛教的發展與分裂：部派佛教

㈠阿育王與佛教

佛教在佛陀死後，繼續在以摩揭陀爲中心的東印度地區傳播。信徒以城市裡的王侯及工商業者爲主。到了孔雀王朝時代，因爲阿育王大力提倡和保護佛教，流傳著他與佛教的一些故事。據說，在他當君王的早期，他曾用暴力和酷刑治理國家。在華氏城北部有一個稱爲「阿育王監獄」的監獄，使用所有的嚴刑拷打來對付犯人。國王曾下令，任何人只要進了這監獄，就別想活著出去。有一天，一位佛教聖者毫無原因地被關了進去，將他投入熱水鍋裡，水竟無法燒沸。獄吏將這一事報告給阿育王，阿育王感到很奇怪，對佛教開始感興趣。後來他下令取消了那座監獄，並修正刑法，對犯人從寬發落。這時，他的軍隊恰好平息了羯陵伽地區的叛亂，殺戮了成千上萬的叛亂者，並俘虜了許多人。阿育王的良心受到責備，產生了悔恨和悲憫之情。他下令將所有俘虜釋放，並發佈了一封文書，表示懺悔。之後他皈依了佛教，穿上僧侶的袍服，開始禁止打獵，並食素，獻身於實施「大法」（道德與虔誠）。這導致了對外政策的重大變化：阿育王放棄了以屠殺和放逐人民爲手段的軍事征服，釋放了戰爭俘虜，對民眾採用「虔誠感化」的政策。

和印度許多傳說一樣，這個故事很難說到底有多少是眞實的成分。它很可能是佛教徒爲宣傳佛教的威力而編造出來的。不過，阿育王推崇佛教，倒是可由他發佈的多個詔敕來證明。在這些詔敕裡，他讚揚佛教，勸告人們皈依佛教，並將佛教精神體現到日常生活中。他明令禁止濫殺動物，並設立人與動物的醫院，向窮人施捨。他還在印度各地興建佛寺、佛塔，並親自巡拜。佛教徒稱他爲「轉輪聖王」。他雖是熱心的佛教徒，但也不排斥其他宗教。耆那教、婆羅門教等也受到同樣的保護。他的仁慈的統治產生了良好的後果，一份詔敕說：

現在，神聖仁慈的陛下頒旨奉行憐恤，戰鼓擊打的回音已變成了法令的執行……經神聖仁慈的陛下頒行，增列禁止殺害有生命之物作犧牲，禁止殺戮活生生的人物，善待親戚，善待婆羅門，順從父母，聽從長者。因此諸如其他方法。加強實行憐恤法令，並由神聖仁慈的陛下補訂該法並頒佈遵行。③

③〔美〕威爾．杜蘭：《世界文明史：印度與南亞》，臺灣幼獅文化出版公司，一九七三，第八十六頁。

他還派出佛教僧侶遍歷印度各地，甚至遠到敘利亞、埃及與希臘，使佛教傳播到印度以外的地方。成爲一個國際性宗教（詳見本書第十三章）。

印度的統治者歷來重視宗教對統治人民的作用，利用宗教使民眾順從，比使用大批員警和軍隊要有效得多。歷史上有不少君王最後皈依宗教的例子。阿育王的爺爺旃陀羅笈多晚年就歸依了耆那教，所以阿育王皈依佛教一點也不奇怪。這位偉大的君王利用佛教統治國家，帶來了和平、安定的結果，但同時，國家的統治力量也因此被削弱。皈依佛教可能成爲阿育王事業的轉捩點，孔雀王朝也在此時由盛轉衰。根據佛教的傳說，在阿育王的晚年，他的子孫在宮廷官員的協助下免去了他的王權，他的王國也幾乎崩潰了。

(二)佛教的變化：部派佛教

佛教本身也悄悄發生著變化。佛陀活著的時候被尊爲「獲得了眞理的人」（覺者），但他死後，隨著弟子們對他記憶的淡薄，他逐漸被理想化。當時的佛陀，已經被賦予印度人所理想的偉人所具有的特徵和不可思議的力量。逐漸成了一位具有某種神賦性格的「超人」。這時，佛陀的偶像已在佛教徒中出現，接受信徒們的虔誠禮拜。與佛陀的偶像出現的同時，還有許多坐禪佛陀和菩薩的像。隨著對佛陀神賦品格的強調，佛教徒開始認爲，如此偉大的人格不是僅在今世就能修成的，佛是經過前世長久的修行、積累了很大功德的結果。在這種情況下，假託佛陀前世生活的書籍——《本生經》（*Jataka*）出現了。《本生經》原來是流行於恆河平原民間的寓言，後來佛教徒利用這種形式，與佛陀前世的故事結合起來。在《本生經》中，佛陀或作爲良臣，或作爲商人，或作爲國王，廣施善行。《本生經》具有極大的社會道德感化力量，對於一般民眾皈依佛教以及獲得道德宗教之心起了極大的作用。

隨著佛教的興盛，佛教徒對佛陀以及聖者的遺骨、遺物的崇拜也盛行起來。

佛教在組織方面也獲得了發展。這時的佛教制定了許多戒律，編撰了多部經典，但佛教在傳播過程中，由於各地的自然、種族、風土、民情的不同，信徒對教義的理解以及在遵守戒律方面都有不同。這就導致了分裂。阿育王時代，即釋迦牟尼死後約一百至二百年，佛教發生了第一次分裂。當時東印度跋耆（Vajji）族的比丘們提出了十條有關戒律的新主張（一般稱爲「十事」），認爲在遵守戒律方面可以適當放寬一些，這在教團內引起了激烈爭論。以耶舍爲首的西印度的比丘提出反對，他們在吠舍裡召集了一個七百人的會議，審定律藏，並宣佈「十事」爲非法。不承認這次會議的改革派比丘後來也召集了一次一萬人的會議，進行了自己的「結集」，並宣佈從保守的教團中獨立出來。由於這一派人數眾多，故稱「大眾部」。後來向北傳到中亞和東亞地區的佛教，在淵源上與這一派佛教有更大的連繫，故這一派又稱「北傳佛教」或「大乘佛教」（「多數人獲拯救的大車乘」意）。較保守的一派多數爲上座長老，故稱「上座部」。後來向南傳到斯里蘭卡和東南亞諸國的佛教屬上座部，稱「南傳佛教」或「小乘佛教」（「少數人獲拯救的小車乘」，帶有貶義）。這是佛教發展史上的第一次分裂，也是一次根本性的分裂。

在這次根本性分裂之後，隨著對教義研究的深入，佛教內部圍繞宇宙萬物是實有還是假有、靈魂與輪迴、佛祖的人性與神性，以及修行戒律、解脫等問題產生了廣泛的分歧，從而導致佛教進一步分裂。這在佛教史上一般稱之爲「枝末分派」。根據南傳佛教的說法，枝末分派後佛教的上座部系統分成十八個派別，北傳佛教認爲有二十個派別。其中，屬於上座部系統的說一切有部、犢子部、正量部、化地部、經量部較爲重要。各部派都認爲自己一派是正統，並從各自的立場來編纂佛經，雖有經藏和律藏，但各派都有不同的理解。而且，由於佛祖是在不同地點、針對不同對象講道，故佛典本身也有前後不一致之處。各派各執一面，爭論不休。爲了論戰，教徒就要鑽研教義，這促進了對佛陀的說法進行反省和探究，出現了注釋、整理、分類、理解、消除各說之間的矛盾等努力。這些研究結果匯集起來，就是論藏。佛教的分裂是這個時期佛教發展的一個特點。佛教史上把這個時期的佛教稱爲「部派佛教」。各部派的分類大體上是在西元前一百年前後完成的，這和孔雀王朝滅亡後政治上的分裂時期大體一致。

佛教諸派中最有力量的是「說一切有部」。該派大約在西元前二世紀時形成了根本經典《阿毗達摩發智論》。「說一切有部」的涵義是「倡說一切實有的部派」，這主要是對宇宙萬物是實有還是假有而言，而經量部則認爲，除了四大（地水火風）和心以外，都不是實有。

在對教義的理解上也出現了變化。其中最明顯的變化是：當時許多信徒認爲，作爲理想人格的佛陀和作爲理想狀態的涅槃，不是一般人所能達到的，無論怎樣努力，在現世上都無法達到涅槃狀態。所以此時的佛教把涅槃分爲兩種狀態，一種是在現實中可以獲得的不完全的涅槃（「有餘依涅槃」），另一種是死後才獲得的完全消除煩惱的涅槃（「無餘依涅槃」）。不僅如此，現世中的涅槃也不是容易達到的，要達到這個目標，必須經歷許多階段。佛教把達到這一目標稱爲修成「阿羅漢」。阿羅漢是修行極高的人，但與佛陀還不一樣。這個時期對修煉應克服的煩惱有了更詳細的歸納。此外，修煉方法也比以前更多了，各派佛教的修煉方法可歸納爲三大類（佛典中稱爲「三學」）：實踐戒律、禪定和智慧。這表明佛教在理論和實踐兩方面都更趨完備。

由於佛教不像婆羅門教那樣具有濃厚的排外性，因此它得到進入印度的異族統治者的歡迎。孔雀王朝滅亡後統治西北印度的希臘人國王中，有一個叫彌蘭陀（Menandros，西元前一六〇年前後），就信奉佛教。他向佛教的那先（Nagasena）比丘長老求教，廣泛討論佛教教義問題。他們的對談後被佛教徒整理成《彌南陀問經》（*Milindapanha*，漢譯《那先比丘經》）。當時希臘人高官中，有許多人信奉佛教，也有些人信奉了印度教，印度文化與希臘文化發生了遭遇與融合。

三、正統婆羅門教經典的編纂

孔雀王朝的統治並沒有深入到鄉村社會。當時的佛教主要在統治者剎帝利和商人手工業種姓中流行，而在廣大農村，婆羅門教依然流行，舊的階級區分並沒有被打破，婆羅門依然受到農民的尊敬。孔雀王朝滅亡後，佛教的傳播受到影響。孔雀王朝之後的恆河平原上出現了兩個主要政權：巽伽王朝和卡奴瓦王朝。這兩個王朝實行排斥佛教、扶持婆羅門教政策，一度衰落的婆羅門教又得到復興。

在孔雀王朝時代及其前後，一些婆羅門繼續補充、編纂吠陀文獻。又編寫了一些《奧義書》。《迦陀迦奧義書》（*Kathaka*）、《白騾奧義書》、《剃發者奧義書》等據認爲就形成於此時。《劫波經》（或稱《天啓經》、《家庭經》、《法經》）被認爲大體也是這一時期完成的。文法學方面的經典有帕檀賈利（Patanjali）所著的《大疏》（*Mahabhasya*），重要的政治學著作《考底利耶政事論》也被認爲形成於此時。

(一)《考底利耶政事論》（Kautiliyam Artha-sastram）

又譯《利論》，是印度古代政治、外交、軍事的指南。一般認爲是西元三世紀左右由婆羅門學者編纂而成，但其中考底利耶本人所說的話相當多。印度歷史上曾有許多婆羅門爲君王出謀獻策，成爲君王的高級顧問，考底利耶就是一個典型。考底利耶是一個婆羅門僧侶，曾輔佐旃陀羅笈多創立了孔雀帝國，他忠心服侍國王，歷經放逐、戰敗、冒險、陰謀、謀殺與勝利。由於他的足智多謀而使他的主子成爲印度有史以來從未有過的大帝國的皇帝。他後來當了孔雀王朝的宰相。《政事論》記錄了他關於國家政治、行政

圖5-3 考底利耶政事論

管理、官員的選拔和任命、外交、戰爭等重要思想。

這部著作主張「朕即國家」思想，它所考慮的國家主要限於國王的利益，即如何擴大領土、如何擴大國王的利益。雖然也有「不以民眾為基礎的國王容易滅亡」的說法，但整個來說只是把人民作為手段。該書認為，損失一千個庶民也抵不上損失一個領導人。該書主張國王應當遵守政治經典進行治理，否則就是不合法的政治。在外交方面，能夠結盟的就結盟，但要獲得友好鄰邦還是要依靠武力。他主張注重軍隊的訓練，為了獲勝戰爭，必須遵守許多規則。為了獲勝和為了更好地統治人民，他建議大量使用間諜。為了增強武力，還必須改革政治機構和充實經濟力量。此外，在這部著作裡，還公開鼓吹為了達到目的可以不擇手段。

《政事論》對人生觀的看法完全是功利主義的。傳統婆羅門教認為人生有四個目的：法、利、愛欲和解脫，而考底利耶似乎特別注重「利」，「財富可以成就一切事業，是獲得法和愛欲的原因」。不過，考底利耶深知宗教對於統治人民的作用。他仍將利和欲的追求和解脫連繫起來。該書認為學問有四種：哲學、吠陀學、實業和政治學。

圖5-4　婆羅門教強調「欲」要服從「法」

（二）《波你尼文法》與語法學的建立

梵語是對古印度書面語言的通稱。它與流行的口頭語言（又稱俗語）有一定的差別。從語言發展上看，印度古文獻使用的梵語又有幾種不同的情況：吠陀文獻使用的梵語語法變化複雜，稱爲「吠陀梵語」；史詩使用的梵語晚於吠陀梵語，語法變化較簡略，稱爲「史詩梵語」；後來許多婆羅門學者對梵語的發音和語法規則進行研究，總結出種種規則加以規範。規範化了的梵語稱爲「古典梵語」。古典梵語一直到西元四、五世紀一直支配著整個印度文化。

古代印度語法學原是從誦讀、解釋吠陀發展而來。爲了正確誦讀、理解和傳承吠陀經典，許多婆羅門學者致力於梵語語音和語法的研究，出現了許多語法學家，其中波你尼（Panini，西元前四世紀）最爲有名。他所著的《波你尼文法》被認爲是古典梵語的經典，也是印度最古老、最完備的語法學著作。他用三千九百九十六條規則（一說四千多條規則）描述梵語的語音和語法，對規範梵語作出了傑出的貢獻。繼他之後，一些學者對《帕尼尼文法》又作了種種注釋，其中一位叫帕檀賈利的語法學家的注釋最有名。他的注釋名爲《大疏》（*Mahabhasya*），也是古典梵語語法的重要著作。至此，梵語語法學已達到相當完備的程度。這些著作不僅是研究梵語語音和語法的重要著作，也對和語言有關的哲學、形而上學問題進行了探討。此外，書中列舉的許多例句，還是了解古代印度社會文化的重要材料。④

---

④ 金克木：「梵語語法《波你尼經》概述」，《語言學論叢》第七輯，一九八一。

(三)史詩的擴展和《薄伽梵歌》的形成

前面業已指出，兩大史詩的完成經歷了一個較長的過程。開始時，《摩訶婆羅多》只是一篇長度合理的短故事詩，一個世紀一個世紀，該詩增加了許多故事和道德訓誡，內容愈來愈長，以至於總量七倍於《伊利亞特》和《奧德賽》的長度之和！前面提到，史詩反映的是刹帝利的生活，《摩訶婆羅多》的主題並不太適合宗教的訓誡，因爲他敘述的是戰爭暴行、賭博等，這是違背婆羅門教的思想，但後來增加了許多宗教哲學內容，在主體故事中穿插了上千個插曲。「克里希那神把屠殺暫停一會兒，加進一個詩篇談論戰爭和克里希那的高貴，垂死的毗濕摩延後了他的死亡，而解釋種姓制度、遺贈、婚姻禮物與葬儀的規則，並說明數論哲學和

圖5-5　《薄伽梵歌》插圖

奧義書思想，訴說一大堆傳奇故事，傳統規範與神話，又長篇大論地教訓堅戰關於皇帝的職責。此外，沙塵彌漫的譜系，地理描述，神學與形而上學的長段敘說分開了戲劇和動作的綠洲部分……原本顯然是刹帝利階級的登峰造極之作，英雄主義與戰爭的作品，在婆羅門的手中則變成了教誨民眾關於《摩奴法論》、瑜伽規則、道德觀念以及涅槃之美的工具，其金科玉律有多種形式的表現，美與智慧的道德格言極多，關於婚姻忠貞的美麗小故事也不少，這些故事使得婦女聽眾知悉婆羅門理想中那忠誠而忍耐的妻子模範。」⑤這樣，《摩訶婆羅多》實際上由三部分構成：主體故事、「插話」（插入的神話、民間故事、寓言童話，大約二百個）和宗教、哲學的說教。這三部分也大體顯示了它完備的過程，即先有主題故事，後插入愈來愈多的故事和宗教、哲學內容，使這部史詩的結構十分龐雜。到了西元前後，《摩訶婆羅多》中的宗教哲學說教已有相當部分。作為這部史詩中相對獨立的一部分，《薄伽梵歌》大約就是這個時期出現的。不過《薄伽梵歌》現在的形式可能是西元一、二世紀完成的。

《薄伽梵歌》（*Bhagavadgita*）的名稱是由「薄伽梵」（Bhaguat）和「歌」（Gita）混譯而成。「薄伽梵」是對神的尊稱，故亦可譯為《神歌》。這部經典由七百頌詩組成，被後代印度教徒尊崇為最高的經典。如果舉出一本最能代表印度精神的書來，恐怕就是《薄伽梵歌》了。

般度族和俱盧族是兩個有親緣關係的家族，為爭奪王位在俱盧之野擺開陣勢準備交戰。般度

⑤〔美〕威爾．杜蘭：《世界文明史：印度與南亞》，臺灣幼獅文化出版公司，一九七三，第二四四～二四五頁。

五兄弟中的老五阿周那，令其車夫克里希那驅車至兩軍之間。阿周那面對即將進行的骨肉相煎的戰爭，突然產生了悲憫之情：

哎！我們竟然橫下心來，
去招致不容寬恕的罪過，
誅戮自己的宗親家人，
卻是為了王權和享樂。（《薄伽梵歌》，1-45）

即便是持國的兒子們，
用利刃殺我於戰場，
我也決不揮戈抗爭，
如此倒覺得坦然舒暢。（《薄伽梵歌》，1-46）

面對將要到來的暴行，阿周那擔心破壞傳統的宗法家規，將導致家族的女子失貞和種姓混亂。他陷入了深深的自責和彷徨之中。克里希那告誡阿周那，這是怯懦的表現。克里希那的責任是要把阿周那從傳統的世俗倫理觀念中拯救出來。這樣，這部哲學詩遇到了一個絕大的矛盾：眼下的戰爭、屠戮、暴行如何與傳統印度思想中的不殺、和平、寧靜統一起來。克里希那用超倫理、超善惡的智慧之劍擊碎了阿周那的愚鈍，根據就是「靈魂不死」、「個人的分別皆爲幻覺」。也就是說殺即非殺，失敗與勝利是一回事：

你如果意識到了自己的達摩，
就不應該顧慮重重猶豫不定，
因為除了合乎達摩的戰事，
剎帝利再也沒有更好的事情。（《薄伽梵歌》，2-31）

從事戰爭是剎帝利的職責（達摩），爲了履行職責就必須放棄一切。至於事情的成敗榮辱都是不重要的，這是《薄伽梵歌》的一個重要思想。

您的責任就在於履行職責，
任何時候都不要追求它的結果，
切勿使追求業果成為動因，也不需要將那無為執著。（《薄伽梵歌》，2-47）

這裡，作者想要表達的，似乎是把印度人的靈魂從傳統婆羅門教、佛教的消極思想中喚醒，使其爲印度而戰。「這是一個剎帝利在感到宗教削弱他的國家時所表示的反叛，他驕傲地認爲很多東西是比和平更可貴的。」⑥阿周那聽了克里希那的話後，對戰爭的意義有了認識，但他心中還是有顧慮。克里希那又進一步向他講述了通過信仰梵而獲得拯救的道理。這裡，《薄伽梵歌》重複了婆羅門教哲學中的一個世界本源問題。梵具有不生不滅、無始無終的特點：「全宇宙盡我所充，而茫茫不顯我形，那萬有均涵於我內，我卻不涵於萬有之中。」（9-4）這個人格化了的最高神能救贖一切生類：「我對萬有一律等觀，既無所愛也無所憎，虔敬我者寓於我內，我也寓於他們之中。」（9-29）無論是惡人善人，通過虔信，獲得最高神的恩寵，證悟最高神的本性，就能超越生死輪迴而解脫。獲得解脫的人本質上和最高神是一樣的。

阿周那聽了這些教導，頓然醒悟。戰爭終於爆發，阿周那一反憂傷悲憫之態，竟用陰謀詭計殺死了他的叔祖——敵軍的統帥毗濕摩，獲得了勝利。

《薄伽梵歌》可以說凝結了印度思想的精粹。它雖是《摩訶婆羅多》的一部分，但在古代的大師和現代印度學者來看，它要比《摩訶婆羅多》重要。古代所有印度宗教派別都用《薄伽梵歌》的教導來支持自己的教義。從史前到當代全部文獻中，像《薄伽梵歌》那樣享有盛譽的經典不多。它被譽爲印度教徒的《新約》，受崇敬程度僅次於《吠陀經》，並且像基督教世界的《聖經》和伊斯蘭教世界的《可蘭經》一樣，也在法庭上被用作監誓。近代民眾運動的領袖甘地，也總是將此書攜帶在身邊。每一個印度教徒，不管是否讀過這部聖詩，他的思想和行爲無不受到它的薰陶和影

---

⑥〔美〕威爾．杜蘭：《世界文明史：印度與南亞》，臺灣幼獅文化出版公司，一九七三，第二四九頁。

響，因為印度流傳的文化就是以《薄伽梵歌》體現的精神為基礎的。不僅如此，一七八五年這部著作首次被譯成英文後，還得到一批西方哲學家和學者的讚揚，如德國學者威廉．洪堡（Wilhelm vonHumboldt）就盛讚該書是「世界上最美的哲學詩」⑦；另一位學者說，「《薄伽梵歌》是已有的全部哲學的最清晰和最全面的總結，因而不僅對印度人，而且也對全人類都具有永恆的價值。」該書有俄、德、法、日、中等多種譯本。⑧幾乎每年都有新的版本和現代印度語言譯本問世。

另一部史詩《羅摩衍那》，自產生以來也不斷被添加增長。主人公羅摩和悉多，愈來愈理想化，成了道德的化身和印度男女的楷模，但相對於《摩訶婆羅多》來說，它的添加部分較少，並且不影響主題的發展。又由於它更具有文學色彩，因此它在民眾中的影響更大。多少世紀以來，民間詩人一遍又一遍地講頌這些史詩，猶如中國鄉村的老百姓聽說書人說唱《三俠五義》、《三國演義》一樣，有時一連講幾十個夜晚，對著一大群入迷的聽眾。印度人堅持外國人不能了解這兩部史詩。對印度教徒而言，它們不僅是故事，還是一群理想人物像，他們可以模仿史詩中的人物而修養他們的人格。它們還是印度民族的傳統哲學和神學的寶庫，以通俗的語言解釋著吠陀、奧義書等經典中的思想。印度人聽這些故事的時候，除了得到文學享受和道德感化以外，還得到宗教上的啓

⑦ 張寶勝譯：《薄伽梵歌》，中國社會科學出版社，一九八九，第十頁。

⑧ 一九五七年徐梵澄先生在印度出版了離騷體的中譯本。一九八九年由中國社會科學出版社出版了張保勝翻譯的《薄伽梵歌》。本文引用部分來自後者。

示，並相信只要讀這些史詩，就能洗淨一切罪惡。

四、婆羅門教的復興：印度教的出現

這時復興起來的婆羅門教已發生了明顯變化。民眾仍繼續承認吠陀的權威和婆羅門的地位，但「祭祀萬能」的影響已大大減弱，而且，婆羅門教規定的神明、祭祀方式和信徒的生活方式都發生了變化，各地民眾把當地的信仰和習俗儘量和吠陀連繫起來，一種適合各地區生活方式、包羅萬象的新型宗教漸漸產生了。這就是印度教（Hinduism）。印度教是在古代婆羅門教一些教義的基礎上與各地方信仰和生活習俗相結合產生的宗教，他的出現是雅利安文化要素與土著民族文化要素進一步混合、融會的結果。

當時，在民眾中，對濕婆（Siva）神、毗濕奴（Visnu）以及克里希那

圖5-6 克里希那神像

神的崇拜已經相當流行。濕婆是一位具有可怕力量的神，是宇宙破壞力量的象徵。他手持強弓，身纏虎皮，巡遊於山野，襲擊人畜，天上諸神都懼怕他，但他也是一位能給人帶來幸福和吉祥的神。他還被稱爲「舞蹈之王」，他在宇宙間跳舞的雕像開始在一些地方出現。濕婆的妻子叫「雪山神女」（Parvati），又叫迦梨（Kali）女神，據說住在喜馬拉雅山上，有著可怕、狂暴的形象。

原來婆羅門教中的陽光之神毗濕奴，現在也有了更鮮明的形象。他被表現爲一位具有超人力量的年輕人，傳說他三步跨越天、空、地三界，到達宇宙的最高處，在那裡與諸神和祖靈享受著快樂。他的配偶叫拉克什米（Laksmi），是一位掌管財富、美和幸運的女神（佛教中稱之爲「吉祥天女」）。當時崇拜濕婆和崇拜毗濕奴的信徒似乎已形成獨立的派別。

克里希那（Krisna，又譯「黑天」）是一位具有超絕神力的牧童，能夠降服妖魔、惡人，他吹著笛子和牧女嬉戲的故事尤爲印度人所喜愛。克里希那後來被認爲是毗濕奴大神的一個化身。從該神膚黑判斷，應原是南亞土著人（達羅毗荼人）神祇。崇拜該神的信徒構成印度教的「黑天派」。

在印度文化中，婆羅門教文化屬於正統文化，而佛教、耆那教等屬於非正統文化。二者在發展過程中有相互鬥爭的一面，同時也有融合、借鑑的一面。佛教和耆那教是在揚棄婆羅門教的基礎上，最初是作爲婆羅門教的對立面產生的，但後來逐漸與婆羅門教融合，其教義也影響了婆羅門教。新興的印度教就吸收了佛教、耆那教的不殺生、解脫等理論。婆羅門和高級種姓也都成了素食主義者，在後來的印度教中，佛陀竟成了印度教大神毗濕奴的一個化身。

五、藝術

如前所述，從印度河城市遺址中發現了精美的雕刻藝術品和宏大的建築，但此後二千餘年中，印度沒有發現值得重視的古代建築遺址和藝術品。吠陀時代以及佛教興起時代，印度也肯定有它的建築和雕刻，不過，很可能是因爲當時建築師和雕刻家使用的是木頭、黏土等易於毀壞的材料，故沒有保留下來。只是在孔雀王朝時代，以石頭做柱子和雕像已普遍起來，所用的石頭是砂岩之類，所以能保存至今。故一般認爲孔雀王朝時期是印度藝術的開端。

(一)阿育王石柱雕刻

阿育王對宗教、文化的保護政策似乎也貫徹到藝術範圍內，這個時期留下了大量的藝術品。阿育王時代藝術的代表物是紀念柱，又稱阿育王石柱，阿育王似乎特別喜歡把他的詔文刻在獨塊巨石製成的石柱上。每根石柱是由一塊石頭做成的柱身，支撐著另一塊石頭製成的柱頂。詔文刻在柱身上，柱身由下而上逐漸變細，精工磨光，大小均勻，典雅優美。同樣磨得很光滑的柱頂雕刻著一個或數個獅

圖5-7 阿育王柱頭雕刻

子、牛等獸像，下面是鐘形蓮花形的仰拱，石柱一般高十公尺左右。其中最著名的石柱是薩爾納特的石柱，豎立在佛陀最初說法的鹿野苑。石柱上端爲雕刻華麗的柱頭，這一部分自下而上分別爲：第一層是鐘形的倒垂蓮花；第二層是線盤及飾帶，上面雕刻著一隻大象、一匹馬、一頭瘤牛和一隻老虎，彼此間都用象徵佛法的法輪隔開；第三層，即柱頭的頂端，是四隻背靠背的圓雕雄獅，前腿挺立，面對四方，據考證，這四頭獅子原來還支撐著一個冠於整個設計之上的大法輪。柱頭通體高二·八公尺，用淺灰色砂岩雕成，並經過精心打磨，光潤如玉。頂上獅子肌肉豐滿，栩栩如生。整個柱頭雄偉、豪放而又不失細膩柔和，印度共和國的國徽就是以該柱頭爲藍本製作的。英國史學家V.A.史密斯曾這樣評價這件藝術品：「在任何國家的獸像雕刻中，要想找到能夠超過這種精美的藝術品是很困難的，即使找到與它有同等價值的作品也不容易。這種精美的藝術品把現實的塑造與理想的莊嚴成功地結合起來，在每個細節上都表現出分毫不差的準確性。」⑨

阿育王的許多其他石柱雖然比薩爾納特石柱要差一些，但也非常美麗。拉姆普瓦附近的一個石柱，基部也是鐘形蓮花，柱頂是一頭圓雕的精美的瘤牛。這裡還有一個石柱，上部雕的是一隻坐獅。此外，還發現柱頂爲馬、爲象的大量柱頭。

⑨〔印〕R.C.馬宗達、H.C.賴喬杜裡等：《高級印度史》上，商務印書館，一九八六，第一三八頁。

㈡人物雕像

孔雀王朝時期還留下了許多人物雕像。這些雕像藝術水準雖趕不上動物雕刻的高超，但也不應被忽略。多數人物雕像是男女藥叉像，藥叉原是印度神話中一種半人半神的小神靈，佛教中也有這個形象，是護諸神的原型，藥叉形象經常出現在印度的雕刻和壁畫中。從收藏於印度各地博物館的這個時期的藥叉雕像看，大都身體勻稱，圍腰衣服的處理手法優美，具有強烈的藝術氣息。其中有的胸部豐滿，小腹美麗，已具有了後來印度雕像中標準女性美的若干特徵了。

孔雀王朝時代的雕刻藝術明顯受到希臘以及中亞的影響。從希臘的歷史學家和阿育王自己的銘文可知，孔雀王朝開國君主旃陀羅笈多和阿育王等人，和希臘與伊朗保持著外交和商業上的連繫。這種連繫可能給孔雀王朝帶來了希臘和中亞的藝術知識，也不排除雕刻這些藝術品的工匠來自上述地區。據認爲，這個時期的動物雕像是受了亞述—巴比侖風格的影響，而柱頭薄浮雕的技法，表現出希臘愛奧尼柱式的藝術風格。

㈢城市建築

孔雀王朝的建築遺蹟很少，但根據希臘學者的記載，當時北印度有許多美麗的城市，總數達二千個。當時的希臘作家提到王朝的首都華氏城（今巴特那附近）的雄偉壯觀的宮殿，當希臘人麥加斯特尼（Megasthenes）來到華氏城任大使時，他竟大大驚訝該城的輝煌壯觀，認爲它是世界上最富麗堂皇的建築。說它有九英里長、近二英里寬，國王的宮殿是用木頭建造，使用的柱子都用金箔製成，並用飛鳥與樹葉的圖案裝飾，內部裝飾貴重的金屬與寶石。大約七百年後，中國高僧法顯還曾讚揚過這些宏偉的建築，但現在這些建築已蕩然無存。近來在華氏城遺址上發掘出一處大廈的廢墟，該建築似乎曾使用許多柱子。據認爲，這座建築多少受了中亞建築風格的影響。

另一座著名的城市是呾叉始羅。這座城市位於現代的拉瓦爾品地城市西北三十二公里，希臘學者阿利安（Arian）說它是「一個大而繁榮的城市」，也是一個學術和藝術繁榮的城市。它擁有幾所最具聲名的大學，學生成群結隊地湧到這座城市。在那裡，所有的藝術和科學都可在優秀的學者講授下進行研究，尤其是當時的醫科學校，不僅在印度，也在當時的東方享有很高的聲譽。

阿育王還在印度各地修建了眾多的佛教建築。佛教建築大體上分爲三種，即佛塔（窣堵坡）、佛寺和石窟。孔雀王朝及其後的巽伽、安度羅王朝時期最多的是佛塔建築。佛塔是用以供奉佛祖骨灰的，一般呈覆缽體，實心圓形，以磚或石建成，安置在圓形的基座上。佛塔本身並無裝飾，佛塔周圍的石欄杆及石製塔門有大量裝飾。裝飾一般爲浮雕，內容有蓮花、蔓草、各種禽獸、人物。其中尤以「本生故事」（佛前世故事）和「佛傳故事」（佛今世故事）爲多。不過，這一時期的雕像沒有出現佛陀的形象，只是用法論、腳印、佛塔、寶座、菩提樹等來象徵。傳說阿育王在印度和阿富汗全境修建佛塔八萬四千座，但現在幾乎完全毀壞了，其中有些是後代重建的。

(四) 巽伽王朝時代的佛塔

在巽伽王朝以及後來的時代，由阿育王時代開創的藝術仍然繼續著。在這個時代，最初的佛教雕刻藝術在中央邦的巴爾胡特和桑奇等地的佛塔建築上達到了最高的成就。

巴爾胡特大佛塔位於今中央邦阿拉哈巴德西南一百六十公里處，大約建於西元前二世紀中葉。這座佛塔本身沒有遺留下來，只有部分欄杆和一道石製門框，現保存在加爾各答的印度博物館中。欄杆是紅砂岩製成，與通常的欄杆一樣，由柱子、橫杆和蓋石組成。所有欄杆上都有描寫佛的生活細節、本生經中的故事和許多詼諧有趣的場面。內容都是宣傳佛教思想的，表達的是古代印度人的宗教信心和生活情景。某些人物的表現手法還不甚高明，但總的來說，雕刻樸素而具活力，人物充滿著快樂的情調和享受著生活中的樂趣，具有強烈的樂觀主義和對人生的堅定信心。這和佛教教義中寂滅無為的理想形成對照，這說明一些理論家宣傳的佛教教理與老百姓的實際生活是有差距的。

圖5-8　桑奇佛塔

在菩提伽耶，有一座圍有欄杆的廟宇。欄杆的製作時間被認爲是西元前一世紀左右，但廟宇要晚得多。欄杆上的雕像也十分精美。這與巴爾胡特欄杆上的雕刻屬於同一類型。

在桑奇佛塔中，規模最大、保存最好、雕刻最精美的佛塔是一號大佛塔。據說這座佛塔是在阿育王修建的佛塔基礎上擴建的。沿欄杆開了四道精緻的牌樓，東西南北各一。欄杆十分樸素，四個牌樓佈滿了雕刻，其中南門最古老。上面有一銘文顯示，此門是西元前七十五至前二十年一個叫阿南陀的人奉獻的。和巴爾胡特佛塔一樣，這裡的雕刻也主要是敘述佛陀本生故事和佛傳故事，也是使用象徵的手法表示佛，如一隻小象暗示著佛的脫胎；摩耶夫人坐在蓮花上，周圍有小象向她噴水，代表「降生」；一匹空馬象徵「出家」；魔女在一株樹和一個空座位前，表示魔軍在誘惑佛，等等。

圖5-9　桑奇佛塔北門細部

桑奇雕刻中表現的「本生」故事部分更爲老練，藝術價值也更高。這部分題材來自森林和動物，從這裡可以看到藝術家們對大自然的愛好，他們向我們展示了一首大自然的奇妙詩篇。水牛、貓科動物、龍蛇、金翅鳥、羚羊、野象、孔雀、小兔等，無不栩栩如生，充滿感情。在這種雕刻的背後，我們看到藝術家們對一切眾生的悲憫之情。這種感情源於輪迴的教義和對宇宙的慈愛。這種精神存在於佛教、耆那教以及後來印度教一些教派中。

最令人驚歎的是東門及北門上的藥叉女雕像。藥叉女像位於牌樓橫樑和主柱相交之處，雙臂攀緣著芒果樹枝，身子向外傾斜，自由地懸掛於整個結構之外，好像凌空飄蕩一樣。身體呈一無限優美的曲線，健壯豐滿，煥發著青春的活力。她們的形象被認爲是印度後代藝術中標準女性美的始祖。

桑奇的佛塔遺址有十座以上。三號塔也建於西元前一世紀，它的裝飾華麗的南門是西元一世紀增建的。二號塔欄杆上也有一些優美的雕像，如一位蓮花間的裸體女像，纖細而文雅，風格與巴爾胡特佛塔以及桑奇一號佛塔那有強烈肉感的形象明顯不同。⑩

六、遊戲及娛樂

孔雀王朝時代的銘文還常提到慶祝節日和歡樂的集會。舞蹈、歌唱和管弦樂隊是一切歡樂集會的重要內容。人們也以集會的形式紀念神祇，由此音樂和舞蹈有了進一步的發展，但是由於音樂和舞蹈比較難保存下來，缺乏這方面的文獻紀錄。有些集會，還請來遠方的角力進行比武。遊歷過

⑩〔法〕雷奈・格魯塞：《印度文明史》，商務印書館，一九六五，第三十四～四十七頁。

圖5-10　桑奇浮雕細部

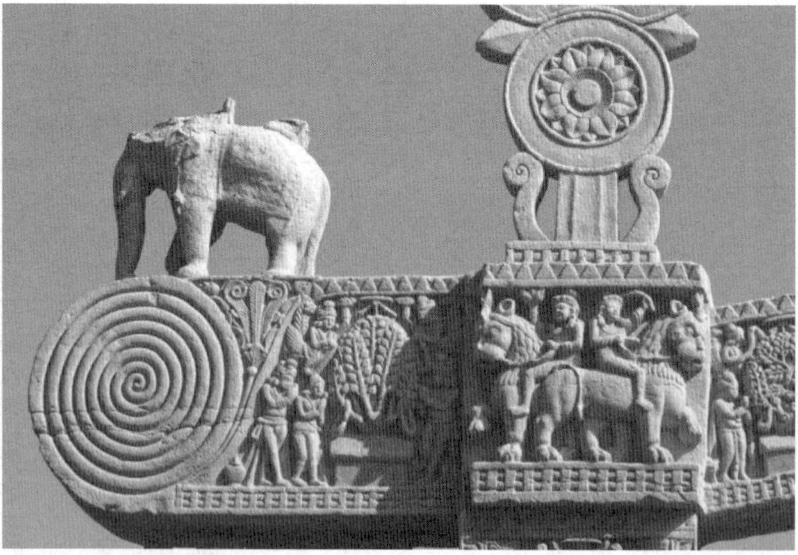

圖5-11　桑奇浮雕細部

圖5-12　反映古代印度舞蹈的壁畫

印度的古羅馬著作家提到，當時在華氏城有人與人的角力比賽，也有象與象和其他鬥獸活動。城裡還舉行牛隊和馬隊拖拽的戰車競賽。在阿育王的詔文中，有關於禁止某些狂歡活動的內容，因爲他「在這類集會中看到許多罪惡現象」，這可能是指類似古羅馬的鬥獸活動。語法學家帕檀賈利的著作提到有戲劇演出，這並不是不可能，因爲當時古典梵語戲劇已經出現。擲骰子這種古老的遊戲這時仍然盛行。佛教著作中提到一種賽棋的遊戲，說棋盤上劃有八排或十排的方格，還不知道這是一種什麼棋，很可能和後來流行的印度象棋有關。

第六章　貴霜王朝時代的文化：大乘佛教文化的出現與印度教文化的興起

一、貴霜帝國的興起

大約在西元六〇年前後，貴霜族侵入西北印度。貴霜人原是居住在中亞地區的遊牧民族，中國史籍稱作「月氏」。西元二十五年左右，貴霜酋長丘就卻（Kujula Kadphises）統一了月氏的四個部落，自立為王，建立王朝。西元五十五至六十四年，丘就卻向南征服了高附（今喀布爾）、濮達（今巴基斯坦的白沙瓦）以及今喀什米爾和喀布爾河下游一帶，統一了從阿姆河流域到印度河上游的廣大地區，以布路沙布邏（Purusapura，即今白沙瓦）為首都，建立了一個帝國。丘就卻的後代閻膏珍（Wema Kadphises，西元一〇五至一三〇年）將帝國版圖向東擴大到恆河流域。這樣，幾乎整個北部印度都處在貴霜人的統治之下。歷史上稱這一時期為「第一貴霜王朝」。到了迦膩色伽一世（Kaniska，約西元一四〇至一六三年）時代，貴霜帝國進一步擴大了版圖，不僅控制了整個北印度，向南曾一度擴張到卡提阿瓦半島和那巴達河，與德干地區的另一個政權安度羅國相抗衡，西北擴及中亞的伊朗。佛經中還提到他征服過印度東部。此時貴霜人的統治達到鼎盛，史稱「第二

圖6-1　貴霜王朝時代的錢幣

圖6-2　貴霜王朝時代的錢幣（銀製）

貴霜王朝」。該帝國是次大陸繼孔雀王朝後建立的又一大帝國，一直持續到西元三世紀中葉。此後，帝國分裂爲諸小王國，統治區逐漸縮小爲只有犍陀羅和喀什米爾地區。四世紀時受印度另一大帝國——笈多王朝的控制。

貴霜王朝把中亞與北印度統一在一個國家政權之下，促進了這一廣大地區城市經濟和對外貿易的發展。通過貴霜人控制下的印度與中亞、西亞的交通樞紐，印度商人利用絲綢之路，西與羅馬帝國、東與中國進行頻繁的貿易，使該地區出現了空前的繁榮。佛教材料和考古發掘都證明，當時北印度出現了許多新興城市，如貴霜帝國的首都布路沙布羅以及著名城市呾叉始羅，都是連接中亞絲綢之路的貿易中心，規模宏偉，工商業發達，文化繁榮。貴霜王朝時代的棉織布達到很高的水準，據說在羅馬世界中與中國的絲綢同樣馳名。印度出產的香料、珠寶、象牙等，也通過絲綢之路遠銷西亞和羅馬帝國。羅馬鑄造的金幣在貴霜帝國版圖內大量流通。

貴霜王朝的國際性質也在文化上反映出來。貴霜帝國是印度、中亞、希臘—羅馬和中國四大文化的匯合地，古代四大文明在這裡相遇並發生了交流和融合，尤其是對印度文化與希臘文化的交流和融合起到了積極的作用。貴霜諸王對印度文化及東西方諸文化採取兼收並蓄的政策，形成了豐富多彩的貴霜文化。迦膩色伽一世是虔誠的佛教徒，他在首都（今白沙瓦）建造的講經堂，直至後代仍引起旅遊者的驚奇和欽佩。貴霜時代，佛教在中亞地區得以廣泛傳播。大約也是在這個時期，佛教通過商人沿絲綢之路傳入中國的西域地區，後又進而傳到內地。貴霜帝國錢幣上國王的名字稱號有：「偉大的國王」、「王中之王」、「愷撒王」、「天子」等，其中，「愷撒王」的稱號來自羅馬，「天子」稱號來自中國，這表明這個王朝的統治者既受西方文化的影響，也受中國文化的影響。據考證，中國的絲綢、鐵器、漆器也由絲綢之路輸入印度，源於中國的水果桃、梨也是在這個時代傳到印度的。

二、佛教的變化：大乘佛教的興起

根據佛經的記載，印度皈依佛教的外來統治者有兩個，一個是前面提到的希臘國王彌蘭陀，另一位是迦膩色伽。貴霜統治者是遊牧民族，文化上較印度爲低。當他們統治了有高度文化的印度以後，不能不發生同化。印度教有嚴格的種姓制度，根據婆羅門教（印度教）的看法，希臘人、中國人等原屬於剎帝利，但後來被汙染了，是不淨的人，故印度教徒不和外來者通婚和交往。由於種姓制度的存在，外來者很難在種姓體制中獲得較高的地位，而佛教（尤其是大乘佛教）對信徒的出身條件要求不那麼嚴格，生活戒律也相對寬鬆，比較適合有遊牧生活習慣的貴霜人，這是貴霜統治者皈依佛教、提倡佛教的重要原因。迦膩色伽王原來保留著濃厚的遊牧民族的生活特點，據說他原來不信佛教業報輪迴的說教，破壞佛教（佛經上說他「不信罪福，輕毀佛法」），後來感服於佛法的偉大，常讀佛經，成了虔誠的佛教徒。據佛經記載，在他的主持支持下，佛教進行了第四次結集，許多佛教學者審核佛經並寫作注釋。經他的鼓勵和推動，佛教在印度再次昌盛，甚至獲得了類似國教的地位。當時的國王、高官、富商大賈們紛紛向佛教捐獻。在這些人的資助下，佛教在各地建立寺院、石窟、佛塔等設施，出現了擁有大量財富的寺院和比丘。

統治階級對佛教的大力扶持產生了兩方面的後果。一方面，由於條件優裕，一些佛教理論家對佛教教理開始進行細緻考證和研究，形成了一些新的經典；另一方面，在強大財力支持下的佛教，背後也藏著隱患，一些僧侶與統治階級有密切的關係，並從統治階級那裡獲得大量援助，這使佛教愈來愈脫離一般民眾。許多上層比丘，一改清苦、精進、普度眾生的形象，住在舒適的僧院內，進行繁瑣考證，或坐禪冥想，走上獨善其身的道路。當時印度流行的佛教主要是由上座部系統分裂出來的部派佛教。在對教義的理解上，這些派別本來就較傳統和保守，而在受到統治階級的大力扶持以後，這種傾向更加明顯。

這種情況引起下層佛教徒的不滿，佛教中開始出現一股改革的浪潮。最初，這個運動的主要力量來自一些以佛塔崇拜為中心團結起來的在家信徒，以及部分要求佛教改革的出家人。他們認為，傳統佛教只講自我解脫，不講普度眾生，猶如一隻小船，只能搭乘少數人，故將其貶稱為「小乘」。新的一派稱自己的主要目的不在個人超越，而是強調在自己到達彼岸前，先拯救別人，把一切眾生救出苦海。無論是誰，只要發願普度眾生，並通過守戒律、坐禪等方法，都可以獲得解脫。他們把自己的學說比作一艘大船，能普度更多的人，故稱「大乘佛教」（Mahayana）。除了救贖理論不同以外，大乘佛教還有兩點與傳統佛教不同：第一，傳統佛教尊奉的經典較接近釋迦牟尼時代的佛教，把佛陀作爲一個歷史人物來對待，比較忠實於佛陀原來的教導，而大乘佛教徒則創作了一些新經典，這些經典闡述的理論，後人發揮的成分較多，經典中的佛陀與其說是個歷史人物，不如說是個理想人物；第二，對統治階級持不同態度，傳統佛教諸派接受了統治階級的大量援助，與上層有密切連繫，而大乘佛教的基礎主要在民間，信徒沒有那麼多的財富，大乘信徒甚至告誡人們不要親近國王、大臣等權勢者。

大約到了貴霜王朝的中、晚期，大乘佛教的理論已逐漸體系化，產生了如《般若經》、《法華經》、《華嚴經》等一大批經典，在這些經典中闡述了一些新的觀點。初期大乘佛教認爲，佛不止一個，過去、現在、未來以及十萬世界有無數個佛，釋迦牟尼只是其中之一。除佛陀外，特別受崇拜的佛還有阿眾佛、阿彌陀佛、如來佛等。此外，菩薩也具有超人的救贖力量，如彌勒菩薩、觀世音菩薩、文殊菩薩、普賢菩薩等，都是大乘佛教崇拜的對象。

大乘佛教對世界最基本的看法是「空」。「空」就是認爲「一切諸法」（萬事萬物）都不是真實的，沒有固定的實體，皆爲虛空。這是針對當時「說一切有部」等小乘諸派認爲「諸法實有」的觀點提出的。根據這種看法，過去認爲應當斷滅的煩惱，也是不存在的，拯救者和被拯救者以及被救後達到的境界都是空的。既然現實生活和理想境界之間也不存在任何區別，那麼這一理論的邏輯結果是，佛教的根本思想即業報、輪迴、涅槃，也是不存在的。這樣，從這一理論出發，大乘佛教中出現了否定出家生活、在世俗生活中實現佛教理想的運動。這種理論顯然比較適合遊牧民出身的統治階層的生活方式，經過後代許多佛教理論家的發揮和補充，「空」的思想成爲後來大乘佛教一個極重要的理論。

大約到了西元一、二世紀，佛教理論家龍樹（Nagarjuna，又譯「龍猛」）對大乘佛教「空」的理論做了修正和發揮，在此基礎上創立中觀派理論。龍樹並不把世界看成絕對的「空」，主張世界萬物從世俗人的觀點看是眞實的（佛教稱爲「有」），但這種眞實是假眞實（「假有」）；從佛教眞理來說，世界則是「虛空」。眞實與虛空、常與無常、苦與樂、我與無我、空與實等，都是兩種極端情況，正確的態度應當是既不執著「有」，又不執著「空」，在兩極中要持中，這樣才能達到「般若波羅蜜」（即用智慧超越此岸的苦難，抵達彼岸），用這種觀點看待世界就是「中道」。人們稱這一派的理論爲「中觀

圖6-3　貴霜時代的佛像（西元2世紀）

派」。表面上看，中觀理論頗有點像中國儒家的中庸之道，實際上有本質不同：儒家的中庸之道意爲「過猶不及」，折中調和，而中觀理論追求的是對兩極的超越。龍樹承認事物本身沒有任何規定性，從這個意義上可稱爲「空」，但「空」並不是什麼都沒有，而是一種不可描述的狀態，是一切事物存在的最高形式。他的這個概念與婆羅門哲學中的「梵」很接近。舊的理論否定出家生活，否定佛教戒律，照這樣發展，佛教本身也有被否定的危險，而「中觀」理論大大緩和了這種危機。它把大乘佛教的「空」的思想提高到本體論的地位，爲大乘佛教提供了牢固的哲學基礎。龍樹被佛教徒尊爲「八宗祖師」，他的主要著作有《中論頌》、《大智度論》等多種，對後世佛教產生了深遠影響。

三、《摩奴法論》：社會等級秩序的完善

總的來看，由於統治階級的大力扶持，佛教在貴霜帝國時代進一步發展。不過，這個時期佛教主要是在帝國版圖內的發展，在貴霜王朝的力量未達到的中部和南部印度，佛教的影響遠沒有印度教的影響大。即使在貴霜帝國的版圖內，也不是佛教的一統天下。佛教主要在統治階層中受歡迎，而在廣大鄉村，印度教的影響似乎比佛教更大。在印度，一種宗教或思想流派的流行，通常不會以消滅其他派別爲條件，這是印度思想和文化的一個特點。佛教在當時社會的上層中流行的同時，印度教在民間也得到了進一步的復興。貴霜時代是一個佛教文化和印度教文化並行發展的時代。

印度教的復興和發展集中體現在這樣一個事實上：婆羅門祭司花費大量的精力，編纂和完備各類法典，用以規範人們的生活。這些法典幾乎包括了印度教徒的全部生活規範和道德倫理，這表明印度教社會的等級秩序日趨發達。在這些典籍中，以《摩奴法論》（*Manu-smriti*，舊譯《摩奴法典》）最爲著名。

《摩奴法論》是古代印度倫理規範的經典，屬於廣義吠陀文獻中經書類法經（Dharma sutra）部分（參見前「吠陀文獻」一節）。這類書早期叫「法經」，後期叫「傳承」。一些學者認爲，在《摩奴法論》之前還有一部《摩奴伐法經》的著作，後來亡佚，《摩奴法論》是在《摩奴伐法經》基礎上編纂的。該經典大約是西元前二〇〇至西元二〇〇年完成的。在印度法論史上，《摩奴法論》被認爲是一個里程碑，它起著承上啓下、繼往開來的作用。早期的法論著作「法經」到它爲止不再出現；後期的法論著作「傳承」則以它爲始、以它爲源，如後來的法典《祭言法論》、《那陀羅法論》、《毗訶跋提法論》等等，都是以《摩奴法論》爲權威，在它的基礎上進行修訂的產物。①

《摩奴法論》的作者託名於傳說中人類的始祖摩奴，實際上是由婆羅門學者完成的。全書共十二卷。前半部分以婆羅門爲主要對象論述印度教徒的「四生活期」，後半部分著重論述國王的行爲規範和國家的職能。全部內容涉及社會生活的各個方面，如人生禮儀、習俗、教育、道德、法

① 蔣忠新譯：《摩奴法論》，中國社會科學出版社，一九八六，譯者序。

律、宗教、哲學、政治、經濟、軍事和外交等。

這裡所謂的「法」（Dharma），和現代意義上的「法律」不是一回事。印度古代法律有兩個特點。第一，法律與宗教戒規連繫在一起；第二，各種姓有各自的法規。古代印度不存在所有人都應遵守的具有普遍意義的法律，《摩奴法論》實際上是每個種姓的行爲規範的匯集。不過，這部法典也包含現代法律的一些內容，它至少包括現代的憲法、民法、刑法、婚姻法、行政法、動物保護法的某些內容。當時的社會，隨著印度教的復興，在佛教興起時代曾一度衰落的種姓制度又獲得發展。這部經典繼承以前婆羅門系統法經的傳統，爲當時復興的種姓制度提供了理論基礎。它在第一章〈創世論〉中，借摩奴之口，重複了正統婆羅門經典的「種姓起源於眾神分割原人」的神話，賦予種姓制度以神學基礎，並詳細規定了各個種姓的地位、權利、義務、社會職責、行爲規範，試圖論證四個種姓及其職業的神聖性和合理性：

> 為了保護這整個世界，那具有偉大光輝者為由口、臂、腿和腳出生的派定了各自的業。
>
> 他把教授吠陀，學習吠陀、祭祀，替他人祭祀、佈施和接收佈施派給婆羅門。
>
> 他把保護眾生，佈施、祭祀、學習吠陀和不執著於欲境派給剎帝利。
>
> 他把畜牧、佈施、祭祀、學習吠陀、經商、放債、和務農派給吠舍。

那位主給首陀羅只派一種業：心甘情願地侍候上述諸種姓。②

《摩奴法論》可以說是一部維護種姓制度的法典。婆羅門在這個制度中處於最高地位：「世界上的任何東西全都是婆羅門的財產。由於地位優越和出身高貴，婆羅門的確有資格享有一切。」③法論規定了婆羅門有種種特權，如婆羅門無論犯何種罪行都不被處死刑，只是簡單放逐；當他們被禁閉在監獄中時，也比其他種姓得到寬大得多的待遇。婆羅門殺死一個首陀羅，只要作一次懺悔就行了，但若是低種姓殺死婆羅門，就要投入火中三次。④婆羅門可以有四個妻子，剎帝利可以有三個，庶民可以有二個，首陀羅只能有一個。甚至種姓不同，貸款的利息率也不同，在無擔保貸款的情況下，婆羅門每月付息百分之二、剎帝利付百分之三、吠舍付百分之四，首陀羅則必須付百分之五。

那些違反種姓規定、由雜婚而生的「不可接觸者」，在種姓秩序中沒有地位，他們被認爲是從解脫階梯上跌落下來的人，甚至他們存在的本身就被認爲是一種罪惡，其地位極爲淒慘。《摩奴法論》中專闢一章討論他們的分類和地位，對這些人的懲罰極殘忍，如割舌、斷肢、烙燙、切割陰

② 蔣忠新譯：《摩奴法論》，中國社會科學出版社，一九八六，I，八十七～九十一。
③ 同上引，I，一〇〇。
④ 同上引，XI，七十三。

莖、投水、向耳朵裡灌熔化了的鉛水、用燒紅的刺刀穿口等。[5]至此，印度的不可接觸制度以及對不可接觸者的歧視和迫害，已經體系化和法律化了。

值得注意的是這部法典對婦女的看法。印度婦女的地位經歷了一個變化過程。在吠陀時代，婦女的地位較高，那時婦女參與各種社會活動，甚至在《奧義書》中還有女哲學家出現，但後來她們逐漸被排斥，處於從屬男人的地位。此後印度婦女地位一直低下。印度有一個造人故事說：

在天地開闢時代，大匠（創造生物的神）到了要創造女人的時候，他發現在創造男子的時候已把所有的材料用完，一點實質也沒有了。在這進退兩難的時間，他入了很深的禪定，到出定以後，他就照下面這樣做了：他取月的圓，藤的曲，蔓的攀緣，草的顫動，蘆葦的纖弱，花蕊的豔麗，葉的輕浮，象鼻的尖細，鹿眼的瞻視，蜂的叢集，日光的炫耀，層雲的悲慟，飄風的變動，兔的畏怯，孔雀的浮華，鸚鵡頷下的柔軟，金剛石的堅硬，蜜的甘甜，虎的殘忍，火的熾熱，雪的寒冷，鵲的噪，鶴的虛偽，鴛鴦的忠貞，把這些性質混合起來造就了一個女人，然後把她送給男人。[6]

[5] 同上引，VIII，一二五。
[6] 轉引自〔印〕尼赫魯：《印度的發現》，世界知識出版社，一九五六，第一二三頁。

到了《摩奴法論》中，婦女地位大大降低了，婦女不准讀吠陀經典。《摩奴法論》也像中國舊禮教那樣，認爲婦女是禍水：「恥辱的起源來自女人，爭鬥的來源來自女人，塵世的存在也來自女人，因此必須除去女人。」「一個女性是有足夠的能力去將一個不僅是愚笨的男人從一個生活的正道上給拉了下來，即使是聖哲的男人也會如此。再將他們帶到情欲的深淵，或因此而墮落毀滅。」法論因此制定了女人一生必須服從男人的規定，提出了和中國舊禮教的「三從四德」相似的道德倫理：「無論在幼年、成年或者老年，女子即使在家裡，也絕不可自作主張。」「女子必須幼年從父，成年從夫、夫死從子；女子不得享有自主地位。」⑦「一個忠誠的妻子，對待她的丈夫必須如同對待神明，絕對不能對他有任何的不順從而使他感到煩惱。必須竭盡自己的一切忍耐與柔順溫和去設想他的處境，解除他的困擾。」⑧一個妻子如果違背了她的丈夫，她在來世會變作一條野狗。在這樣的導向下，婦女的殉夫行爲受到讚揚就不難理解了。《摩奴法論》沒有提到「薩提」（Sati）制，婆羅門教最初是反對這種行爲的，但後來就接受了它，並將它解釋爲一種宗教懲罰。《摩奴法論》可以說是把對婦女的歧視理論化、法律化了。

關於國王和國家，以前的經典（如《政事論》）把國家視爲國王的私有物，對國王與國家不作區分。而《摩奴法論》則前進了一步，它把國家與國王區別開來，而且出現了對國王和王權的

⑦ 蔣忠新譯：《摩奴法論》，中國社會科學出版社，一九八六，V，一四五～一四六。
⑧ 蔣忠新譯：《摩奴法論》，中國社會科學出版社，一九八六，V，九十五。

神化。諸經典都強調了國王的威嚴，把國王描述爲一種令人敬畏的存在。《摩奴法論》更是把國王比作神明，說國王是八位世界守護神（月神、火神、太陽神、風神、雷神、財神、水神和死神）的替身。⑨以往的經典多神化婆羅門僧侶，將國家王侯（刹帝利）列在婆羅門之下，而《摩奴法論》的一個重要特點是，在繼續神化婆羅門的同時，還神化君主，強調「君權神授」。這表明，當時的王權似乎已獲得高度發展，國王和統治者的地位升高，國家的專制王權已有牢固的基礎。國王既然具有了神性，就不再會受汙染。不過，國王不是不受任何約束的，國王也有自己的「法規」，他的任務是保護婆羅門和牛，維持種姓秩序，不遵守法規者仍會受到神的懲罰。

當然，《摩奴法論》是婆羅門知識分子編寫的，許多條目反映的只是婆羅門的一種理想，未必與當時社會

⑨ 同上引，V，一五四～六。

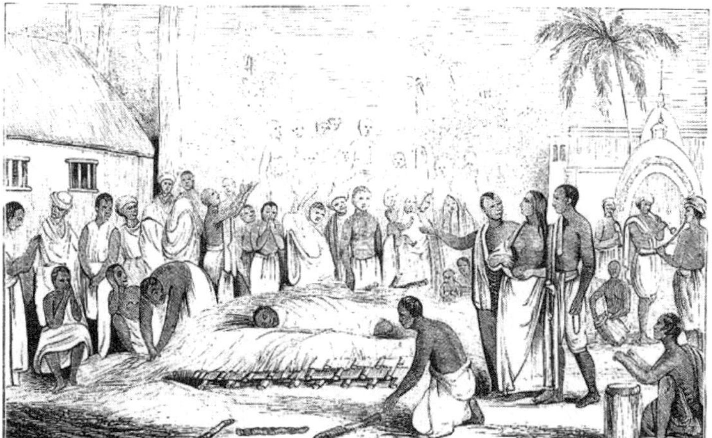

CEREMONY OF BURNING A HINDU WIDOW WITH THE BODY OF HER LATE HUSBAND.

圖6-4 宣揚寡婦殉葬的圖畫

實際相符，但它的確反映了當時印度教獲得復興、等級制度更趨嚴格的現實。二千多年來，《摩奴法論》一直是印度教社會法規的總匯，對印度教徒的生活具有指導意義。近現代許多國家的學者把它作為研究古代印度社會的基本文獻。該書有多種外文譯本，英譯本至少有七個，日譯本有二個，俄譯本有二個，還有德、法等多種譯本。⑩

四、文學

這個時代，兩大史詩繼續在民間流傳，並進一步得到補充。同時，也出現了最早的古典梵語詩歌和戲劇。

如前所述，梵語是古印度書面語言的通稱，它與流行的口頭語言（又稱俗語）有一定的差別。從語言發展上看，印度古文獻使用的梵語又分為幾種不同的情況：「吠陀梵語」、「史詩梵語」和語法學家帕尼尼規範化後的「古典梵語」。大約從西元一、二世紀，出現了用這種規範化了的梵語創作的文學作品，被稱為「古典梵語文學」。古典梵語文學到西元五、六世紀達到鼎盛，留下了大量優秀的作品。早期古典梵語文學作品的內容多是佛教方面的，後期的作品受印度教的影響更大。古典梵語文學是古代印度文化的重要組成部分。如前所述，印度文學從吠陀時代

⑩ 中文版有兩個版本。馬香雪由法譯本轉譯：《摩奴法典》，商務印書館，一九八二；蔣忠新依據梵文原文翻譯的《摩奴法論》，中國社會科學出版社，一九八六。

起，就與宗教密切連繫在一起，古典梵語文學的出現也不例外。最早的古典梵語文學家是佛教詩人馬鳴（Asvaghosa，西元一、二世紀），最早的兩部古典梵語詩歌是宣傳佛教的《佛所行贊》（*Buddhacarita*）和《美難陀傳》（*Saundarananda*），現存的戲劇片段也是宣傳佛教教義的。據《馬鳴菩薩傳》記載，馬鳴是中印度人，原本信奉婆羅門教，在一次和北印度佛教高僧脅尊者的辯論中失敗，於是皈依佛教，在中印度弘通佛法。後來被北印度的月氏王索去，此時大約是貴霜王朝的迦膩色伽時代。現存他的兩部詩歌都是敘事詩。

《佛所行贊》敘述的是佛陀從誕生直至涅槃的生平傳說。，佛陀降生爲釋迦族王子，從小享有榮華富貴；成年後與耶輸陀羅結婚，生下一子；後來的三次出宮遊歷改變了他的人生，即第一次遇見一位老人，第二次遇見一位病人，第三次遇見一位死人，他大惑不解，世人在面對這些人生痛苦時，爲何毫無知覺，麻木不仁？他深感人生苦多，應當尋求解決的辦法；但他不是實行社會改革，而是轉向宗教；他的父親淨飯王爲防止他出家，安排成群的美女誘惑他，但他不爲之所動；一天夜裡，他毅然離開王宮，到森林裡尋師求道；他在尼連禪河畔苦行，仍未獲解脫之道；最後在一棵菩提樹下潛心修行，戰勝魔軍和魔女的誘惑，終於得道成佛；佛陀得道後在各地宏揚佛法，度化弟子，直至逝世。馬鳴將佛陀的傳說用詩歌的形式表達出來，屬佛教詩歌的開山之作，對後世佛教文學藝術產生了很大影響。

《美難陀傳》講述的也是佛教故事。釋迦牟尼得道後返回故鄉迦毗羅衛宣道，看到異母兄弟難陀和美麗的妻子孫陀利沉溺在愛欲之中，感到有必要度化他們；在佛陀耐心勸誡下，難陀勉強出家，但他凡心難改，念念不忘愛妻，心中充滿痛苦；佛陀帶領他在天國漫遊，使他看到比塵世更美妙的景象；在天國，難陀迷上了比孫陀利更美的天女，渴望再生天國，這時，佛陀告訴他，只有潛心修煉才能再生天國；返回人間後，難陀對妻子和世俗生活失去興趣，開始修道，一心嚮往天國；佛陀的弟子阿難向他闡明，情愛不可能給人帶來眞正的幸福，甚至天國的歡樂也是暫時的，因爲一切人都受縛於生老病死和輪迴；難陀醒悟，表示不再渴望到天國求取天女，佛陀遂向他宣講佛法；難陀聽從佛的教導，隱居森林，潛心修煉，終修成阿羅漢。

沒有材料說明馬鳴是否受了兩大史詩的影響。但當時兩大史詩在民間廣爲流傳，作爲早年曾是印度教徒的馬鳴不會不知道這兩部史詩，受兩大史詩的啓發而創作這兩部佛教敘事詩也說不定。這兩部詩歌結構嚴謹，語言簡潔、純淨，修辭豐富，具有很高的藝術性。和兩大史詩以及其他印度文學作品一樣，這兩首詩都是宗教作品，目的是宣傳教義，故詩中有大量的有關解脫、摒棄愛欲等佛教說教。⑪

古典梵語戲劇大約也是這個時代興起的，當時出現了一些用古典梵語寫成的劇本。馬鳴不僅是一位詩人，還是一位劇作家，現存他三部戲劇殘卷。其中《舍利弗》爲九幕劇，現殘存最後兩幕。大意是：舍利弗尊佛陀爲師，他的朋友（丑角）勸道，剎帝利的學說對婆羅門不適宜；舍利弗反駁

⑪ 金克木：《梵語文學史》，人民文學出版社，一九六四；另見黃寶生：《印度古典詩學》，北京大學出版社，一九九三，第二一二～二一三頁。

道：難道低種姓配製的藥方就不能治病救人？難道低種姓提供的清水就不能解渴？這清楚地表明了佛教對社會的看法，也是對印度教種姓制度的抨擊；一位叫目犍連的人，見舍利弗生活快樂，問明原因後，與舍利弗一起皈依了佛教。馬鳴的其他戲劇作品僅存殘片，故劇情無法判斷。他的戲劇作品的特色是：詩文與散文兼有，劇中有喜劇性丑角，地位高的人說梵語，婦女、丑角和其他地位低下的人說俗語，有「上場」、「退場」等舞臺指示。這些劇本都是演給人看的，可以推測當時產生了比詩歌更大的影響。⑫

古典梵語戲劇的發展，出現了對戲劇實踐經驗和戲劇理論的總結，印度現存最早的戲劇學著作《舞論》（*Natyasastra*）大約產生於這一時代，該書的作者是婆羅多牟尼（Bharatamuni）。有關該書的作者和成書年代學術界有爭論，其原始形式大體形成於西元前後，而現存形式完成於四、五世紀。這是一本偉大的戲劇學著作。全書由五千五百節詩和部分散文組成，對戲劇和舞蹈的起源、性質、功能、表演和觀賞都有獨到的論述。這部書在當時可能是劇作家、導演和演員的手冊，重點是舞臺表演藝術，詳細規定了各種表演程式。

《舞論》全面總結了印度各種舞蹈的風格，這標誌著印度舞蹈的全面繁榮與成熟。印度古典舞蹈不僅變化多端，感情豐富，同時又非常規範。這得益於印度古代舞蹈藝術家們創造了一套豐富的「舞語」。印度古典舞蹈把身體各部位的動作劃分為三種格式（簡稱「格」），每「格」都有專門

⑫ 黃寶生：《印度古典詩學》，北京大學出版社，一九九三，第九～十頁。

的術語：「安格」指頭、手腕、胸部及大腿的動作；「普拉帝格」指手背部、腹部、腳及特有的頸部動作；「阿盤格」則包括眉毛、眼睛、臉頰、鼻子、嘴唇、舌頭、牙齒等動作。在這三格中，身體每一部位或每一器官的動作也變化無窮。單就眉毛來說，《舞論》規定的動作就達七種。眼睛表達感情的方式有三十六種，眼珠轉動的快慢可以表示圓圈或八字。手勢的表現更爲豐富，《舞論》中共記載了六十七個手勢，其中單手勢二十四個、聯手勢十三個、舞手勢三十個。甚至今日印度舞蹈的藝術形式、造型、身段、手勢及表情等，還常以這部著作爲根據。

《舞論》以舞蹈、戲劇爲主，音樂也占據了相當的篇幅，其中第二十八至三十六章論述音列、音階、調式、音律等，對二十二音律、七聲音階等進行了詳細的論述，還涉及了樂器維納琴（Vina，弦樂器）等的演奏法。《舞論》把樂器分爲四類：弦樂器、革鳴樂器、體鳴樂器和氣鳴樂器。主要使用各種類型的鼓、笛子和維那。其中以打擊樂的鼓爲主，如托爾鼓，波卡維吉鼓、黑傑爾鼓等。印度的音樂裝飾體系十分複雜，據說有六十多種。

更爲重要的是，該書提出了印度戲劇理論的兩個重要概念：「味」和「情」。「味」是戲劇藝術的感情效應，即觀眾在觀看戲劇演出時體驗到的審美快感。《舞論》總結出了八種「味」：豔情味、滑稽味、悲憫味、暴戾味、英勇味、恐怖味、厭惡味。「情」即情感，亦即劇情表達的情感。《舞論》總結有四十九種「情」，其中，能引起「味」的「情」有八種，稱爲「八常情」，有愛、笑、悲、怒、勇、懼、厭、驚。「味」產生於「情」，「八味」與「八常情」相對應。《舞論》又進一步分析了「情」的產生：「情」是「情由」（原因）和「情態」（表情變化）和「不定情」

（隨時變化的情感）的結合產生的。《舞論》對八種味及相應的常情、情由、不定情都做了詳細而具體的描述。⑬「情味」理論是印度獨特的文藝理論，該理論雖然是對戲劇理論和表演藝術的總結，但它的意義遠遠超出了戲劇藝術，普遍適用於其他文學形式以及文學以外的藝術形式，對後代印度文學藝術和文藝評論產生了重大影響。

五、雕刻藝術

這個時代流傳下來的雕刻藝術品，主要是佛教方面的。與以前相比，此一時期的佛教雕刻有兩個明顯的特點。第一，大量佛像的出現。從宗教史的意義上看，這標誌著印度佛教佛陀觀的變化。原始佛教反對偶像崇拜，早期的佛教藝術品中，佛陀的形象都用菩提樹、法輪等物代替，但後來佛像出現了；在犍陀羅藝術中，對佛陀偶像的崇拜更是達到了一個新階段。從藝術史的角度看，自這個時期始，印度人像的雕刻進入了一個嶄新階段，也對後來印度乃至中國等東亞的佛像雕刻產生了

⑬ 中國學者黃寶生著有《印度古典詩學》（北京大學出版社，一九九三）對古典梵語戲劇、詩歌及《舞論》一書內容有較詳細研究。另外，金克木先生譯出《舞論》部分章節，見金克木：《古代印度文藝理論文選》，人民文學出版社，一九八〇。另據黃寶生先生的介紹，《舞論》一書的抄本直到十九世紀下半葉才被發掘整理。一八九四由印度學者K.P.Parab首次編校出版了該書的三十七章本。現有英譯本兩種：一種是M.高斯的兩卷本（加爾各答，第一卷，一九五〇；第二卷，一九六四），另一種是新近問世的譯本（德里，未標明出版年代）。

深遠影響。犍陀羅藝術在印度乃至世界雕刻史上占有重要地位，歐洲學者曾認爲犍陀羅藝術是古代印度唯一能夠在藝術領域中占一席之地的學派，許多人還把它看作是印度和遠東藝術發展的源泉。儘管這有些言過其實，但一定程度上說明犍陀羅藝術的價值。

第二個特點是，藝術風格上受希臘雕刻的強烈影響。這個時期的藝術可以說是傳統佛教雕刻藝術與希臘雕刻藝術的結合，這也是貴霜帝國的國際性在藝術領域裡的一個反映。

這個時期的藝術有兩個派別，即犍陀羅藝術和馬圖拉藝術。這兩個學派都大約產生在貴霜王朝時代，都分佈在貴霜帝國的中心地區——西北印度。這裡是印度文化與西方文化和中亞文化的交會地帶。兩個派別地理位置接近，有許多共同的地方，但也有一些差異。

犍陀羅是古地名，其範圍大體在今巴基斯坦的白沙瓦和阿富汗東部一帶。這一帶原來由希臘諸王統治著，在文化和藝術上受希臘、羅馬的影響較大。貴霜王朝建立後，這種影響仍然存在。自

圖6-5　帶有古希臘風格的佛頭像（犍陀羅西元4世紀）

圖6-6　佛陀立像

十九世紀以來，相繼在今巴基斯坦的白沙瓦、旁遮普的呾叉始羅、喀布爾河流域的一些遺址中，發掘出許多佛像雕刻藝術品。這些藝術品大體屬於貴霜王朝時代，具有相同的藝術風格，表明這個時代印度雕刻藝術中曾有一個新的流派，後人稱其爲「犍陀羅藝術」。

犍陀羅藝術的最大特點是印度與希臘風格的融合。前面講到，貴霜人與西方有密切的貿易來往，印度文化與西方文化在這裡相遇，發生了激烈的碰撞和融合，產生了一種新的混合藝術。在雕像方面，希臘人有「神人同形同性」的觀念，也有按照人來塑造神像的傳統，這種傳統與當時佛教中出現的偶像崇拜現象結合起來，形成了犍陀羅藝術的主要特點。在犍陀羅藝術品中，不再用象徵的手法表示佛陀的形象，出現了大量佛陀本人的偶像。而且，佛陀造像和希臘神像極其相似。在淺浮雕上的「佛陀聖蹟圖」中，我們看到菩薩化爲小象降入母胎，摩耶夫人立在蘭比尼園中的樹下，小兒自她右脅下生出。剛降生的佛陀有著可愛的赤身和光環，很像基督教藝術中的幼年耶穌的形象。佛陀的妻子像一位穿著羅馬人衣服的美麗女子。在「涅槃圖」中，佛陀側身右臥，以右手支頤，衣服的折紋保持直立時的形狀，在他的周圍是哀悼他的比丘和比丘尼。全部情景與基督教藝術中的基督升天圖等十分相似。由此可以推測，當時的工匠受古希臘—羅馬藝術風格影響，許多人可能就是來自希臘—羅馬。甚至有的學者認爲，犍陀羅藝術與其說是印度藝術的一支，不如說是希臘—羅馬藝術在亞洲的最東部的一派⑭。不過，犍陀羅藝術所具有的印度文化的內涵是不容忽視

⑭〔法〕雷奈·格魯塞：《印度的文明》，商務印書館，一九六五，第四十九頁。

的。

當時的希臘—羅馬人已有豐富的解剖學知識，所以他們雕刻的佛像不僅姿態生動，線條準確簡練，衣紋襞褶富於質感，但犍陀羅的藝術家們對自然景色和動物的雕刻不如桑奇派的藝術家們。

犍陀羅藝術中著名的雕刻作品有：

佛陀頭像，藏於倫敦大英博物館，西元四世紀作品，由英國人一九一二年在撒里巴胡勞爾伽藍遺址發掘所獲，頭像材料是青灰色雲母質片岩。這是一尊被毀壞了的佛陀立像的頭部，除右耳垂稍殘外，其餘部分基本保存完好。帶有濃厚的希臘風氣，其臉龐爲橢圓形，細密的波紋髮式，半月形的細長眉毛，深眼窩，大眼睛，高挺的鼻樑，薄嘴唇。整個形象，除了白毫、長耳垂肩等特點外，更像是希臘神祇。

佛陀立像，現藏於白沙瓦博物館，西元三世

圖6-7　佛頭像（犍陀羅）

圖6-8　立佛像

紀作品，發現位址與前述頭像相同。

另一尊佛陀立像，藏於法國基美博物館，西元二世紀作品，材料爲青灰色雲母質片岩。佛陀呈立式，高一百四十公分，身著通肩式袈裟，衣紋厚重，呈「U」或「V」字形。其頭部和顏面特徵與上述佛陀頭像基本一致，只是在表現技巧方面更爲精細。佛陀立像頭後附平板圓輪形光環，這是犍陀羅佛像的典型特徵。佛陀頭像和立像可以說是犍陀羅佛像雕刻的代表作。

菩薩立像出土於犍陀羅，現藏於法國基美博物館，被認爲是西元一五〇至二〇〇年間作品，材料爲青灰色雲母質片岩，高五十六公分。

釋迦苦修像（亦稱「苦行的菩薩」）現藏於拉合爾博物館，發現於西克利（Sikri），約西元二世紀後期作品。整個作品採用了希臘雕刻的寫實技巧，表現了佛傳故事中佛陀在尼連禪河畔苦修的情景。佛陀形容枯槁，青筋暴露，雙眼深陷，滿臉胡茬。從骨骼筋絡上看，和人的解剖學特點十分符合。美術史家認爲，這件作品無論從外形還是內在精神來看，都達到相當高的藝術水準，稱得上犍陀羅藝術中最精美的作品。

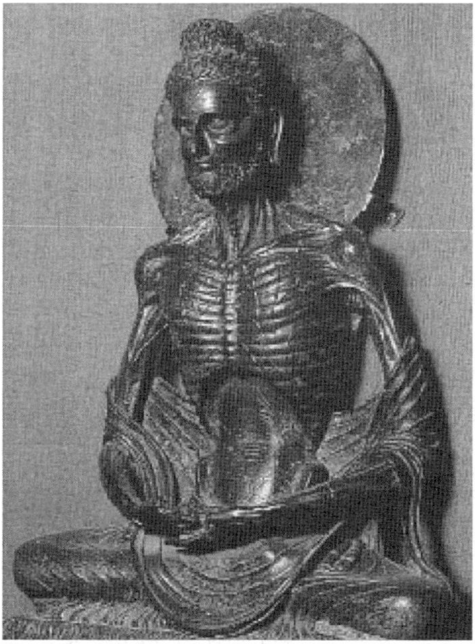

圖6-9　釋迦苦修像（犍陀羅）

差不多與犍陀羅藝術同一時代，以馬圖拉爲中心，還流行著一個藝術流派。馬圖拉在貴霜王朝時期也是一個繁華的商業城市和宗教聖地，是東西文化交匯的要衝，地位僅次於犍陀羅。佛教造像的風氣是在犍陀羅的影響下形成的。在藝術風格上，馬圖拉雕刻也受希臘－羅馬風格的影響，但沒有犍陀羅藝術那樣明顯。如果說犍陀羅藝術屬於希臘－羅馬雕刻的印度學派的話，馬圖拉雕刻則屬於本地派。有的印度學者認爲馬圖拉藝術完全沒有受到希臘藝術的影響，其實不然。二者皆受西方雕刻藝術風格的影響，只是程度有別。藝術史上常把二者並稱。這個流派到了後來的笈多王朝時代獲得更大的發展。初期馬圖拉藝術作品的代表有：

提鳥籠和挑逗鸚鵡的藥叉女像，這是欄杆柱上浮雕，大約是二世紀後期作品，現藏於加爾各答博物館，材料爲黃斑紅沙石。主要表現藥叉女右手提方形鳥籠，左手曲壓於胯部。有一鸚鵡站立在藥叉女的左肩上，鸚鵡的嘴正啄藥叉女的頭髮。藥叉女雙足踏一裸體的趴地侏儒。她全身裸露，雙手佩戴臂釧和手環，雙腳佩戴足釧，小腹有腰環和瓔珞裝飾，左手腕有繒帶纏繞曳地。頭左偏呈挑逗狀，全身呈「S」形，這是馬圖拉派表現女性時常用的「三曲法」。藥叉女豐乳、細腰、大臀，十分嫵媚。藥叉女上方還有半身裸體男女一對，正作調情狀。整個作品表現出馬圖拉派那種注重肉感的藝術風格。這件作品更像是印度教的作品，而不是佛教的作品。

佛陀立像出土於馬圖拉，藏於馬圖拉博物館，大約是西元一世紀作品。佛陀體魄健壯，雙腳齊肩寬叉開站立，左手曲壓腰間，身著右袒式袈裟，腰間繫帶，左手挽住袈裟下擺。面型豐圓，弓眉，目睜，唇厚，嘴角微微上翹，頭頂既無肉髻也無波紋形髮式，光頭。袈裟緊貼肉體，質地很

圖6-10　坐佛像（馬圖拉）

薄，衣紊細密，多呈平行狀。風格與犍陀羅佛像有很大差異。

　　佛陀坐像，出土於伽陀拉，現藏於馬圖拉博物館，西元二世紀作品，使用材料也爲黃斑紅砂岩。佛陀坐於獅子座上（座正面刻有三隻獅子），右手施無畏印，左手曲置於膝上，手腳皆刻有縵網。身著右袒式袈裟，輕薄如蟬翼，透體似濕衣貼身。方圓臉，眉細稍上挑，鼻直唇厚，下顎短而豐圓，兩耳肥大，光頭，頂上右旋高螺節。頭後部有淺浮雕的光板圓輪形頭光，頭光後有菩提樹，頂上左右各有一飛天。美術史家認爲，這尊坐佛像算得上是初期馬圖拉派最精美的作品。⑮

⑮ 關於此一時期的美術，可參閱常任俠編著：《印度與東南亞美術發展史》，上海人民美術出版社，一九八〇；劉長久：《論印度犍陀羅與馬圖拉雕刻藝術風格》，載《南亞東南亞評論》第一輯（一九八八）；葉公賢、王迪民編著：《印度美術史》，雲南人民出版社，一九九一。

第七章 笈多時代的文化：印度教文化的全盛期

一、笈多王朝的興起與北印度的統一

印度的歷史猶如一長河，在它的大部分時段裡，都是水流湍急而混亂，只在少數幾個時段水面平靜而寬闊。孔雀王朝和貴霜王朝是這樣的時段，笈多王朝亦是這樣一個時段。

西元三世紀，統治中亞和北印度大部分地區的貴霜帝國已經瓦解，北印度再次分裂爲眾多小國家。摩揭陀國君主旃陀羅·笈多一世（約西元三三〇年）乘機興起，奪取華氏城，在恆河流域東、中部建立了笈多王朝。到沙摩陀羅·笈多（約西元三三〇至三七五年間）統治時代，笈多王朝大規模向外擴張，他在征服恆河上游及印度河流域東部後，又揮師南下，征服奧里薩和德干東部，勢力一度擴張到南印度馬德拉斯西南地區。他海上的勢力擴大到馬來半島、蘇門答臘和爪哇等地的印度人僑居地區。他武功顯赫，英國史學家A.史密斯稱他是印度歷史上的拿破崙。他挫敗了外國在印度的統治，爲印度歷史上另一個輝煌的大帝國——笈多帝國——的出現奠定了基礎。

沙摩陀羅·笈多由他的兒子旃陀羅·笈多二世（超日王）繼承，後者在位時間大體是西元三七五至四一五年。超日王繼續實行對外爭戰政策，他一方面用聯姻的辦法，加強與北印度和德干地區酋長們的關係，以穩固自己的統治地位，同時向統治西北印度的幾個塞種人小王國進攻，繼續擴大帝國的版圖。到西元四〇九年前後，除了喀什米爾以及印度南端的一些小王國外，幾乎統一了全印度，其版圖與孔雀王朝相當。

笈多王朝統治下的印度，經歷了約一百餘年的政治統一和社會安定時期。王朝實行中央集權制，由中央政府控制著下面眾多的小王公，王公下屬的官吏管理著行政。在這個時期內，以經濟富庶、人口稠密的恆河流域爲中心，經濟獲得了空前的發展。旃陀羅·笈多二世重視水利灌溉工程的建設，修復了許多被破壞了的大型灌溉設施以發展農業。較輕便的鐵鏵犁，鐵製的鋤、鏟、鐮已在農業中廣泛使用，施肥、輪種等農業技術也已普及，這促進了農業的發展。政府把土地永久性地賜給一些婆羅門和剎帝利貴族，逐漸發展起來一種土地分封制度，故笈多王朝被歷史學家稱爲封建制社會。土地分封制度刺激了受封者開拓邊緣地區、使用農業新技術的積極性，但在這些封建領地裡，農民被固定在土地上而失去了自由，成爲半農奴。笈多王朝的手工業也有很大的發展，特別是在冶鐵、棉紡織和造船技術方面有較高的成就。西元五世紀在德里附近豎立的一根刻有旃陀羅·笈多二世名字的巨大鐵柱，至今尚未鏽蝕。紡織品不僅花色品種多而且質地優良。當時的工匠可造出長達六十餘公尺的大型多槳帆船，可運載二百餘人。商人利用印度洋上的季風能日行八十餘海浬。笈多王朝控

圖7-1　笈多王朝的錢幣

制著孟加拉和西印度沿海港口，和當時的拜占庭帝國、希臘、埃及和阿拉伯世界進行廣泛的貿易。對東南亞及中國的貿易主要是通過恆河三角洲以及羯陵伽港口，即沿「海上絲綢之路」進行的。印度商人經麻六甲海峽到達過中國的廣州進行貿易。當時帝國使用統一的貨幣地那拉（Dinara）。由於工商業的發達，城市裡出現了一個富裕的工商階層，這些人成爲高雅文化的消費者。中國東晉高僧法顯赴印度求法，歸國後撰寫的《佛國記》（即《法顯傳》），稱讚笈多王朝統治者施仁政，「人民殷樂」，實際上當時正是王朝的鼎盛時期。

旃陀羅．笈多二世還實行宗教寬容政策，扶持學術文化，使古老的印度文化的各個方面——宗教、哲學、戲劇、詩歌、藝術，以及天文學、數學等科學技術——都呈現出繁榮的局面。這是一個人才輩出的時代，據說旃陀羅．笈多二世當政時，身邊有九位大學者，號稱後宮「九寶」。這九位學者是：劇作家和詩人迦梨陀娑（Kalidasa）、天文學家彘日（Varahamihira）、名醫丹文塔里（Dhanvantari）、耆那教聖人克沙帕納卡（Kshapanaka）、字典學者阿馬拉．辛哈（Amara Sinha）、數學家桑庫（Sanku）、詩人貝塔拉．巴塔（Betala Bhatta）和加塔．卡爾帕拉（GhataKarpara）、文法學者瓦拉魯奇（Vararuchi）。

大約五世紀中葉，匈奴人侵入北印度，笈多王朝逐漸衰落。到六世紀初，各地方勢力紛紛獨立，帝國陷入四分五裂。

印度歷史上有三個最著名的強盛統一的王朝：孔雀王朝、笈多王朝和莫臥兒王朝。這三大王朝的文化性格是不同的：孔雀王朝盛行佛教文化，後來的莫臥兒王朝盛行伊斯蘭教文化，而笈多王朝則是印度正統文化——印度教文化——的全盛期，也可以說是印度文明的全盛期。笈多王朝被一些民族主義歷史學家稱爲印度的「黃金時代」，其在歷史上的地位可與中國的盛唐相媲美。從文化上看，在宗教、哲學、文學、藝術等出現全面繁榮的同時，印度文化也趨於成熟和定型。雖然該王朝在政治上的霸權只延續到五世紀末，但這個時代開創的文化一直持續到七世紀以後。所以，文化史意義上的「笈多王朝時代」要比政治史上的時期長一些。

二、新型婆羅門教——印度教的全面復興和繁盛

笈多王朝時代，統治者大力扶持、復興印度教，社會出現了向傳統婆羅門教復歸的傾向。一些已長期廢棄不用的祭祀活動，如規模宏大的「馬祭」等，在這個時期又恢復了。在統治階級的支持下，婆羅門教幾乎獲得了國教的地位。

此時的婆羅門教發生了較大的變化。它改變了以前墨守成規的狀態，大量吸收佛教和耆那教的教義和教規，也融合了許多民間和地方的信仰習俗，逐漸成爲一種包羅多種神明、多種哲學思想、多種祭祀儀規和多種生活方式的混合體。婆羅門教向印度教的轉化大體是在這個時代完成的，今日印度教的基本特點大體在這個時代就形成了。

(一)史詩的完成和《往世書》的編纂

兩大史詩一直在民間流傳，並且內容愈來愈豐富、篇幅愈來愈長。笈多王朝的統治者認識到從思想上教化人民的重要性，他們推崇這兩部宣揚印度教精神、維持正統社會秩序的敘事詩。婆羅門學者不斷在史詩中增加反映印度教思想的內容，使史詩中的說教的成分愈來愈多。經過許多婆羅門學者和民間藝人的不斷補充，兩大史詩在笈多王朝時代已基本形成今日的規模。應當指出，婆羅門知識分子在史詩的最後定型上起了決定性作用。

圖7-2 難近母神像

在統治階級的支持下，婆羅門學者繼續修訂、編纂各類法典，爲當時的社會秩序提供理論支持，《耶賈那瓦爾基耶法論》、《那陀羅法論》等就是這個時代完成的。這些法論和《摩奴法論》的內容大體相似。大量印度教法規文獻的編纂，表明了統治階級和婆羅門祭祀試圖規範人們的生活和思想的努力。

這一時期還出現了一類新的經典：《往世書》（*Purana*，亦譯《古事記》）。《往世書》是在對史詩的一些內容進一步發揮的基礎上，吸收了大量印度教哲學思想、民間信仰和神話故事編纂而成的。據說作者是廣博仙人（Vyasa），但和其他典籍一樣，《往世書》也是許多人共同完成的，把它視爲集體創作似乎更妥。《往世書》的形成也經歷了一個漫長的過程，甚至到了笈多王朝時代仍沒有最後完成（一說這個過程直到西元十世紀左右）。現存《往世書》共十八部（另有小《往世書》十八種），即：《梵往世書》、《蓮花往世書》、《毗濕奴往世書》、《濕婆往世書》（一名《風神往世書》）、《薄伽梵往世書》、《那羅陀往世書》、《摩根德耶往世書》、《火神往世書》、《未來往世書》、《梵轉往世書》、《林伽往世書》、《野豬往世書》、《室犍陀往世書》、《侏儒往世書》、《龜往世書》、《魚往世書》、《大鵬往世書》、《梵卵往世書》。其中最古老的《風神往世書》大約成書於西元二七五年以前。較重要的有《毗濕奴往世書》和後來編纂的《薄伽梵往世書》。後者鼓吹專心愛神（虔信）。《往世書》是印度教的重要經典，其內容講的是自宇宙創造以來的事，實際上是印度神話故事、歷史傳說的彙編。早期的《往世書》大體包括五項內容（五相）：1.關於宇宙的創造；2.宇宙的破壞及再建；3.諸神以及諸聖仙的系譜；4.人祖摩奴所統治的漫長時期；5.日族和月族兩個王朝的歷史。但後來《往世書》篇幅和內容不斷擴大，因此又有人提出「十項」，除上述五項外還包括哲學、宗教儀式、習俗、政治、法律、天文、醫學乃至軍事等方面的豐富材料。其中對毗濕奴和濕婆大神的讚美尤其多。當然，《往世書》多屬神話和傳說，但其中也摻雜著某些歷史眞實。它比吠陀、《奧義書》等經典更通俗易懂，比史詩和神話故事更具經典性，它實際上是二者的結合。他在一般民眾中影響很大，是印度教各教派所依據的經典，也是後代許多文學作品取材的重要源泉。它的編纂說明，印度教的整個體系已大體定型了。①

(二)印度教諸神

原來婆羅門教的諸多神明，有的被淡忘，有的大大改變了形象。在已定型了的印度教中神明的數目比婆羅門教的神明多得多。一種說法是，印度教信奉三．三三億個神。實際上印度教的神明是無數的。從諸神的身分來看，有完全的神，有半人半神，有半獸半神，也有精靈、仙人、被神化了的動植物和自然物等等；從來源上看，有的是從婆羅門教繼承下來的，有的則是地方神祇；有的得到普遍承認，有的僅屬地方信仰。在印度教的萬神殿中，有三位主神，即梵天、毗濕奴和濕婆。關於這三位主神之間的關係，說法不一。根據《諸王世系》的說法，毗濕奴神和濕婆神只是同一個神的兩個不同名字。而根據後代的《往世書》以及許多文藝作品的說法，三主神「三位一體」，梵天代表宇宙最高原理，爲世界創造之神，毗濕奴是維持之神，濕婆是破壞之神。印度教按對三位主神的不同崇拜分成許多教派。除三大主神外，還有許多神祇。三大神和其他神祇的關係有幾種類型：1.三大神的化身，如毗濕奴就有十個化身；2.主神及其化身的親屬或配偶，如濕婆的妻子恆河女神杜爾伽（難近母）、克里希那的妻子拉達等；3.與主神或其他神明有關的動植物或自然之物，如濕婆的坐騎母牛、菩提樹、林伽（男根）等。三主神之間以及三主神與眾神的關係，說明了印度教試

① 季羨林主編：《印度文學史》，商務印書館，一九九一，第三編，第二章。

圖把不同的宗教成分和崇拜對象融匯一體的努力。當然，印度教發達的神明體系不僅僅是在笈多時代形成的，它經歷了很長的過程。不過，笈多王朝提倡印度教的做法，無疑對印度教萬神殿的形成起了重要作用。

印度教三大主神及其相關的形象大體如下：

1. 梵天

是印度教主神之一，據說司掌宇宙之創造。他是由吠陀文獻中的「梵」演化而來。它不生不滅，無始無終。萬物由它創生，又復歸於它。它的形象是四頭四手，騎一白鳥，巡視四方。他曾創造出娑羅室伐底（辯才天女）爲妻，娑羅室伐底在神話中是智慧、文藝和科學的保護神。梵天在吠陀文獻以及兩大史詩中是很重要的神，在佛教中爲護法大神，亦有一定的地位，但到了後來興起的印度教中，它的地位降到毗濕奴和濕婆之下。實際生活中崇拜他的人並不多。一說是因爲他創造了世界便盡了他的天職；另一說是因爲他將自己的女兒做妻，犯了逆倫的大罪，因此不值

圖7-3　藝術女神娑羅室伐底

得崇拜。在現實生活中對其妻娑羅室伐底的崇拜則很流行。

2. 毗濕奴

在古老的《梨俱吠陀》中就有關於他的傳說，稱他三步跨越地、空、天三界，從魔鬼手中奪回了整個世界。在後期吠陀文獻中，他的地位有所提高，而到了笈多時代的印度教中，他已演化爲具有非凡神力的世界保護之神，與濕婆同樣是印度教中最受崇敬的兩大神祇之一。《往世書》上說他有四隻手，分握輪寶（象徵圓周的無限時間）、法螺（象徵無所不在的虛空的聲音）、蓮花與仙杖（象徵摧毀一切仇敵的力量），騎著金翅大鵬鳥或躺在巨蛇身上，肚臍上生出一朵蓮花，上坐梵天。印度教賦予毗濕奴以溫和、親愛的性格，但他發起怒來也異常得可怖。佛教稱他爲「遍入天」神。印度教徒說他有一千個稱號，有衆多的化身。一般典籍說他有十個重要化身，都是在關鍵時刻拯救了世界。這十個化身是：

⑴魚：源於一個洪水傳說。相傳遠古時代一個叫摩奴的苦行者在恆河沐浴時，救了一條被大魚追吃的小魚，小魚告訴他，今夏要發洪水，將摧毀世界。摩奴造了一條大船，當洪水到來的時候，那魚牽引著摩奴的船到安全的地方，使摩奴倖免於災難。此後摩奴的子孫繁衍，人類就是摩奴的後代，而拯救了人類的魚就是毗濕奴的化身。此傳說頗似基督教中的洪水傳說。

⑵龜：據說眾神與魔鬼阿修羅爭著攪拌乳海，都希望得到不死的甘露，毗濕奴化身爲龜，以須彌山爲棒，以神龍爲繩。龜背負著棒，使眾神能夠搶在阿修羅之前得到甘露，從此奠定了諸神及魔鬼

的地位。

(3)野豬：惡魔毗羅尼亞戈娑把大地沉入大海，眼看世界將亡，毗濕奴化身為野豬，潛入浩瀚的海中，殺死惡魔，把大地拉了上來。

(4)人－獅：惡魔毗羅伽西婆無惡不作，無論是人還是獸都對他無可奈何，但他懼怕非人非獸。毗濕奴化身為半人半獅形象，以非人非獸的樣子殺死了惡魔。

(5)侏儒：此傳說由吠陀神話演化而來。惡魔巴厘搶走了世界，毗濕奴化為一侏儒，向巴厘乞求跨三步路的土地作為立身之地。巴厘答應後，毗濕奴大顯神通，一步跨越地界，二步跨越空界，三步跨越天界，從惡魔手中奪回了整個世界。

(6)持斧羅摩：一個時期，世界上的剎帝利傲慢跋扈，毗濕奴化身為持斧羅摩，將他們殺死，從而確立了婆羅門至上的社會。

(7)羅摩：即史詩《羅摩衍那》中男主人公，十車王的兒子。印度教把他神化為毗濕奴的化身。

(8)克里希那：意譯為「黑天」，印度教英雄。傳說他的父母生過六個兒子，均被惡人康沙殺害。為了懲治這個惡人，毗濕奴拔下自己身上黑白兩根頭髮，其中一根便是克里希那。他出生時身穿琥珀衣，黑面，四隻手分執法螺、輪寶、仙杖和蓮花。他吩咐父母立即把他送到亞穆納河對岸一個牧場，與那兒一個出生的女孩調換。此後克里希那便在牧場長大。他自幼調皮機智，勇敢可愛，附近的村女都喜歡他。其中一位叫拉達的少女，成了他的妻子。此後，康沙囚禁了自己的父王及克里希那的父母，自立為王。克里希那長大後殺死了康沙，救出老國王和自己的父母。故事還敘述克里希那幫助表兄般度族的五王子奪回王位的故事。他充當般度族王子阿周那的戰車馭手，當阿周那作戰前猶豫不決時，克里希那向他訓誡一番，終於使阿周那鼓起勇氣，投入戰鬥。這就是史詩《摩訶婆羅多》中的故事。克里希那在印度是一個家喻戶曉的人物，深受普通人民的喜愛。學術界認爲「黑天」這個形象原來可能是次大陸土著人（膚黑）的神祇。這表明印度教在形成過程中，土著文化與雅利安文化發生了融合。

(9)佛陀：即佛教創始人釋迦牟尼。印度教認爲，由於世道日下，道德頹敗，以羅刹爲代表的惡人勢力囂張。爲了將他們導向失敗，毗濕奴化身爲佛陀降世，創立佛教，鼓吹錯誤理論，讓羅刹等惡人放棄吠陀經典，放棄聖典規定的正確的祭祀和種姓制度，以使他們失去力量的來源，從而走向滅亡。印度教把佛陀視爲毗濕奴的一個化身，這表明印度教具有巨大的包容性。不過，在毗濕奴眾化身中，佛陀是作爲一個反面形象出現的。

(10)伽爾基：未來將出現的救世主。據說現在的世界道德淪喪，將要毀滅。在世界毀滅前，毗濕奴將再次化身降臨人世，拯救世界（近代有的印度教徒認爲聖雄甘地就是毗濕奴的第十個化身）。

3. 濕婆

吠陀文獻中已出現，但地位不高，印度教將他升格爲一位具有無窮法力的宇宙毀滅和重建之神。他住在喜馬拉雅山（一說曼陀羅山），平時騎一白色牡牛，手拿神槍、神弓、戰斧和金剛杵。他也經常被塑造成三頭、四面、十臂等形象，手執十八般兵器，或做各種神祕的手印。他也有不同的性格和名稱，在印度教神話中常以以下幾種形象出現：

(1)破壞之神：面目猙獰，性格狂暴，頸掛髑髏，經常住在墓地，遊蕩於鬼靈之間，管理死者的「時限」，被稱爲鬼靈之主，但他也有善良的一面，據說只要不斷向他供奉、崇拜和祈求，他就會變得溫和，並能照顧窮人、幫人治病，保護藝術和思辨。他的脖子爲青色，據說是爲了保護世界吞食衆神攪拌乳海時產生的毒藥引起的。當他毀滅世界時，顯現黑相，被稱爲「大黑」。學者據此認爲他原屬於皮膚較黑的次大陸土著居民的神祇。

(2)再生之主：以男根（林伽）代表其形象。後代印度教中發展出一支以崇拜林伽爲特徵的林伽派。

(3)「偉大的苦行者」：神話中描繪他赤身裸體，三眼四手，頭盤法辮，額繪一彎新月。據說恆河神下凡時先落到他的頭上，再流到大地，故又被稱爲恆河的保護者。

(4)「舞王」：善於跳可怕的宇宙毀滅之舞，故被認爲是印度舞蹈的創立者。

此外，在印度文藝作品中他還有獸主相、半女相、三面相等形象。②

圖7-4　濕婆神的形象之一林伽（8世紀）

②王鏞：「濕婆諸相」，《南亞美術史論》一九八六年第一期。

㈢宗教儀式

如前所述，「祭祀萬能」曾是婆羅門教的重要特點之一。佛教和耆那教反對婆羅門教的繁瑣儀式和殺生獻祭活動。新興的印度教吸取了兩個宗教的一些思想，不再強調「祭祀萬能」，簡化了繁瑣的祭祀儀式。儘管如此，印度教仍繼承了婆羅門教的大部分儀式，祭祀活動在印度教徒生活中仍占重要地位。

這一時代印度教的祭祀活動仍主要有兩大類，一類是公祭，一類是家祭。公祭是在寺廟，或公共場所舉行的大型祭祀活動。婆羅門教的活動中心是吠陀祭壇而不是寺廟。可能是受佛教的影響，自笈多時代以來，印度各地開始大量修建印度教寺廟，宗教中心從祭壇轉移到神廟。這些寺廟中通常供奉著各種神祇，廟外也飾以神像。大的寺廟有專職祭司，寺廟周圍通常聚集著大批聖者、游方僧、星相家、占卜者、巫師、舞姬等。平日香火不斷，每逢宗教節日舉行大型祭神活動，更是人山人海，場面熱烈。寺廟不僅是印度宗教活動中心，通常也是經濟、商業和文化中心，歷史上常常有爲爭奪某一著名寺廟而發生戰爭的例子。與寺廟的興起相連繫，還出現了多處印度教聖地，是

圖7-5　濕婆神的形象之一林伽（西元8世紀）

這個時期印度教祭祀活動的一個重要變化。

家祭是指在家庭中舉行的祭祀活動。這個時期的祭祀活動的內容也與早期婆羅門教略有不同。從理論上說，「再生族」印度教徒（婆羅門、刹帝利和吠舍）每天要進行五大祭：1.梵祭，即誦讀吠陀經典；2.祖先祭；3.天神祭，供奉火神、酒神、雷神、水神、日神等；4.精靈祭；5.客人祭，即按照規定每天向乞食者佈施。

印度教繼承了婆羅門教關於人生的多種禮儀（參閱本書第四章第三節）。除此之外，還增加了與四生活期相關的若干禮儀，如林棲禮（五十歲左右）和遁世禮（七十歲以後）等。不過，並非每個印度教徒都能做到這一點，而且祭祀活動也不像以前那樣具有絕對神聖的意義了，許多情況下只是一種習俗而已。

(四)種姓制度的發展：賈提制度

種姓制度曾是婆羅門教社會的重要制度。佛教、耆那教興起後，種姓制度一度衰落，但到了笈多王朝時代，隨著印度教的興起，種姓制度也得到了恢復。不過，這個時期的種姓制度也有了一些新的特點。隨著王朝經濟的繁榮，勞動分工有了進一步發展，出現了許多新的職業，但由於印度教的作用，這種分工體制採取了種姓的形式，即大量新職業集團構成新的亞種姓集團。吠舍和首陀羅兩個階層不斷分化，衍生出很多以世襲職業和內婚制爲主要特徵的職業集團，這種集團稱爲「賈提」（jati）。在印度教影響下，一些非雅利安人的落後部落，也形成了具有賈提特徵的集團。在婆羅門和剎帝利兩高階層中，也分化出許多更小的集團。這樣，原來的四個瓦爾納的劃分，在現實生活中逐漸失去意義，賈提制度取代了瓦爾納制。不過，由於賈提一般是從瓦爾納內部分化產生的，所以這些不同的賈提集團仍舊屬於某個瓦爾納。總的來看，這個時期的等級制度更趨細緻，也更爲僵化。

在賈提形成過程中，一些社會地位最低、從事各種印度教認爲低賤職業的人也增多了。這些人被認爲會傳播汙染，影響人的解脫。從法顯的《佛國記》的記述看，當時對賤民的歧視已很嚴重：「荼羅（賤民）名爲惡人，與人別居，若入城市，則擊木以自異，人則視而避之，不相搪突。」

在佛教時代曾一度失勢的婆羅門，隨著種姓制度的復興重又獲得了至高的地位。不過，他們的地位也不是沒有變化。他們的職業也多樣化了，除了祭司，許多婆羅門還從事農業和其他職業。他們中間出現了分化，特權也受到削弱。這個時期，婆羅門中出現了一個「古魯」（Guru）階層。古魯即個人的宗教導師，類似今日西方社會中的精神醫生，他們以傳授吠陀經典、解決弟子思想困惑爲主，而不只是單純主持祭儀的祭司。古魯和弟子之間通常有極密切的關係，甚至可以介入家庭生活，受到極大的尊敬。③

③ 尚會鵬：「中印社會群體凝聚力的對比分析」，《南亞研究》一九九七年第一期。

三、正統婆羅門哲學的體系化：六派哲學的完成

印度教（婆羅門教）文化的全面繁榮，還表現為婆羅門系統的哲學思想的體系化。這就是「六派哲學」的完成。當時婆羅門學者出現了對古代經典進行注釋（包括注解、複注和注疏）的熱潮，幾乎各部重要經典都有了注釋書。經過學者們的解釋，婆羅門系統的哲學思想開始從宗教、神話中分離出來，發展為獨立的、有系統的學問。印度哲學中著名的六個流派大體就是在這個時代建立了完整的體系。這六個派別是：彌曼差派、吠檀多派、數論派、瑜伽派、勝論派和正理派。實際上，除了這六派外，當時還有一些較小的學派，如文法學派、醫學派等，但影響沒有這六派大。這六個主要派別雖然理論不同，但都承認吠陀經典的權威和婆羅門至高的社會地位，目的都是幫助人們如何達到解脫，不同之處在於採用什麼方法。它們並不是同一個時代產生，各學派的淵源都可追溯到吠陀時代，即各派都經歷了一個很長的發展過程，而它們的繁榮和系統化則大體是在笈多王朝及其前後完成的。④

㈠ 數論派（Samkhya）

這是正統婆羅門系統中歷史最悠久的一派，有的學者認為它是「印度所產生的最富意義的哲

---

④〔印〕恰托巴底亞耶著，黃寶生、郭良鋆譯：《印度哲學》，商務印書館，一九八〇，第十九～二十頁。

學體系」。[5]梵語的Samkhya意爲「數數」、「考察」，漢譯佛經譯稱「僧劫」。據說它由迦毗羅（Kapila，西元前三五〇至約前二五〇年）創立，經阿修利、般尸訶、自在黑（約西元三〇〇至四〇〇年間）等學者的繼承和發揮，到西元三、四世紀達到全盛，成爲吠檀多學派和佛教的最大論敵。該派曾有大量著作，但多數亡佚，現存最古老的經典是自在黑寫的《數論頌》。中國保存的南北朝末期的《全七十論》是數論派的重要著作之一。

數論派的理論基礎是「因中有果論」，即認爲任何結果實際上只是原因的另一種表現形式，原因與結果本質上相同，只是同一事物的隱蔽或顯現狀態。譬如，麥種與麥芽，麥種爲因，麥芽爲果，麥種中已包含著麥芽。從現代生物學的觀點看，這是有道理的：麥種中已包含著麥芽的全部遺傳信息。它認爲世界的本源是二元的，一種是純粹精神（Purusa，神我），一種是原初物質（Prakrti，自性）。純粹精神是無始無終，自己的存在是自己的原因。本質是「知」和「思」，不進行任何活動，只是「照耀」原初物質，故又稱「非活動者」。它自身純粹清淨，長住不變，與生死輪迴、解脫均無關係，而原初物質生出萬物，是現象世界展開的本源。原初物質由三種要素（三德）構成：純質（sattva）、激質（rajas）、翳質（tamas）。[6]這三種要素相互平衡的時候，

---

⑤〔美〕威爾·杜蘭：《世界文明史：印度與南亞》，臺灣幼獅文化出版公司，一九七三，第二五〇頁。

⑥印度教的「三德」有廣泛的影響。有不同的譯法，有的譯作「喜、憂、暗」。見金克木：「《蛙氏奧義書》的神秘主義試析」，金克木：《印度文化論集》，中國社會科學出版社，一九八三，第二十四~四十八頁。

物質處於靜止狀態；當激質受到純粹精神的「照耀」而活動時，平衡被打破，原初物質開始變化。最初產生一種本源性思維機能（統覺），進而產生自我意識。自我意識受激質力的作用產生十一種器官（五種感覺器官：耳、身、眼、舌、鼻；五種行動器官：舌、手、足、排泄器官、生殖器官；心）。同時，自我意識受翳質力的作用產生五種細微元素，即色、聲、香、味、觸，並進而產生與之相對應的五種粗大元素，即火、空、地、水、風。所以，人的感覺、知覺、思考等產生於物質而不是精神，它們只是受了純粹精神的照耀才被人們感覺到。

純粹精神本來是純粹清淨的，因受物質的束縛，人的生存充滿痛苦。人死以後，統覺、自我意識以及五種細微物質仍然存在，成爲輪迴的主體。爲了脫離輪迴之苦，就必須做特別的修行，清除純粹精神蒙受的汙垢，還其清淨之面目。解脫有兩種：一種是解脫而生命沒有完結，稱爲「生前解脫」；一種是解脫的同時生命亦完結，稱爲「離身解脫」。在後一種情況下，純粹精神才能獲得獨立，才能恢復清淨的本性。⑦

(二)瑜伽派（yoga）

是一個主張靠瑜伽修行獲得解脫的流派。瑜伽派認爲，存在著一種超越現實生活運動的絕對靜止的狀態，在這樣的靜止狀態下個人靈魂可以與絕對者合一。這樣的修行叫瑜伽。修行瑜伽的人叫

⑦〔日〕中村元：《印度思想史》，岩波書店，一九六八，第一三九～一四三頁。

「瑜伽行者」（yogin）。其根本經典是《瑜伽經》，編纂者據說是帕檀賈利，實爲西元四〇〇至四五〇年前後成書。作爲一種修行方法，瑜伽的起源幾乎與印度的文明同時出現。這種方法也爲印度各宗派所重視，佛教和耆那教都認爲他們的教主是通過修煉瑜伽而悟道的。但瑜伽作爲一種哲學派別，則出現於西元三至五世紀。

印度流行瑜伽可能與印度特殊的氣候有關。在炎熱的氣候下，盡量減少活動，靜坐樹下，攝神定心，會覺得涼爽些。開始可能只是求身體舒服，後來逐漸有了宗教意義，作爲一種控制意念的實踐方法受到尊崇。

這個學派受到佛教的影響，但其理論卻接近數論派。早期以數論派理論爲基礎，只是對最高神的看法不同。瑜伽派認爲，最高神不只有一個靈魂，而是有許多，其中只有一個最有力量和具有完整性的靈魂（自在天），這個靈魂支配著世界，但不創造世界。這個派別的主要貢獻在於對瑜伽修持方法的研究，它與其說是一個哲學流派不如說是種種實踐的匯集。《瑜伽經》把瑜伽修持所達到的精神境界劃分爲若干等級，並提出修持瑜伽的八種方法：

1. 制戒（Yama）：即遵守五條戒律，不殺生、不妄語、不偷盜、不淫、不貪，使身體擺脫一切物質利益的束縛，並對萬

圖7-6 修煉瑜伽者

物懷有善意。

2. 內制（Niyama）：即遵守五條道德準則，清淨、滿足、苦行、學習與誦讀吠陀、崇敬神明。

3. 體位法（Asana）：即各種瑜伽姿勢，目標是安定一切動作和感覺，最好的體位據說是盤坐。

4. 調息（Pranayama）：即修煉瑜伽時的呼吸方法，做到除呼吸外忘卻一切。

5. 制感（Pratyahara）：即心靈控制一切感官和意識活動，並爭取脫離感覺對象。

6. 總持（Dharana）：使心靈與一念或一物合一，排除其他。

7. 靜慮（Dhyana）：經過長時間的注意力集中產生的一個階段，此時已泯滅一切，類似催眠狀態。

8. 三昧（Samadhi）：經過上述不懈的修煉達到的極樂之境。

通過調整身體姿勢以斷滅欲望和思維是該派追求的目標。這往往使修煉瑜伽者走上極端苦行的道路。例如，有的練瑜伽者長期以一種姿勢靜坐，有時一坐多年，食用人們拿來的樹葉或果實，蓄意使每一感官遲鈍。有的則以極端方式自我折磨，如有的人日復一日地正視太陽直至變盲，有的赤足在燒紅的火炭上行走，有的赤身臥在釘板上幾十年直至死去，有的自埋於土中過好多年甚至一生，有的抬起一臂或一腿直到萎縮殘廢等等。甚至直到今天，我們還可以在印度河畔沐浴用的石板上，或在一些宗教聖地看到這樣的人。在這些瑜伽行者身上，印度的宗教與哲學可以說得到了最極端的體現。

瑜伽於近代傳到歐美，在西方大城市如美國的洛杉磯都有瑜伽團體和道場，瑜伽由原來的一種宗教實踐演變爲健康身體、淨化心靈之道，受到廣泛歡迎。隨著佛教傳入中國，瑜伽與中國氣功融合，成爲強身、康體的練功術。⑧

㈢彌曼差派（Mimansa）

強調通過祭祀才能達到解脫的一個派別。「彌曼差」意爲「考察」，主要指對祭祀意義的考察。相傳由賈彌尼（Jaimini，約西元前二世紀）創立，主要經典是《彌曼差經》。該學派的理論系統化以及組織的建立，大約是在西元一〇〇年左右。這是六派哲學中影響最小的一派。

在對事物的看法上，彌曼差派基本上接受了勝論派的句義理論，並有所改造和發展。該學派以考察研究「法」爲目的。這裡所謂的「法」，是指按吠陀規定進行的祭祀。該派重視祭祀，認爲這是實現宗教理想的途徑。對該派的學者來說，吠陀經典不是人爲的，而是一種超越宇宙變化、生滅的永恆實在。又由於吠陀是由語言構成的，因而語言也具有永恆性。對他們來說，語言不單純是一種聲音，還是一種超越聲音的實在，它先天本有而且萬古不變。人們必須絕對遵守吠陀的教導。

彌曼差派繼承了婆羅門教重祭祀的特點。該學派認爲祭祀高於一切、決定一切，因此邏輯上否定神的干預與主宰。該派不承認有一個最高的神，甚至懷疑神的存在，認爲吠陀文獻中出現的神的

⑧〔日〕中村元：《印度思想史》，岩波書店，一九六八，第一四四～一四七頁。另見常任俠：「印度的瑜伽和中國的氣功」，《南亞研究》一九八三年第三期。

名字，並不是神，純粹是一種名稱和聲音，祭祀需要的是這些名稱和聲音，而不需要神。從這個意義上說，該派又具有無神論特點。

㈣勝論派（Vaiseska）

Vaiseska原意爲「差別」、「分析」，據傳爲西元前二至前一世紀的迦那陀（Kanada）所創。其經典是《勝論經》（大約編纂於西元五〇至一五〇年左右），自西元四〇〇至四五〇年的學者缽羅奢思多波陀對該書作了詳細注釋（《攝句義法論》）後，數論成爲一種系統的哲學理論。中國保存的《勝宗十句義論》是該派的重要著作。

與數論派的理論相反，勝論主張「因中無果」。認爲世界由各種要素聚合而成，要素（原因）與新的事物（結果）是性質不同的兩回事。要素在聚合前並不蘊含新事物的成分，故稱「因中無果」。結果不能沒有原因而存在，而原因可以沒有結果而存在。如沒有麥種、陽光、水分等就不會有麥苗，但沒有麥苗照樣可以有麥種、陽光和水分。顯然，這個學派強調的是事物的另一方面。

勝論派認爲構成世界萬象的基本要素有六種，稱爲「六句義」。它們是：

1.實體（實）：眞實存在的物質，包括地、水、火、風、虛空、時間、方位、我（個體靈魂）、意九種。地、水、火、風四大元素是由性質不同的原子構成的。原子爲細微物質，球形，不滅，它們由一種「不可見力」的作用而產生運動，產生了自然界。虛空是一切事物運動的場所，時間在人的主觀意識中產生先、後、快、慢等概念，方位產生前、後、遠、近等概念。個體靈魂是不受時空限制、無始無終的永恆存在，它本來只有一個，但受限定後以許多個體的形式出現。靈魂並不能直接感知事物，意識的產生要靠「意」的作用，意是靈魂與外部器官的聯絡者。

2. 性質（德）：指無實體的靜態性質，如色、香、味、觸、數、量、結合、分離等十七種（一說二十四種）。

3. 運動（業）：物質的動態特徵，包括向上、向下、收縮、擴張、行進五種。

4. 普遍（同）：指事物具有共性的原因，最高的普遍為「有性」。

5. 特殊（異）：與普遍相對，指事物具有個性的原因，它是物質的極限狀態。

6. 內屬（和合）：性質與運動、普遍與特殊都密不可分地存在於實體之中，故事物還有一種內屬的原理，它既不屬於普遍，也不屬於特殊。

這個學派認為，吠陀經典有一定的價值，但按照吠陀行動並不能超越輪迴。「不可見力」操縱著人的生死輪迴，只有克服這個「不可見力」的束縛才能獲得解脫。它們主張通過研究學習「六句義」原理以及修持瑜伽來斷滅不可見力。勝論派的「六句義」理論後來發展為七句義、十句義等。

㈤正理派（nyaya）

「nyaya」意為「正確地推理」，該派強調推理對於解脫具有重要意義，創始人據說是足目（Aksapada，西元五〇至一五〇年左右），主要經典是編纂於西元二五〇至三五〇年前後的《正理經》。西元三五〇年左右，瓦茲耶耶那（Vatssyayana）對該書作了詳細的注釋，正理派的哲學理論得以系統化。該派與勝論派關係密切，後來兩派融合，故有時正理、勝論並稱。該派理論中形而上部分基本上與勝論派相同，但二者也有區別。勝論派的貢獻主要在對世界萬物的分析方法上，而正理派的建樹主要在邏輯推理和論辯方法上。

正理派認爲，認識對象有十二種：靈魂、身體、感覺器官、感覺對象、知性、心、業（行爲）、過失、輪迴、果報、苦、解脫。該派也認爲，無數多的原子具有不生不滅的性質，它們的聚合構成了自然界，但構成世界的基本物質除了地、水、火、風四大元素外，還有虛空。靈魂是一種與身體感覺不同的存在。該派也認爲人生即苦，苦的原因是人有各種貪欲。這些缺點導致了對世界錯誤的認識，錯誤認識是苦的根源。如果能消除錯誤認識，獲得正確認識，人就可以脫離苦難，達到解脫。要達到這一步，除遵守戒律、修持瑜伽外，該派認爲正確的認識方法和邏輯推理十分重要。

正理派認爲正確的認識方法有四種：直覺、推論、類比、正言（可信賴之人的話）。

該派十分重視邏輯推理和辯論方法。古代印度各宗教哲學派別鬥爭激烈，經常發生爭辯，由此產生對辯論術和邏輯學的需要，著名醫著《閣羅迦本集》中就有邏輯學專章。正理派的產生就與這種背景有關。

正理派把論證問題的過程分爲五個不同的階段：1.疑惑，即提出問題。2.動機（目的），產生辯論問題的目的。3.實例，爲了達到目的，就要舉出一些眾所周知的例子。4.定則，從這些實例中得出定則，定則有幾種：一切學說都承認的定則；特殊學說承認的定則；包括其他事項的定則以及假說。5.推論，正理派的推論方法稱爲「五支論法」，它由主張（宗）、理由（因）、例證（喻）、應用（合）、結論（結）組成。例如：

主張（宗）：此山有火。
理由（因）：因山上有煙。
例證（喻）：如灶。
應用（合）：此山有煙，如灶。
結論（結）：故此山有火。

這就是具有印度特點的「三段論」推理方法。

此外，正理論還提出熟考、決定、論議、論爭、論詰、錯誤理由、曲解、錯誤的責難、失敗的理由等辯論的詳細概念。這些概念與認識對象、認識方法以及論證的五個階段一起稱爲「十六諦義」。

正理論所創立的正確推理的方法是它對印度哲學最偉大的貢獻，其中的邏輯學被幾乎所有其他體系（甚至包括非正統學派）接受下來了，佛教也受其影響。西元七世紀後佛教思想家將「五支論法」改造爲「三支論法」，使它更簡便、嚴密而實用。佛教中的邏輯學稱「因明」。隨著佛教傳入中國，這些知識對中國邏輯學的發展起了積極作用。

㈥吠檀多派（Vedanta）

吠檀多意味「吠陀的終結」，在《奧義書》中，有一部分內容偏重於理論的探討，附在吠陀文獻的後面，一直有學者對這部分的內容做種種解釋。大約在西元一世紀前後，圍繞對這部分的解釋逐漸形成了一個哲學派別。當時一位叫跋達羅衍那的哲學家編寫了一部《梵經》，闡述發揮了《奧義書》中的「梵我一如」理論，成爲這個學派的經典，後人又對這部經典作了許多增補和注釋，大約西元四世紀前後，該學派的理論體系已大體完備。

吠陀經典大體上由兩部分組成，一部分是關於祭祀細節的知識，另一部分是對宇宙的哲學思考。由第一部分發展出了彌曼差派，從第二部分發展出了吠檀多派，兩派的學問合在一起構成正統婆羅門哲學的主幹。最初，每個學習吠陀的人都要學習這兩種學問，但後來學者們逐漸各有所偏重，於是兩派分離。彌曼差派強調祭祀，而吠檀多派偏重探討個人靈魂與宇宙靈魂的關係。

《梵經》認爲，「梵」是絕對者，是「純粹的精神實體」、「純粹之有」，它超越時空，超越任何概念和差別，是客觀世界的「質料因」（即世界是由「梵」構成的）、「動力因」（世界是由「梵」創造的）、「形相因」（「梵」賦予世界各種形態）、「目的因」（「梵」自身是現象世界演變的目的，而「梵」創造世界則純粹是爲了遊戲）。按照《梵經》的看法，「梵」出於遊戲的目的，用自身創造了世界，並賦予世界各種差別與形相。「我」（阿特曼）是「梵」的一部分，本質上與「梵」完全一致，但形式與「梵」有差異。「梵」與「我」的關係是整體與部分、蘊含與被蘊含的關係。「我」由於被「無知」所蒙蔽，因而在世界中輪迴不已。人生的目的是脫離輪迴，把「我」從束縛下解脫出來，達到與「梵」的合一。如果按照吠檀多派的要求履行祭祀、佈施、苦行、種姓義務和禪定，就能獲得眞理，死後「我」就會入「神道」，最後達到「梵」的境地。「我」與「梵」合一後，個別的「我」成爲無區別的「我」。

這個學派後來經過大哲學家商羯羅的發展，成爲影響整個印度的哲學派別。⑨

四、佛教與耆那教

笈多王朝雖然提倡印度教，但對其他宗教似乎也不排斥。從數量不多的銘文材料來看，笈多王朝顯示了開闊的胸懷，統治者實行一種開明的宗教政策，當時流行著一種寬容的精神。屬於非正統的佛教和耆那教文化似乎也不受排斥。例如，有的文獻稱，社會各階層如王室貴族、官員、僧侶等向毗濕奴、太陽神、耆那教教主和佛陀表示敬意而修建了神像和莊嚴的廟宇，毗濕奴教派的國王任用濕婆教派和佛教的官員，耆那教徒善待婆羅門教徒，而婆羅門教徒對耆那教祖師和佛陀也表示好感等。這個時代佛教出現了一些有影響的思想家，如無著、世親、鳩摩羅什和陳那等。總之，這是一個佛教、耆那教和印度教三教並存、互不妨礙的時代，也是一個三教文化開始融合的時代。

---

⑨〔日〕中村元：《初期吠檀多哲學》，岩波書店，一九五〇，第一四六頁以下；〔印〕恰托巴底亞耶：《印度哲學》，商務印書館，一九八〇，第七十八～八十四頁。

和印度教出現的體系化、固定化趨勢相一致，佛教和耆那教的理論家們也寫下了許多系統闡述其教理的著作。在此以前，大乘佛教（包括中觀派）中雖有豐富的哲學思想，但並沒有構築理論體系。到了笈多王朝時代，也許是受印度教體系化風潮的影響，大乘佛教也開始建立理論體系，用當時通用的官方語言——梵語寫下了系統闡述佛教教理的著作。其中為後代重視的著作有世親（Vasubandhu，約西元三八〇至四八〇年）的《阿毗達摩俱舍論》和訶梨跋摩（Harivarman，西元三世紀至四世紀）的《成實論》等。

(一)唯識派

大乘佛教理論體系化的一個表現是唯識派的出現。該派是在批判中觀派理論的基礎上發展起來的，奠基人是無著。該派認為，以龍樹為代表的中觀派理論雖然闡述了世界的本質是「空」，但沒有說明「空」是如何演化為物質世界。唯識派試圖依照一定的理論體系，對這個問題作系統的考察。

唯識派也認為世界的本質是空，但這個空是有差別的，因為無差別的空不可能產生有秩序、千差萬別的現實世界。有差別的空具有一種產生現象世界（諸法）的「可能力」（唯識派稱其為「種子」）。這種力自身既不是存在也不是不存在，既不是肯定也不是否定，既不是生也不是滅，它超乎所知和未知，是一種純意識（識）。萬物皆由「識」所顯現，外界對象都是不眞實的，他們只是在「識」的作用下暫時存在，「識」的這種作用叫「識體的轉變」。「識」經過轉變，共有三類八種：第一類叫根本識，它是一切識的種子；第二類叫末那識，它產生於根本識並依存於根本識，產生人的各種欲望，故又稱汙染識；第三類識源自人的感覺器官，共六種：眼識、耳識、鼻識、舌識、身識、意識，分別認識色、聲、香、味、觸、法（思考對象）。可見，這裡的「識」既是主觀世界又是客觀世界，既是認識又是認識對象。唯識派理論認爲，世界萬象皆爲心識的變現，即我們思考的產物，但一般人不了解這一點，把由識幻化的對象當作眞實。唯識派強調超世間的佛性眞理（「眞如」）的眞實性和永恆性，爲佛教的涅槃世界提供理論根據。後世唯識學派以印度著名佛教寺院那爛陀寺爲中心進行活動，形成一股強大的力量。後期唯識派的學者陳那、法稱等人總結發展了印度傳統邏輯學，爲印度邏輯學的發展作出了貢獻。該派傳世經典有《瑜伽師地論》、《大乘莊嚴經論》、《攝大乘論》、《唯識二十論》等。

佛教的哲學思想在系統化的同時，佛教也開始出現重思辨的傾向。這是後來出現的佛教僧侶沉湎於繁瑣的經院式研究、佛教走向衰落的開始。另一方面，笈多王朝的宗教寬容政策也促進了佛教與印度教的融合。隨著佛陀被神化以及他作爲毗濕奴的一個化身而被納入印度教的萬神殿，佛教徒與印度教徒的區別已開始縮小。印度教開始把佛教作爲一個改良教派而接受下來了。當時有佛教徒與濕婆派或毗濕奴派的王族通婚的紀錄，一些婆羅門顧問如同在印度教王宮的宮廷中一樣，也在信仰佛教的國王宮廷中擔任要職。這些都是佛教逐漸被印度教同化的蹟象。笈多王朝以後，佛教開始衰落。從笈多王朝時代曾遊歷印度的中國僧人法顯及西元七世紀遊歷印度的玄奘兩人的記述來看，佛教的衰落從印度教文化的繁盛期笈多王朝時代就已出現蹟象。

(二)耆那教

耆那教自建立後也一直在發展。在貴霜王朝時代，耆那教主要在商人中流行。後來大雄也像佛陀一樣逐漸被神化，各地出現了一些耆那教寺廟和大雄的雕像，即和佛教相似，耆那教也出現偶像崇拜的趨勢。此外，耆那教學者在大量吸收印度教的傳說、民間故事的基礎上，撰寫了大雄的傳記，在教徒中廣爲傳播。到了笈多王朝時代，受各教派整理經典風潮的影響，耆那教也開始將其理論系統化。《安伽十二支》原是靠口頭傳承，西元六世紀中葉轉寫成文字。十二支中第十二分支大約在西元五世紀前後亡佚。天衣派著名的經典《眞理證得經》也大體成書於笈多王朝時代。天衣派的理論家也寫下了概論之類的書，試圖將耆那教思想系統化。

五、文學

笈多王朝時代是古典梵語文學的全盛時代。王朝諸帝獎掖文學和學術活動，沙摩陀羅笈多本人就是詩人，有「詩王」之稱並有作品留世。他的兒子超日王效法父親，也大力扶持文學創作活動，這使這個時代的戲劇、詩歌和其他形式的文學作品出現了空前的繁榮。這個時代的文學有幾個特點：第一，從形式上看，文學創作已開始與宗教作品相分離，以純文學的形式出現。在此以前，印度雖然也有文學作品，但都是與宗教經典結合在一起的，如《梨俱吠陀》、《奧義書》，或是佛教及耆那教的經典等，雖然這些著作中不乏文學價值很高的作品，但嚴格說來他們都是宗教著作；古典梵語文學家雖然多數出身婆羅門，因而許多作品大量吸收印度教的思想和神話故事，文學仍與宗教密切連繫在一起，但從整體上說，古典梵語文學已從宗教作品中擺脫出來，獲得了獨立的發展，即便是那些宣揚宗教思想的作品，也採取了更爲文學性的方式，這是印度文學走向自覺、成熟的表現。第二，題材更爲豐富多樣。此時的文學作品以戲劇和詩歌爲主，還出現了大量抒情詩、格言詩、小說、寓言故事等作品，爲印度文學留下了豐富的遺產，與之相連繫，湧現了以著名詩人、劇作家迦梨陀娑爲代表的一批卓越的作家。第三，開創了文學創作的新道路。此前的印度文學，走的主要是史詩延續下來的道路，即一部作品先是在民間產生並長期流傳，然後經文人學士改編加工，這類作品新舊並蓄，包羅萬象；這種方式在笈多王朝及其以後的時代持續下來了，並仍有佳作留世，如著名的《五卷書》就是代表；不過，在笈多王朝時代，爲了滿足城市富裕工商階層的文化消費，出現了一批專門依靠創作爲生的職業文人，他們以個人的名義獨立創作，其作品打破了由傳統長期積累而產生的包羅萬象的百科全書模式，留下了許多個性鮮明的、富有獨創性的作品。

(一) 戲劇

在笈多王朝時代，戲劇普遍受到宮廷的喜愛，出現了許多爲宮廷服務的劇作家。由於受統治階級的扶持，戲劇獲得很大的發展，笈多時代文學最出色的成就可以說就是在戲劇方面。這個時代，優秀劇作家輩出，優秀劇碼大量湧現。

大約在西元三世紀前後，有一位叫跋娑（Bhasa）的劇作家，寫了十三個劇本。一九〇九年在南印度發現的戲劇抄本被認爲是跋娑的作品。十三個劇本中，《仲兒》（獨幕劇）、《五夜》（三幕劇）、《黑天出使》（獨幕劇）、《迦爾納出任》（獨幕劇）和《斷股》等，均取材於史詩《摩訶婆羅多》故事，《神童傳》（五幕劇）描寫的是毗濕奴的化身黑天從誕生到殺死惡人康沙的故事。

《驚夢記》被認爲是跋娑的代表作。此劇的故事梗概是：犢子國遭受阿魯尼的入侵，宰相負軛氏想讓優塡王與摩揭陀國的蓮花公主結婚，利用與摩揭陀的聯姻擊敗阿魯尼，但優塡王深愛著王后仙賜。負軛氏只得與仙賜商量，用計謀完成這次救國的任務。在一次國王外出打獵之機，負軛氏故意製造了一場火災，並放出謠言說仙賜死於火災，他自己爲了救王后也被燒死，然後他喬裝成苦行者將仙賜帶到摩揭陀國。後來優塡王也到了摩揭陀國，並接受摩揭陀王的建議與蓮花公主結了婚。仙賜爲了協助負軛氏完成救國大計，默默忍受著內心的痛苦，但她暗中察覺新婚的優塡王仍思念著自己，又感到莫大的安慰。一次出於巧合，仙賜與睡眠中的優塡王相遇，她聽到優塡王在夢中呼喚她的名字，她回答了優塡王的夢話。在她轉身離開之際，優塡王醒來，他只看到仙賜匆匆離開的背影，這使他弄不清自己是在做夢還是在現實中。後來，優塡王在摩揭陀國的說明下打敗了阿魯尼王，優塡王與仙賜重逢，結局是皆大歡喜。故事表達了作者對忠貞不渝愛情的歌頌。

跋娑的戲劇皆取材於史詩、神話和民間故事，但他並不拘泥於現成的材料，而是作了創造性的藝術加工。他的作品具有情節緊湊、人物性格鮮明、心理刻劃細膩、場景描寫生動的特點，以豐富多彩的題材和簡樸有力的表現手法爲古典梵語戲劇的發展奠定了基礎。

另一齣古典梵語名劇是《小泥車》（*Mrcchakatika*），相傳是首陀羅迦（Sudraka，西元三世紀前後）的作品。關於作者的生平，我們知道得很少。從此人的名字以及《小泥車》作品的思想傾向上判斷，他可能出身低級種姓首陀羅。這是一齣十幕劇，反映的是印度下層人民生活的狀況：善施是個婆羅門商人，因樂施好舍、救濟他人而家產散盡，但他人窮志不移，仍把名譽和情誼看得高於一切。春軍是個高等妓女，生活闊綽，但她渴望過良家婦女的生活。她仰慕善施的品德，與他結合，而優禪尼城的國舅企圖霸占春軍，陰謀未得逞後便試圖害死春軍和善施。國舅的不義行為激怒了牧人阿哩耶迦，他率眾起義，成功地推翻了國家的暴政，建立了新王朝。春軍和善施因此得救，喜結姻緣。

這部作品的進步傾向是十分明顯的。正如該劇開宗明義向觀眾指出的那樣，本劇是表現善施和妓女春軍之間「正當的愛情」、「法律的腐敗」和「惡人的本性」。它揭露和抨擊了統治者的荒淫暴虐，歌頌了下層人民忠貞的愛情。善施和春軍出身不同的階層，他們之間的愛情具有反對種姓制度的意義。此外，該劇的結局還暗示：暴虐的統治是不得民心的，而不得民心的統治必然被人民推翻。這部戲劇在藝術上也取得了很高的成就。劇中不僅人物多，且多數人物都有鮮明的個性。其中，國舅這個人物形象塑造得最為成功，作者運用諷刺手法，把國舅可笑、可鄙、可惡的性格揭露無遺。故事情節曲折複雜，充滿衝突和緊張氣氛卻又不失機智幽默。劇中穿插著不少情景交融的抒情詩，在古典梵語詩歌中亦屬佳作。《小泥車》以其鮮明的思想性和高超的藝術性，在古典梵語戲劇中獲得了不可動搖的地位。⑩

迦梨陀娑（Kalidasa）是古典梵語戲劇最傑出的代表，有「印度的莎士比亞」之稱。他大約是西元四、五世紀的人，一般認爲他是笈多王朝旃陀羅·笈多二世的宮廷詩人。他的戲劇作品有三部流傳於世：《摩羅維迦與火友王》、《優哩婆濕》和《沙恭達羅》。這三部戲劇皆屬「宮廷劇」：都以國王的愛情爲主題，以國王爲男主角。這與他的宮廷詩人身分有關。當時宮廷貴族似乎特別喜愛這類作品，這類題材的作品始於跋娑的《驚夢記》，迦梨陀娑將其發展到更完備的程度。

《摩羅維迦與火友王》（*Malavikagninitra*）的故事是：火友王愛上了宮女摩羅維迦，弄臣爲其牽線搭橋，而大小王后竭力從中阻撓。大王后將摩羅維迦囚入地牢；弄臣施展計謀，救出摩羅維迦。最後發現這個宮女是一位逃難失散的公主，於是王后同意火友王和摩羅維迦的婚事。一般認爲，這是迦梨陀娑早期的作品。這部戲劇和前述跋娑的《驚夢記》都屬「宮廷劇」。後世還出現了許多類似題材的戲劇作品，多數以《摩羅維迦與火友王》爲模式。

《優哩婆濕》（*Vikramorvasiya*）取材於印度古老的神話，描寫的是人仙相戀的故事：人間國王補盧羅婆娑一次祭祀歸來，途中遇到惡魔調戲天國歌女優哩婆濕，國王將優哩婆濕救出，兩人產生了愛情。優哩婆濕偷偷從天國到人間看望國王。後來，優哩婆濕在天宮演劇時把劇中人物的名字念成了自己戀人的名字，招致天神的惱怒，罰她下凡。她下凡與補盧羅婆娑王結婚，生一兒子。由

---

⑩ 黃寶生：《印度古典詩學》，北京大學出版社，一九九三，第二十五～二十六頁。

於下凡前天神告訴她，一見到親生兒子就要重返天國，故孩子一出生便送予一女苦行者家中撫養。兒子成人後被送回，優哩婆濕看到兒子悲喜交集，喜的是見到了親生兒子，悲的是就要重返天上。這時傳來佳音：天神恩准她與國王白頭偕老。迦梨陀娑在劇中歌頌了優哩婆濕不戀天國生活，衝破阻力追求自由戀愛和世俗生活，這種思想比《摩羅維迦與火友王》體現的主題更具有進步意義。全劇富於浪漫色彩，作者發揮了詩人的特長，以豐富的想像和優美生動的文字，使全劇洋溢著詩情畫意。⑪

《沙恭達羅》（*Abhijnanasakuntara*）是迦梨陀娑最成功的一部戲劇作品，同時也可以說代表了古典梵語戲劇的最高成就。該劇取材於史詩《摩訶婆羅多·初篇》。故事梗概是：補盧族國王豆扇陀英俊而武藝高強，一次外出狩獵，誤入一淨修林，遇上美貌善良的少女沙恭達羅。兩人一見鍾情，自主結婚。豆扇陀答應將沙恭達羅接回京城，交給她一件信物便回去了。後來，沙恭達羅懷著身孕，上京城找國王，但由於她曾得罪過一位仙人，遭到詛咒，丟失了信物，國王也因此完全忘記了往事，拒絕接納沙恭達羅，並當面羞辱沙恭達羅。面對國王的「忘情」，沙恭達羅奮起

圖7-7　《沙恭達羅》劇本

⑪ 該劇有中譯本：季羨林譯：《優哩婆濕》，北京人民文學出版社，一九六二。

抗爭，痛斥國王「口蜜腹劍」、「卑鄙無恥」。經過種種磨難和曲折，國王重新獲得沙恭達羅遺失的信物，詛咒的魔力也逐漸消除，他記起了昔日的恩愛，向沙恭達羅認錯賠罪，二人重歸於好。

這部戲劇以委婉曲折的方式鞭撻了帝王喜新厭舊、拈花惹草的本性，讚美了純貞的愛情。在藝術上，全劇情節曲折，波瀾起伏，人物性格鮮明，心理刻劃細膩，語言清麗質樸，一直被奉爲印度古典梵語戲劇中的最佳之作。印度一首流行的梵語詩歌稱頌道：「一切語言藝術中，戲劇最美；一切戲劇中，《沙恭達羅》最美。」[12]西元十八世紀該劇傳入西方文學界，歌德寫過幾首詩讚美它，稱它爲世界最偉大的劇本，《浮士德》的序幕就受了它的影響。該劇的中譯本由季羨林先生譯出，並於西元二十世紀五十年代和八十年代初上演過。[13]這部一千多年前的戲劇仍不失其魅力，不能不使人爲印度燦爛的古代戲劇藝術而驚歎。

(二)詩歌

笈多王朝時代的詩歌藝術獲得了可與中國唐詩相媲美的成就。如前所述，最早的古典梵語詩歌是西元前後馬鳴留下的兩首敘事詩，抒情詩的出現是在笈多王朝時代。梵語詩歌的繁榮和梵語戲劇的繁榮一樣，是和偉大的劇作家和詩人迦梨陀娑的名字連繫在一起的。他不僅創作了優秀的戲劇作

---

⑫ 黃寶生：《印度古典詩學》，第三十頁。
⑬ 黃寶生：《印度古典詩學》，北京大學出版社，一九九三，第三十頁。

品，還留下了幾部詩歌作品：《時令之環》、《雲使》、《鳩摩羅出世》和《羅怙世系》。限於篇幅，這裡僅介紹他的兩首詩。

《時令之環》（*Rtusamhara*，或譯《六季雜詠》），包括六組抒情短詩，分別描繪印度六個季節（夏季、雨季、秋季、霜季、寒季和春季）的不同自然景色，抒發了各季節中男女歡愛和相思之情。詩人以明麗、質樸的語言，把夏季的炎熱、雨季的愁思、秋季的清涼、霜季的成熟、寒季的歡愛、春季的激情都準確地表達出來了。

《雲使》（*Meghaduta*）是一首抒情長詩，是古典梵語詩歌的傑出代表。這首詩的內容是：有個藥叉（財神俱毗羅的侍從）怠忽職守，受到俱毗羅的詛咒，被貶一年。他謫居在南方的山林中，忍受與愛妻分離的痛苦已有八個多月。雨季到了，他望著一片由南往北的雲彩，激起了對愛妻的無限思念。於是，他向雲彩致意，以雲爲使，向遠方的妻子帶信。他向雨雲詳細指點去他家的路線，對每一地的自然風光都作了富於感情的描繪，有些簡直就是他朝思暮想的愛妻的影子。例如：

過河後，美麗的雲啊！信度河缺水瘦成髮辮，
岸上樹木枯葉飄零襯托是她蒼白的形影，
她那為相思所苦惱的情形指示了你的幸運，
唯有你能夠設法使她由消瘦轉為豐盈。

雲使到了他家，他又想像愛妻的容貌和她滿懷離別愁緒的情形：

她由憂思而消瘦，側身躺在獨宿的床上，
像東方天際的只剩下一彎的纖纖月亮；
和我在一起尋歡取樂時良宵如一瞬，
在熱淚中度過的孤眠之夜分外悠長。

他委託雲使向愛妻傾訴他的相思：

我有時向空中伸出兩臂去緊緊擁抱，
只為我好不容易在夢中看見了你；
當地的神仙們看到了我這樣情形，
也不禁向枝頭灑下了珍珠似的淚滴。⑭

這首詩表達了人的離別之苦，詳細描繪了一個思念遠方愛人的人內心的活動，讚美了夫妻間忠

⑭ 引自金克木譯：《雲使》，人民文學出版社，一九五六。

貞不渝的愛情。全詩感情纏綿，想像豐富，語言奇麗，比喻精妙，達到了內容與藝術形式的高度統一。自《雲使》問世後，後人不斷有模仿《雲使》的詩作，或曰《風使》，或曰《鸚鵡使》等等，形成了被文學史家稱之爲「信使詩」的詩歌題材，可見這部詩作影響之大。

笈多王朝時代，還有幾位優秀的詩人，如婆羅維（Bharavi，約西元五至六世紀的人）等，也有優秀作品留世，限於篇幅，這裡不作敘述。

(三)其他形式的文學作品

這個時期還出現了其他形式的文學作品。其中在印度文化史上較有影響的作品是《五卷書》（*Pancatantra*）。《五卷書》的成書年代爭論很大，一般認爲它是西元二至六世紀的作品，笈多王朝時代在該書的形成過程中肯定是一個重要時期。作者不詳，也是集體創作。該書以五個大故事爲基幹，中間插入許多寓言、童話和小故事，形成特殊的文學結構。其內容反映城市市民的生活和思想，無宗教氣氛，有進步傾向，但也夾雜著濃厚的世俗氣。《五卷書》不僅在印度國內具有很大影響，也對許多國家的文學作品產生了影響。阿拉伯世界的《天方夜譚》、西方的《十日談》、《安徒生童話》、《拉·封丹寓言》，以及中國的《太平廣記》都有《五卷書》的故事。據稱唐代柳宗元的《黔之驢》的寓言也受了《五卷書》的影響。⑮

⑮ 季羨林先生有中譯本，《五卷書》，人民文學出版社，一九六四；另見趙國華：「印度古代文學《五卷書》簡

六、藝術

笈多王朝時代國家安定，經濟繁榮，婆羅門教文化傳統得以復興，這在雕刻和繪畫藝術上的表現是：具有印度教古典風格的藝術品大量出現，藝術技巧日臻完善，印度的藝術自此進入輝煌的古典階段。經過若干世紀的努力，藝術家們對藝術的眞正目標和基本原則有了理智的了解，印度的美學理想確立了，印度藝術的風格形成了，美的典範被準確地確定下來了，雕刻和繪畫藝術達到了光輝的頂點。這個時代創作出來的雕像和繪畫，被後來世世代代的印度藝術家當作完美的典範。

(一)雕刻

在笈多王朝早期，東德干地區的阿瑪拉瓦提的雕刻藝術獲得了發展。阿瑪拉瓦提位於哥達瓦里河與奎師那河之間，曾是安度羅王國的首都。在笈多王朝興起前，這裡的雕刻藝術已很興盛。現存大量的雕刻藝術品多是西元三至四世紀的作品。這些作品雖出現在笈多王朝之前，但美術史上仍把它們歸爲笈多時代的作品。這裡的雕刻繼承了桑奇藝術的特點，未受希臘風格的影響，一些女性裸體形象與桑奇的女藥叉形象有些近似，對各種動物的表現尤其出色——這是桑奇藝術的特點。

晚期阿瑪拉瓦提藝術風格，由笈多時代的藝術家們以最高明的手法表現出來。笈多王朝時代

介」，《南亞研究》一九八二年第一期。

的雕像繼承了阿瑪拉瓦提雕像的特點：突出肉感、崇尚自然、賦予雕像以更大的精神特色和靜穆氣氛。這樣的美學思想對後代藝術有很大的影響。

佛像仍是笈多王朝時代許多雕刻藝術家們的重要題材，當時的造像中心有馬圖拉、鹿野苑和貝拿勒斯。這個時期的佛像擺脫了犍陀羅藝術對希臘神像的模仿，馬圖拉風格得到發揚光大，即雕像的風格更加印度化，手法更熟練。⑯馬圖拉和瓦拉納西附近的薩爾那特出土的佛像，不再長有捲髮，而是剃光了頭，右肩袒露，胸部豐滿，衣服緊貼身上，看去似裸體一般。多數佛像表情顯得精悍而非溫和，這些都是印度民族風格的體現。

現藏於鹿野苑博物館的佛陀坐像和馬圖拉博物館的佛陀立像，被認爲是這個時代最精美的佛像雕刻品，兩尊雕像皆爲西元五世紀的作品。前者高一．六〇公尺，材料爲灰白色沙石，造像幾乎全裸，手作轉法輪勢，表情靜謐安詳，有一種內在的精神活力；後者高二．一七公尺，身著透明袈裟，如水洗一般。二像都有笈多時代特有的極大的圓形背光。此外，在英國伯明

圖7-8　佛立像（馬圖拉）

⑯ 吳焯：《佛教東傳與中國佛教藝術》，浙江人民出版社，一九九一。書中對犍陀羅式佛像和笈多式佛像作了詳細對比。

罕博物館，還保存著一個巨大的銅佛像，高二·二五公尺，出土於比哈爾邦，約爲西元五世紀前後的作品。該佛像身著透明的薄紗，四肢純淨而和諧，表情肅穆而慈祥，反映出內在的精神力量。從這些雕像身上，我們看到，當時的藝術家們似乎受到唯識派的影響，追求一種純理想的形式美。從風格上看，他們已經不是「印度—希臘式」了，而是「印度—古典式」。

隨著印度教的復興，大量的印度教神像出現了。與佛教雕像相比，中印度的博帕爾附近的岩洞聖殿建於西元四〇一至四〇二年，於旃陀羅·笈多二世時期完工，洞中石浮雕表現毗濕奴的化身野豬拯救大地的傳說，像高三·八公尺，毗濕奴輕輕扶起女神（象徵大地），將她交給等待著的眾神和聖賢。在占西縣德奧伽爾神廟的嵌板上發現的濕婆、毗濕奴和婆羅門其他神祇的雕像，被認爲是這個時代的作品。其中一幅描繪的是毗濕奴大神的宇宙夢，毗濕奴躺在盤卷地、無休止地在乳海中飄蕩的多頭巨蛇阿難陀身上，神熟睡做著幻境之夢，所有生靈轉換成世俗形態，夢境成爲現實。

圖7-9　釋迦牟尼立像（西元4世紀末至5世紀初）

笈多時期最傑出的雕刻品保留在埃羅拉石窟，將這裡說成是全印度最了不起的雕刻遺址也不過分。埃羅拉位於阿拉哈巴德東北二十四公里處，石窟開在火山石的峭壁上，共三十三所。其中十二所爲佛教徒所開，四所爲耆那教，十七所是印度教的。當時這裡是佛教徒、耆那教徒和印度教徒的聖地，亦是幾種文化的熔爐。這裡的印度教雕刻更爲出色。主要有象雨島上的濕婆廟、林伽廟等遺址，雕刻作品有三頭濕婆神、苦行者濕婆、男女兩面人濕婆相、恆河化身濕婆、林伽、南迪（濕婆坐騎），以及大量的浮雕作品。這些印度教神像雕刻得和佛像一樣精美，他們都呈現一種美麗的外觀，充滿風韻和尊嚴，具有一種優美的姿態和容光煥發的超俗表情。不過，佛像和印度教神像在風格上也有一些區別：佛像一般以人類爲母型，印度教神像則多爲超人類型，大都是多頭多臂的形象；佛像大多寧謐、深邃而慈祥，印度教神像多搖頭擺臂，形體活潑而富有活力；佛像精細而嚴謹，印度教神像雕刻氣魄宏大、想像奇麗。中國人更容易欣賞佛教雕像，較難理解印度教雕刻，乃是因爲中國人缺乏印度教徒的宗教心態。印度教雕像的不斷增多，反映了傳統的婆羅門教諸神開始在雕刻藝術領域向佛教的傳統地位提出挑戰。

在桑奇佛塔中出現印度女性形象，到了笈多時代更趨完美和成熟。豐滿的胸部、沉重的乳房、襯著細細的腰肢，以及扭聳的臀部，已成爲女性美的典範。和以前相比，這種女性美的風格變得更風雅了，身體各部分的比例也更趨協調，誘惑力也更爲強烈。在博帕爾附近的另一岩洞中，還有一恆河女神的形象。她由藥叉女的形象發展而來，高七十六公分，站在一鱷魚象頭的怪獸馬卡拉（馬卡拉象徵供人生養的水，女人和馬卡拉在一起象徵神聖的恆河）的身上，右邊是她的一個崇拜者，下面還有一個小人在馴服兇暴的馬卡拉。她妖豔嫵媚，姿態比以前的女性雕像更優雅。身體呈典型的「三道彎式」：頭向右傾側（男像的方向則相反），胸和臀部轉向左方，雙腿又轉向右方。它給人一種混成、柔韌而和諧的美感。這種姿勢在這個時代似乎很流行，它不僅成為古典女性美的典範，也是印度古典人體美學的固定模式。印度人至今仍特別喜歡這種身體姿勢。

笈多王朝的雕刻品不僅是所有後代印度藝術的典範，也影響到東南亞地區的雕刻藝術。馬來半島、蘇門答臘、爪哇、越南、柬埔寨等地的雕刻也有笈多藝術的明顯特徵。

笈多王朝時代卓越的雕刻藝術還表現在這個時期發行的豐富多彩的金幣上。這個時代印度與西方有密切的貿易關係，在使用羅馬帝國金幣的同時也發行自己的貨幣。從這些貨幣上可以看出明顯的西方文化的影響，但貨幣鑄造者把外來的形式巧妙地融合在自己的民族傳統之中。鑄造的金幣表現出高度的技巧和藝術性，可稱是印度藝術品中的佳作。

圖7-10 埃羅拉石窟外景

圖7-11 埃羅拉石窟雕像

(二)繪畫

現在發現的印度最早的繪畫作品是笈多王朝時代留下的，這就是阿旃陀石窟的壁畫。阿旃陀石窟也位於印度西南部阿拉哈巴德東北溫迪亞山的懸崖上，距埃羅拉石窟不遠。這裡原是佛教作爲佛殿和僧房而開鑿。笈多王朝時代，石窟不僅是僧侶們住宿和靜修之地，也是大眾禮拜的場所，在此基礎上發展爲寺廟。玄奘於西元六三八年遊歷過此地，並在《大唐西域記》裡有概括的敘述。佛教衰落後，阿旃陀石窟湮滅，爲人們所遺忘，十九世紀初期由英國士兵偶然發現。整個石窟共有洞窟三十所，其中五所是帶塔的禮拜窟，其餘爲僧徒居住窟。這些石窟的開鑿前後經歷了七百餘年，最早的石窟（第九、十號窟）約鑿於西元前一世紀和前二世紀，但壁畫繪於西元三五〇年前後的笈多王朝時期，至西元六、七世紀佛教衰落時才停止了開鑿。石窟有石雕佛像，但尤以笈多時代的壁畫最有名。這些石

圖7-12 阿旃陀壁畫（西元5世紀後半葉）

窟的壁畫組成一幅絢麗多彩的畫卷，使人想到中國畫中的長卷畫。壁畫的製作方法是：先在石壁上塗一層泥、牛糞和牲畜毛的混合物，厚度約一．五公分，然後塗一層光滑細膩的白石灰泥漿，即成作畫的平面，牆面未乾時就開始作畫，然後用當地的顏料塗色，整個畫面塗滿顏色後再用褐色或黑色勾勒形象，畫完後用滑石摩擦畫面使其產生光澤。阿旃陀石窟的壁畫內容豐富，技法精湛，是名副其實的印度古代藝術的寶庫。

其中的一號洞和十七號洞的壁畫最精美。一號洞是西元五世紀開鑿出的笈多風格的建築，也是一座佛教藝術博物館。洞內光彩如初的壁畫，其數量之多、藝術成就之高，彷佛把人們帶到古代佛教的藝術世界。繪畫的主題是釋迦牟尼的生平故事，描寫佛陀年輕時被宮廷、王后和宮女所包圍。人物被安排在華麗的背景之下，整個畫面充滿了生機與活力，流暢的線條使人物產生一種飄逸之感。其中最精美的畫像是「持蓮菩薩相」（文殊或觀世音），菩薩倦怠地站著，身體成三道彎式，手持一枝蓮花，身上戴著飾品，身後擁雜的人物更襯托了他的超脫和寧靜。在天頂上的畫中，有一幅蓮花池中的大象刻劃得尤爲突出：畫家抓住了大象躍上岸時的一剎那，非常生動傳神。阿旃陀藝術繼承了印度傳統藝術中善

圖7-13 反映本生經故事的阿旃陀壁畫（西元5世紀後半葉）

於刻劃動物的特點，在絢麗的畫卷中有幾百種動物，都表現得栩栩如生。

十七號石窟的內容表現的是《譬喻經》中的故事：一個叫西摩哈拉的善良商人，他的航船在一個妖魔居住的島嶼沉沒了。白天女妖們變成美麗的婦人，夜晚又成爲吃人魔王。商人不爲聲色所動，最後在神的佑助下戰勝了女妖。

阿旃陀壁畫除了反映佛教故事外，還反映了印度古代宮廷生活、山林、田舍、戰爭、狩獵、畜牧的情景，以及音樂舞蹈、駕舟乘騎等生活情景，都具有很高的歷史和藝術價值。阿旃陀石窟藝術對中國的石窟藝術產生了重大影響。⑰

⑰ 吳焯：《佛教東傳與中國佛教藝術》，浙江人民出版社，一九九一，第七章。

第八章 後笈多時代的文化：印度教文化與佛教文化的融合

一、諸王國的分立

笈多王朝大約持續到西元五世紀末葉。西元四八〇年前後，匈奴人侵入印度，給當時已經衰落的笈多王朝以最後一擊，但匈奴人並未建立統治。笈多王朝滅亡後，北印度由幾個較大的王國統治著。這幾個勢力是：旦尼沙王國，由笈多王朝分裂而出，治理著現在德里一帶；羯若鞠伽國，以曲女（Kauyakubja，今卡瑙季一帶）爲中心，統治著恆河與亞穆納河之間一帶；羯羅拿蘇伐剌國，統治著以恆河三角洲爲中心的孟加拉地區；摩臘婆王國，統治著昌巴爾河流域。西元六〇六年，羯若鞠伽國的戒日王（Harsa，曷利沙）聯合旦泥沙王國，征服其他諸國，以曲女城爲首都建立了一個較大的帝國。戒日王試圖征服德干地區，統一全印度，但未能成功。在他統治時期，北印度又出現了短暫的統一。此時正值中國的盛唐時期，中國高僧玄奘就是這個時候爲學習佛教到達印度的。我們可以從他的《大唐西域記》以及戒日王的宮廷詩人拜那（Bana）的《戒日王傳》（*Harsacarita*）中了解當時印度的許多情況。

戒日王大約死於西元七世紀中葉，他死後帝國崩潰。曲女城地區爲普拉提哈拉王朝（Pratihara）所統治，比哈爾邦一帶由帕拉王朝（Pala）統治（西元七三〇至一一七五年），孟加拉地區後來出現了色那王朝（Sena，西元十一世紀中葉至十二世紀末），德干地區則有查魯基亞王朝（Calukiya）和帕拉瓦王朝（Pallava）。在這些王朝的保護下，印度教在南印度獲得發展，修建了許多宏大的廟宇。其他地方還有諸多小王朝。一直到西元十一世紀穆斯林侵入次大陸，印度政治大體上處於這種諸小王國分裂割據、對立爭霸的狀態。

從整個社會情況來看，笈多王朝崩潰後，印度的經濟陷入停滯不前的狀態。由於政治分裂和西方羅馬帝國的滅亡，印度與西方的貿易中斷了，印度統一的貨幣被破壞，商業、貨幣經濟和城市文化出現了衰退，自給自足的農村構成社會的主要基礎。在文化上出現了一種保守、停滯的趨勢：原來支持佛教和耆那教的工商業階層衰落了，佛教和耆那教開始明顯走下坡路；一些寺院被沒收，教徒受排擠。佛教不得不向民間信仰妥協，吸收融合大量民間信仰和習俗轉變爲密教，最後消失在印度教中；耆那教信徒也大大減少，它吸收了印度教的一些教義和儀式，勉強自保；而印度教在吠檀多學派的帶下得到全面普及。不過，不能說是印度教文化戰勝了佛教文化和耆那教文化，只能說是前者包容、整合了後二者。佛教和耆那教本來就是博大精深的印度宗教文化風土中成長起來的兩棵枝條，經過一千多年的成長發展，這兩棵變異了的枝條幾乎磨掉了全部稜角。印度教也從佛教和耆那教中吸收了許多東西，豐富了自己的理論。最後，幾大宗教的界限變得模糊不清。所以從文化史的角度看，這個時期可以說是一個印度教正統文化與佛教、耆那教等非正統文化相互妥協、進一步融合的時期。

二、婆羅門系統各派思想

(一)商羯羅與吠檀多學派

印度教各思想流派在笈多王朝時代大體形成體系後，大都趨於保守，少有新的建樹，但吠檀多學派是個例外。自從吠檀多學派的經典《梵經》（*Brahma-sutra*，約形成於西元二〇〇至四五〇年）形成後，該學派一直沒有停止發展，不斷有學者從各種立場注釋《梵經》，闡述新的看法，這個過程一直持續到近代。

吠檀多思想繼承了《奧義書》中探討人與宇宙關係的傳統，把「梵」與「我」的理論發展到十分複雜精緻的地步。圍繞「梵」與「我」究竟是一元還是二元，是有限制的一元還是沒有限制的一元，是有限制的二元還是無限制的二元等問題，分成不同的流派。其中，主張一元論的人較多，即認爲「梵」與「我」是一回事，這派理論叫「吠檀多不二論」。對該理論貢獻最大的有兩個人物，一個是喬荼波陀（Gaudapada，約西元六四〇至六九〇年），一個是商羯羅（Sankara，約西元七〇〇至七五〇年）。

喬荼波陀是吠檀多不二論較早和較系統的表述者，其主要有著作《蛙氏奧義頌》（又稱《聖傳書》）。他認爲世界最高的原理是「梵」，「梵」即最高我。最高我有四位：第一是普遍位元，

圖8-1 大哲學家商羯羅

這是「梵」的覺醒狀態，它認知著外界的對象；第二是光明位元，此時「梵」處於夢眠狀態，已從外界事物和經驗印象中初步擺脫出來，但還認知著內部的精神；第三是智慧位元，這是一種深睡狀態，一種純粹意識，「梵」既擺脫了外界對象，也擺脫了內部的精神對象；第四是最高我的眞實存在，在這個狀態中，既無主觀、客觀的對立，亦無時間、因果的制約。這個最高位就是「梵」，也是人的純粹心性。「四位說」早在《奧義書》中已經出現，喬氏則將其作了進一步發揮。

關於最高我與個體我之間的關係，他認爲二者是同一的，正如瓶中的虛空與大虛空之間的關係一樣：當瓶被擊破的時候，最高我和個我就合二爲一，這叫「梵我不二」。

「摩耶」（maya，意爲「幻」）的理論是喬荼波陀的一個重要思想。「摩耶」這個詞早在《奧義書》中就已出現，但涵義並不很明確。吠檀多哲學家們對此作了闡發後，成爲吠檀多思想的一個中心概念。這個概念的基本意思是，世界是「梵」通過其幻力創造出來的，因而是不眞實的，只是一種幻象。這也可以說是印度教對世界最根本的看法。這個概念對以後吠檀多思想的發展有重要影響。

吠檀多哲學的集大成者是商羯羅，他出生於印度西南喀拉拉邦馬拉巴爾海岸的伽拉迪

（Kaladi），屬婆羅門種姓。少年時曾隨著名學者喬荼波陀的弟子牧尊學習婆羅門教的經典，以後遍遊印度各地，在瓦拉納西曾與其他學派辯論，並在印度次大陸建立了四大修道院。逝世時年僅三十二歲。著有大批闡述吠檀多哲學的著作，其中最著名的是《梵經注》（*Brahmsutra-bhashya*）。

商羯羅進一步發揮了喬荼波陀的不二論思想，認爲最高的梵是世界之源，萬物依靠梵產生而梵並不依賴世界。梵是統一、永恆、純淨、先驗的意識。它無內無外，無形無狀，既不具有任何差別也不具有任何屬性，既超主觀也超客觀，既超時空也超因果，但一般人認識不到這一點，便賦予梵種種屬性。這樣，梵就有了兩個：一個是上梵，即無屬性、無差別、無限制之梵；另一個是下梵，即有屬性、有差別、有限制之梵。下梵具體表現爲神祇、個體靈魂（個我）和世界萬象。

商羯羅也認爲世界是梵通過「摩耶」創造的。「摩耶」是現象世界的種子，現象世界是由下智的人們對於上梵的無明或虛妄所引起。按照他的理論，梵通過「摩耶」創造世界的過程，很像一位魔術師在變戲法。它先取來五種細微物質：空、風、火、水、地，作爲創造世界的基本素材，再將這五種細微物質相結合，產生出五種神奇的物質：空大、風大、火大、水大、地大。空大是由1/2空+1/8水+1/8火+1/8風+1/8地所構成，地大、水大、風大、火大也是按同樣比例構成的。現象世界就是由這幾種神奇物質變幻而來。最後，商羯羅的理論與其他印度哲學思想一樣，最終歸結到超越現象世界上。他認爲，解脫就是親證梵與我的同一，即「我就是梵」。解脫不是產生一種至善至樂的狀態，而是除去無知的遮蔽。

商羯羅對於數論派、勝論派以及順世論中的唯物主義思想，都進行了激烈的批判。他還公開為種姓制度辯護，認為個人只有嚴格從事規定之職業、實行種姓實踐才能解脫。他也對佛教的某些教義進行了批判，但他的思想明顯受到大乘佛教的影響。他關於「梵」和「摩耶」的論述和佛教中觀派「空」的學說相似；他的解脫思想也深受佛教之影響；他還仿照佛教的僧團組織建立印度教組織，在印度修建了幾處宏大的寺院，因此商羯羅被同時代的人稱為「假面的佛教徒」。

從哲學上說，商羯羅對於梵和世界的解釋是客觀唯心主義的。他思想中的梵，是一個無所不包的實體，超越了印度教各派別以及其他教派所崇拜的實體、諸神和神靈（甚至是萬物之靈）。從中可以看出，印度教理論家融合印度各種教派、各種信仰的努力，從一定意義上說，他的理論確實起到了這種作用。經過他闡發和改造的吠檀多思想為印度教提供了更廣闊的理論基礎，使印度教許多教派得以系統化。所以，吠檀多思想逐漸發展成為在印度占統治地位的思想體系，也是目前印度影響最大的哲學思潮。

(二)其他學派的發展

婆羅門系統其他各派在這個時期大體上只是在完善已有的理論，沒有什麼新的建樹。勝論派理論家慧月（西元五五〇至六五〇年）著《勝宗十句義論》，在原來的六句義基礎上增加了普遍與特殊（俱、分）、可能力（有能）、無能力（無能）、無（無說）四個原理。十一世紀的西瓦迪體亞（Sivaditya）著《七原理篇》，對「無」與「有」的問題作了有意思的思辨。他認為，「無」有以下幾種情況：第一，未生無，即現在還未生出，這是一種未來有；第二，已滅無，即已經滅亡，現在不存在了，這是一種過去有；第三，更互無，即兩個不同的東西互不是對方，如瓶不是布、布也不是瓶；第四，畢竟無，即絕對無，如水中無火、石女無子。

這裡關於「無」的思想，與佛教中「空」的思想十分相似，這種詳細分類的做法，對後代印度的邏輯學發展起了很大影響。

七世紀末和八世紀初，彌曼差派仍在研究吠陀詞語的意義。這時出現了兩位代表性學者，枯馬利拉（Kumarila，約西元六五〇至七〇〇年）和普拉帕格拉（Prabhakara，約西元七〇〇年），他們在進一步發展彌曼差派理論方面有不同看法。枯馬利拉認爲，吠陀中每個詞語，既有單獨的涵義，可以單獨理解，也可以放在整個文章中理解；而普拉帕格拉則認爲，一個詞語只能放在相互關聯的文章中才能理解其意義。彌曼差遂分爲兩派，後代稱枯馬利拉一派爲巴塔派（Bhatta），稱普拉帕格拉一派爲古魯派（Guru）。

此時的數論派和瑜伽派沒有特別一提的變化。

大約到九世紀中葉，印度學術界出現了超越學派之限、客觀看待各派思想的傾向。如瓦查斯帕提米修拉（Vacaspatimisra，西元八四一至八五〇年左右）寫下了受正統婆羅門系統各派好評的注釋書，耆那教思想家哈利巴德拉（Haribhadra，西元九世紀）寫下了《六派哲學集成》，被認爲是比較公正的著作。

三、印度教各派的產生和發展

商羯羅在印度建立四大修道院（後成爲印度教重要聖地），並仿照佛教組織建立了「十名教團」，這些做法對印度教的發展和普及起了推動作用。

前面講到，印度教其實並不存在統一的教義、統一的神明和明確而固定的儀式，它實際上是各種信仰方式、各種習俗和生活方式的混合體。從笈多王朝崩潰到穆斯林侵入次大陸的幾百年時間裡，由於政治上分裂，各地區更趨於封閉，印度教形成許多派別，教義和實踐也更五花八門。

大體說來，按照對三大主神信仰之不同，印度教徒可分爲兩大派別，即濕婆派和毗濕奴派（崇拜梵天的信徒很少），其實，稱這兩個教派是兩個宗教亦無不可，因爲這兩個教派之間的差別並不比它們與佛教或耆那教之間的差別小。兩大教派的信徒根據信仰的側重點不同，又進一步分爲許多更小的教派。這裡擇其主要派別分述如下：

㈠濕婆系統的派別

1. 喀什米爾派

大約九世紀初流行於喀什米爾地區，尊奉六十四種經典。大約在西元八二五年前後，瓦蘇笈多（Vasugupta）將這些經典的內容作以歸納，寫成《濕婆經》，其弟子巴塔・卡拉塔（Bhatta-kallata）又著《斯潘達頌》（*Spanda-karika*），該派理論得以系統化，信徒得以發展。該派認爲，個體靈魂與濕婆神是同一的，濕婆通過一種神祕的力量——性力（Sakti，或稱精神力、歡喜力、欲求力、活動力），顯現爲個體的靈魂和世界萬象。無知的人們認識不到這一點，這是人的不幸。通過對這種性力的不斷「再認識」，個體靈魂就可以與濕婆神回歸爲一，從而達到解脫。該派繼承了數論的理論，在「二十五諦」基礎上又增加了作爲純粹知性的濕婆和作爲純粹力的性力等十一諦，該派因而將其主要學說歸爲「三十六諦」。穆斯林侵入次大陸後，許多喀什米爾人改信伊斯蘭教，該派勢力衰落。

2. 聖典派（Saiva-Siddhanta）

因贊誦濕婆派的經典而得名，該派出現的具體年代不詳，但笈多王朝以後已相當流行，該派又可分爲梵語聖典派和泰米爾語聖典派兩支。前者崇奉二十八種梵語經典，崇拜濕婆派傳承的六十三位聖人和他們創作的經典、讚歌，這些聖人大都生活在西元七至十一世紀之間（有的生活在十一世紀以後）。後者主要流行於南部印度，勢力強大。該派認爲，宇宙有三種基本的存在：濕婆神、個體靈魂和物質，他們分別由主、家畜和繩子代表。後二者依賴神而存在，濕婆神具有獨自的能力（性力），這種能力使濕婆與物質世界結合起來，既可以束縛個體靈魂，又可以使其從束縛中解脫。對靈魂的束縛有三種：無明、業（行爲）和迷妄。物質世界展現爲三十六種現象或範疇，是一種虛幻的顯現。人只有擺脫無明，消除業障，獲得濕婆神的恩寵，與具有無限知識和活力的濕婆神合一，才可解脫。該派具有重視理論研究的特點。

3. 獸主派（Pasupata）

漢譯佛經譯作「塗灰外道」，該派起源於西元前後，經典《獸主經》被認爲是西元一世紀的作品。教義上與聖典派接近，但修行方法不同。該派的特點是：宣稱濕婆是「家畜之主」，信徒在身體上塗抹草灰，在眾人面前故意大聲喧嘩、大笑、跳舞等，以引起別人的注意。該派認爲，故意招致世俗的嘲笑和輕蔑是重要的宗教實踐，這樣可以獲得濕婆神的恩寵。

4. 性力派（Saktism）

與其他教派相反，該派認爲，作爲最高實在的濕婆神，和梵天大神一樣，是不具有什麼活動能力的，而他的配偶們卻具有極大的力量（性力）。女性的性力是世界之根源，世界只是其性力的展開。崇拜的女神有：濕婆的配偶雪山神女帕爾瓦蒂、難近母、迦梨（Kali），毗濕奴的配偶吉祥天女拉克希米，梵天的配偶辯才天女薩拉斯瓦蒂，黑天的配偶拉達、羅摩的配偶悉多等。迦梨女神在民間的形象大都很可怕：黑色皮膚，大張著口，伸出舌頭，蟲蛇繞身，在死屍上跳舞，耳環是人的屍體，項鏈是髑髏，面孔和胸乳滿塗鮮血，四隻手中的兩隻執利劍和人頭，另兩隻則伸開作保護和祝福狀。她是死亡之神，又是生育之神，既殘忍又溫和，既能殺戮也能微笑。信徒只能不停地祈禱和貢獻犧牲，才能避禍得福。

該派認爲，由不同的性力產生相應的聲音（咒語），這些聲音中就宿藏著神祕的靈力。一個人要獲得解脫，必須絕對服從女神的呼喚，激發人體內的神聖力量。該派修持特殊的瑜伽，採用祕密儀式，對迦梨等女神供奉酒、肉、魚、穀物，甚至人身，深夜男女「輪座」（按宗教規定男女雜交）。但他們不信業報輪迴之說，反對種姓制度和歧視婦女的做法。由於崇信的女神與金星的儀式方法不同，該派又分爲兩支：左道性力派（Vamacaris）和後來出現的右道性力派（Daksinacaris），主要流行於孟加拉、阿薩姆、奧里薩等地。帕拉王朝（西元八至十二世紀初孟加拉地區的王朝）時，性力派最盛。對女神的崇拜，印度民間早已有之，印度教攝取民間信仰後，使這種崇拜理論化。性力派的思想和修煉時間爲後來的佛教所吸收，產生了密教（Tantra）的「女行」（Vamacari）學說與實踐。

圖8-2　迦梨女神

(二) 毗濕奴系統各派

1. 潘查拉脫拉派（Pancaratra）

這也是婆門教與民間生殖崇拜習俗相混合產生的教派，認爲宇宙的最高實在是毗濕奴及其性力的混合體，後來二者分裂，性力顯現了世界。該派認爲，只要虔信毗濕奴，四個種姓皆可獲得救贖，但種姓以外的人（「不可接觸者」）不能得救。大約西元六世紀前後，該派形成了自己的經典《潘查拉脫拉本集》。

2. 薄伽梵派（Bhagavata）

該派起源較早，大約西元四世紀前後興盛。該派原屬非婆羅門的民間信仰，後來逐漸吸收婆羅門教的要素，虔信毗濕奴及各種化身，成爲一大教派。笈多諸王信奉此派，使該派影響擴大。該派有若干經典，其中最重要的經典是《薄伽梵往世書》（西元十世紀前後）。後世從該派中發展出崇拜毗濕奴化身黑天的派別，影響很大。

四、密教的產生和佛教的滅亡

(一)佛教哲學的繼續發展

自笈多王朝以後，佛教僧侶沉湎於繁瑣的經院式研究，內部派別之爭激烈。印度本土的上座部各派大多衰亡，較有勢力的還有一切有部、經量部、正量部等。大乘佛教內部也有新的變化。

佛教的唯識派、中觀派仍有一定發展，出現了諸如《大寶積經》、《大集經》之類的經典。唯識派較著名的學者陳那（Dignaga，或譯「域龍」，約西元四〇〇至四八〇年），吸收了正理派的邏輯學知識，對於認識論、推理等問題做了細緻的研究，著《因明入正理論》（玄奘譯），成爲佛教因明（邏輯學）的入門之書。陳那的觀點又為後來的法稱（Dharmakirti，西元六五〇年前後）進一步發揮。後該派分裂為「有相唯識派」和「無相唯識派」。該派理論後來傳到中國、日本，就是法相宗。

這個時代，佛教中觀派出現了兩個代表人物：佛護（Buddhapalita，西元四七〇至五四〇年前後）和清辯（Bhavya，西元四九〇至五七〇年前後）。他們標榜恢復龍樹和提婆的學說，與唯識派學者展開「空有之爭」。不過，兩人在對待如何論證空的問題上持不同觀點。佛護認為，空是不可論證的，一切論證最後必歸於謬誤；而清辨則認為，通過獨立的推論，可以證明空。而且，兩個人在宣傳自己的學說時採用的辯論方式也不相同。中觀派遂分裂成兩派，以佛護為首的一派稱為「應成派」，以清辯為首的一派稱「目續派」。七世紀以後，佛教衰落，再無出色的學者和新理論出現。當中國的大和尚玄奘滿懷崇敬之情歷盡千辛萬苦來到印度取經時，他萬萬沒有想到佛教已衰落得很厲害。他的佛教知識當時能夠在印度受到高度評價（在和其他僧侶論戰中獲得勝利），一方面固然說明他的佛學知識淵博，同時也說明，當時印度精通佛學知識者已經不多。八世紀後，中觀、唯識兩派趨向合流，形成瑜伽中觀派。最後，兩派融合於密教之中。

(二)佛教與印度教的融合：密教的產生和發展

釋迦牟尼時代的佛教，反對婆羅門教的祕密咒語，認為它無助於解脫。但到了大乘佛教時代，開始承認密咒的作用。西元三世紀前後產生了一部專門記錄咒語的經典：《孔雀王咒經》。佛教稱這種咒語爲「眞言」（mantra）。

西元七世紀，印度政治上封建割據加劇，城市衰落，商品經濟和對外貿易衰退，各地區孤立而閉鎖，缺乏交流。在這樣的背景下，以地方信仰爲特徵的印度教各派非常活躍。這時，佛教向兩個相反的方向分化了：一方面，一些信奉佛教的知識分子沉湎於對深奧佛理的探討，日益走上繁瑣考證的道路，對民眾失去了吸引力；另一方面，佛教開始逐漸與民間信仰融合，變得極端世俗化，它吸收了印度教（尤其是性力派）的一些因素，崇拜生殖力，放縱人的欲望。後一方向是對前一方向的反動，兩個方向相反，但反映的事實是一樣的，即佛教在變質、在衰落。佛教逐漸演變爲密教（Tantra，因該派的經典Tantra而得名）。

圖8-3　密教佛像

密教的開山鼻祖被認爲是龍樹（Nagarjuna，或譯「龍猛」，西元六〇〇年前後），密教的主要經典有《大日經》（西元七世紀中葉形成於西南印度）、《金剛頂經》（西元七世紀末形成於東南印度）等。爲了與大乘和小乘相區別，他們自稱爲「金剛乘」。「金剛」源於金剛杵，爲古印度一種兵器，密教用以表示「堅利之志，斷煩惱，伏惡魔」。密教將自己信奉的佛稱爲「大日如來」，它大量吸收了民間信仰，把許多佛教以外的地方神祇視爲大日如來的顯現。他們的教團組織嚴密而封閉，進行複雜而祕密的儀式。他們認爲，大乘佛教的那種修行方法太難了，眾生本來就具有佛性，只要口誦眞言密語、手結契印、心中想著佛、參加密教的特別儀式，就可以成佛（即身成佛）。該派承認現世的幸福，認爲人間的欲望不應抑制而應尊重，因而該派信徒喝酒吃肉，甚至主張用五肉（狗、牛、馬、象、人肉）獻祭。受印度教性力派的影響，一部分密教徒崇拜男女性的結合，提倡男女和合之勝樂，認爲這就是涅槃成佛。九世紀以後這種做法很盛行。對世俗享樂的肯定是佛教對當時民間信仰的妥協，但密教在這方面走得較遠。佛教由一個主張「不殺」、「不淫」、節制欲望的宗教，發展到此等地步，實在具有諷刺意味，佛教已陷入迷信和墮落的境地。西元十一至十二世紀，在孟加拉地區帕拉王朝的支援下，密教獲得較大的發展。這時密教的修行方法更趨簡單，稱爲「易行乘」。

密教是印度佛教最後一個階段，它是大乘佛教與印度教、印度民間信仰妥協的產物。它的興起使佛教喪失了本來面目，抹去了印度教與佛教之間的差別，一些佛教徒走上墮落的道路，佛教急劇地衰落了。伊斯蘭教侵入次大陸後，爲了與之抗衡，密教加速了和印度教的融合，佛教的許多思想已被吸收到印度教中，佛陀成了毗濕奴大神的第九個化身，佛教的寺院也改爲印度教廟宇。密教末期的一個派別「時輪乘」（Kalacakra-tantra，約西元一〇二七至一〇八七年）認爲，世界的最高實在是高於釋迦牟尼之上的「本初佛」。「本初佛」類似印度教中的梵的概念，這明顯是受了印度

圖8-4　密教畫像

圖8-5　菩提伽耶大覺寺（約建於西元8世紀，後緬甸人重修）

教神明思想的影響。向世俗的妥協和與印度教性力派的融合（二者是一致的），使佛教失去了作爲獨立宗教而存在的理由。一二〇三年，穆斯林軍隊摧毀密教的大本營威克拉馬西拉寺院，大量佛教徒被殺戮，佛教在印度全面滅亡了。

(三)佛教在印度滅亡的原因

關於佛教在印度滅亡的原因，學者已有不少探討。①這裡，從與印度教對比的角度，提出幾點看法供參考。

第一，與印度教相比，佛教無法爲印度提供一個更好地在不斷外來打擊下生存的機制。佛教十分有組織，有正規的僧團和寺院。但在外來統治者打擊的時候，容易毀滅，而印度教沒有嚴格的僧團和寺院，它的祭司是一個固定的婆羅門階層，住在農村而不住在寺院。這種

①黃心川：《印度哲學史》，商務印書館，一九八九，第二六二頁。

方式更能適應印度社會長期遭外來入侵、政治上四分五裂的「國情」。

第二，佛教主張平等，反對種姓制度，這實際上是試圖觸動婆羅門教的根基，在印度建立一個種族平等的宗教和社會，但這在地理、種族、語言極為複雜的次大陸是很難辦到的。佛教的非種姓特點，必然帶來對外國人的開放態度，佛教興起後首先受到來到次大陸的外來統治者的歡迎。不過，接受外國人是以疏遠印度教徒為代價的，佛教始終未能夠在廣大下層社會中扎下根，缺乏牢固的社會基礎。所以，儘管得到像阿育王、迦膩色迦王那樣的統治者的大力扶持，佛教仍未逃脫滅亡的命運。

第三，佛教是無神論，它太理智，沒有神明，這不能滿足印度人深入探究宇宙奧祕的好奇心和內省式的文化心理特點。通過注意力集中試圖擺脫人的自我意識的瑜伽、對生殖力的崇拜、發達的神明體系等，反映了印度人最根本的文化心理特點，而這些在佛教中都找不到支持。佛教不主張苦行，不提倡生殖崇拜，在它的理論體系中也沒有神的地位（至於後來的佛教徒把釋迦牟尼奉為神明則是另一回事），這與印度人「超自然中心」的生活方式是不大符合的。後來佛教為了生存不得不改變自己，向印度教妥協，而恰是這種妥協，帶來了佛教特點的喪失，最後導致滅亡。從這個角度看，印度哲學家拉達・克里什南的說法是有道理的。他說：「對於道德的篤信是佛教力量的祕密；對於人性神祕方面的忽視是促使它失敗的原因。」②

② 黃心川：《印度哲學史》，商務印書館，一九八九，第二六二頁。

五、文學

笈多王朝衰落後，梵語文學仍有發展。戒日王時代，隨著政治上出現短暫的統一，北印度文化昌盛。戒日帝國的統治者實行開明的文化政策，獎掖文學藝術活動。當時著名的梵語小說家波那、詩人摩由羅和地婆迦羅都受到戒日王的恩寵。戒日王本人就是一位詩人兼劇作家，並有三部作品留世。在他的支持下，笈多王朝繁榮的文學藝術得以延續。

(一) 梵語戲劇

迦梨陀娑把古典梵語戲劇推向高峰之後，仍有一些佳作問世。不過，文學繁盛佳期已過，作品少了笈多時代的生機，難現昔日輝煌。薄婆菩提（Bhavabhuti，西元七至八世紀）在梵語戲劇史上的地位僅次於迦梨陀娑。他出身婆羅門家庭，博才多藝，後成爲曲女城國王的宮廷詩人，但不像迦梨陀娑那樣受到宮廷的恩寵。他有三部作品問世：《茉莉與青春》、《大雄傳》和《後羅摩傳》。

《指環印》是這一時代值得一提的作品。作者據說是毗舍卡達多（Visakhdatta，西元七至八世紀）。該劇以西元前四世紀印度歷史爲背景，描寫了一個政治故事：孔雀王朝取代難陀王朝後，流亡在外的舊朝宰相羅刹，組織盟軍，準備復辟。新王朝宰相賈那吉耶賞識羅刹的忠勇，利用羅刹的一個指環印，巧施反間計，瓦解舊王朝盟軍，迫使羅刹歸順新王朝。與其他劇本不同的是，該劇沒有宗教說教，沒有豔情韻事，也沒有插科打諢，而是僅僅圍繞賈那吉耶施計降服羅刹這一主線，靠步步深入的喜劇衝突本身吸引觀眾，這在印度古代戲劇中極為罕見。

這個時代還出現了一些國王的戲劇作品，由此可以推測戲劇藝術當時受到統治階層的喜愛。如戒日王的《妙容傳》、《瓔珞傳》和《龍喜記》；曲女城國王耶索沃爾曼的《羅摩成功記》；迦羅朱國王摩特羅羅賈的《崇高的羅摩》（失傳）、《苦行犢子王》等，但這些作品的藝術價值不能與笈多盛期的作品相提並論。

圖8-6　體態優美的天女

大約從八世紀開始，古典戲劇逐漸僵化，走向衰微。主要表現是：第一，在題材方面，較多依賴大型史詩或《往世書》的神話傳說，有的則熱衷於表現宮廷豔史；第二，在人物塑造方面，因襲固有模式；第三，喜歡使用冗長臃腫的複合詞句，出現了形式主義傾向；第四，忽視戲劇藝術特點。有的作品利用戲劇形式寫作敘事詩，炫耀詩才；有的圖解宗教或哲學原則。較極端的例子是：後期古典梵語戲劇中出現一種以哲學概念為人物名字的作品。如克里希那彌濕羅（Krsnamisra，西元十一世紀）的《覺月升起》，寫道「原人」和妻子「幻覺」生下「心」（國王），「心」的兩個妻子「有為」和「無為」分別生下兒子「癡迷」和「明辯」，兩兄弟為爭奪王位和國土發生衝突而導致大戰。屬於「癡迷」一方的有「愛欲」、「憤怒」、「貪婪」、「欺詐」、「自私」、「歡情」、「謬誤」、「殺生」、「渴望」和「邪命外道」（即異端邪說）；屬於「明辯」一方的有「理智」、「求實」、「仁慈」、「和平」、「信任」、「忍耐」、「知足」、「友誼」、「虔誠」等。最後「明辯」一方獲勝。這種概念化的作品旨在宣傳印度教吠檀多學派的「不二論哲學」。③這部戲劇把人物完全概念化了，毋寧說是在做道德圖解。此時的梵語戲劇已失去了生命力，逐漸被印度各地新興的方言戲劇所取代。

研究戲劇理論的著作有勝財（Dhananjaya，西元十世紀）的《十色》，這是繼《舞論》之後的又一部重要戲劇學著作，是根據《舞論》編寫，簡明扼要，條理清晰，成爲梵語戲劇的手冊。還一位叫娑楞伽提婆（Sarngadeva，西元一二一○至一二四七年）的音樂理論家，對當時的音樂和舞蹈藝術進行理論概括，完成了一部名爲《樂藝淵海》的書，分別對樂律、調式、曲體、作曲、歌唱法、節拍與節奏、樂器與演奏、舞蹈與表演等展開論述，是音樂理論的重要著作。伴隨著舞蹈的發達，爲舞蹈和詩歌所配的音樂也普遍流行。幾種弦樂器在這個時期不斷改進發展，已接近現代的形式。

③ 見金克木：「概念的人物化——介紹古代印度的一種戲劇類型」，金克木：《印度文化論集》，中國社會科學出版社，一九八三，第一七四頁。

(二)詩歌

繼迦梨陀娑之後，較著名的古典梵語詩人是婆羅維（Bharavi，西元五至六世紀）、摩伽（Magha，西元七世紀）和伐致呵利（Bhartrhari，西元七世紀）。伐致呵利是七世紀的著名抒情詩人，他的《三百詠》在印度流傳很廣。這部詩集分為《世道百詠》、《豔情百詠》和《離欲百詠》，分別表達了他對社會、愛情和宗教超越的看法。在《世道百詠》中，他揭示了世態炎涼，嘲諷王權，發洩對自己懷才不遇的不滿。在《豔情百詠》中既描寫女性的嬌美和愛情的甜蜜，也描寫貪戀女色的禍患。最後，和許多印度思想家和詩人一樣，勸導人們摒棄世俗欲樂，出家修行，尋求宗教上的超越。④

圖8-7 克里希那與拉達

勝天（Jayadeva）是十二世紀的孟加

④ 該詩有中譯本，見金克木譯：《伐致呵利三百詠》，人民文學出版社，一九八二。

拉宮廷詩人，通常認爲他也是古典梵語時期最後一位重要詩人。他的《牧童歌》描寫牧童克里希那（毗濕奴化身之一）和牧女拉達的愛情生活。克里希那風流多情，許多牧女追求他，他也與她們調情，但拉達是一位愛情專一的女子，她熱戀克里希那，看到他與別的牧女調情，便心生妒火，陷入無窮的煩惱。克里希那儘管行爲有點放蕩，但他最鍾情的還是拉達。經過一番感情的波折，他們兩人最終結合。詩人以優美的韻律表現了一對戀人之間的熱戀、嫉妒、分離、相思、嗔怒、求情、合好和歡愛的經過，該詩在形式上採取歌唱和吟詠相結合的方式，具有獨創性。該詩是一首豔情詩，當時孟加拉地區正值宗教上虔信運動蓬勃展開，該詩作爲對毗濕奴大神的虔信詩廣爲流傳，對後代詩歌影響很大。後世印度詩歌中產生了一大批這樣的詩歌，詩人把大神當作戀人來歌頌，既是頌神之作又是情詩，這是印度詩歌中特有的現象，很難爲我們所理解。

後期古典梵語詩歌也出現形式主義傾向，表現爲炫耀詩才，過分追求修辭技巧，甚至玩弄文字遊戲，詞義晦澀，牽強附會。

值得注意的是，這個時期出現了一部梵語詩歌研究的集大成著作：《詩莊嚴論（*Kavyalankara*）》，作者婆摩訶（Bhamaha）是七世紀人。該書是對梵語文學理論的總結，提出的「莊嚴」概念意即「修辭方法」，共三十九種，如諧音、迭聲、明喻、隱喻等，認爲莊嚴的實質是「曲語」（曲折的表達方式）。後期的文學理論著作有：檀丁的一部關於怎樣作詩的手冊《詩鏡》、阿南陀伐彈那（大約西元九世紀）的《韻光》、曼摩（西元十一世紀）的《詩光》等。⑤

㈢故事文學與小說

故事文學除了較早出現的《五卷書》和《本生經》以宣傳宗教倫理的故事集外，還出現了以世俗故事爲主的故事集，如《故事海》等。這些故事多採用故事中套故事的格式，內容富有生活氣息並具有傳奇色彩，成爲古典梵語戲劇創作的源泉之一。與其他梵語文學形式相比，這些故事在反映古代印度社會生活方面更眞實一些。

古典梵語小說是在兩大史詩、古典梵語敘事詩和民間故事基礎上發展起來的，因而出現較晚。最早的梵語小說大約出現在西元六、七世紀，如《仙賜傳》、《迦丹波利》和《十王子傳》。不過，嚴格說來，這還不能稱爲小說，這些作品繼承兩大史詩的框架結構和修辭方式，注重辭藻修飾，大量使用諧音、雙關、比喻、誇張、神話典故等手法，與其說是小說毋寧說更像無韻的敘事詩和散文體敘事詩。

早期梵語與俗語的差別不是太大，一般老百姓也能聽懂梵語作品，故梵語文學仍可流傳，但口頭語言不斷變化，而梵語由於被僵硬的語法規則所限制，無法發展，使得梵語與俗語之間的距離愈來愈大，對民眾來說梵語愈來愈難懂，從而梵語文學日益脫離群眾，脫離社會生活，脫離民間

---

⑤ 金克木：《古代印度文藝理論文選》，人民文學出版社，一九八〇。

文學的營養而趨於衰亡。自西元十二世紀以後，梵語和梵語文學逐漸衰落，最後梵語成爲一種死的語言，梵語文學也爲各地的新興方言文學所取代。不過，古典梵語文學在印度文化中的重要地位以及對後世的影響不能低估，它整整延續了近千年，留下的大量優秀作品成爲印度文化的瑰寶。新興方言吸收了梵語的辭彙，方言文學也從古典梵語文學中不斷吸收大量營養。

六、雕刻和建築藝術（八至十二世紀的北印度）

這個時期印度遺留下來的藝術品，主要仍是神廟和神像。雕刻和建築藝術具有兩個較明顯的特點：第一，佛教藝術與印度教藝術的進一步融合。今日菩提伽耶的大覺寺，被認爲是二至八世紀的建築（西元十二世紀由緬甸人重修）。寺廟主塔高五十五公尺，呈方錐體，頂部爲一圓錐體塔尖，風格已大不同於過去的「翠堵坡」，而和印度教的神塔類似。根據玄奘的記載，戒日王時代的那爛陀寺，是當時北印度規模最大、最宏偉的佛寺。該寺位於今比哈爾邦的巴拉貢，建於笈多王朝時代，七世紀達到全盛。玄奘到達這裡時（西元六三二年），這裡聚集著大批學習佛教的高僧，是一所名副其實的佛教大學，據說玄奘是第一萬

圖8-8 那爛陀寺院遺址

圖8-9　天女與小童（西元11世紀）

名學生。該寺建築大多呈方形，主建築在一小山丘旁，有臺階可上，磚石結構，形似古堡。廟宇分四層，每層有許多巨大石柱，柱間石壁雕刻著佛像，此種樣式與印度教風格的建築已無大的差別。此外，該寺還有經堂、僧房、佛塔等。可惜該寺於十世紀末被毀，二十世紀考古學家根據《大唐西域記》的記載，找到了這所寺廟的遺址。現存佛像多爲笈多後期作品，從已毀壞的中央大塔來看，與受印度教建築影響的菩提伽耶大覺寺塔十分相近。

從那爛陀、比哈爾邦以及孟加拉等地出土的佛像來看，其藝術風格仍受笈多王朝藝術的影響。帕拉王朝時代的兩個持蓮花菩薩像，展示了笈多雕刻的風格，不過，由於不斷重複一種模式，已變得有些呆板、枯燥。一座十世紀的雕刻描繪了一個坐在寶座上的釋迦牟尼，周圍圍繞著他一生的八件大事，即入胎、出世、出家、大覺、涅槃等。他坐在一對獅子支撐的雙層蓮花寶座上，手伸向下界，頭帶王冠，頭後是火焰形光環，王冠和珠寶象徵佛陀是一位宇宙之王。與以往佛像不同的是，佛陀被表現爲一個苦行的和尙，而苦行是佛陀所反對的。這些都表明佛教藝術已與印度教藝術相融合。印度教的神祇也站立在佛教的菩薩、金剛的行列中。

在印度教中，也出現了一些具有佛陀特徵的神像。現存於華盛頓的一尊毗濕奴雕像，與佛像極爲相似。他頭戴王冠。有四支手分別持權杖、圓盤和法螺，右下手持一小蓮花，作贈予手印。

第二，受印度教性力派和密教的影響，這個時期的一些建築和雕刻品具有生殖崇拜的特點。奧里薩的濕婆廟（林伽廟）約建於西元一〇〇〇年前後，主要建築是一座殿堂和一座高塔。殿堂基本上由幾何形體組成，塔建在一正方形基座上，從正殿尾端升起，形似蜂房。高塔造型帶有男性生殖器崇拜的痕

圖8-10　太陽神廟（比哈爾邦，西元12至13世紀）

圖8-11　卡朱拉霍神廟（西元12世紀）

圖8-12　卡朱拉霍神廟外牆上的浮雕

蹟。不過，和早期直接表現性器官不同，這個時期的林伽形象更爲藝術化。

此類建築和雕刻也存在北印度其他一些地方。今比哈爾邦科納拉克的太陽神廟，無論就其建築還是雕刻，都可稱爲中世紀的傑作。它聳立在孟加拉海岸邊，含鐵的石頭氧化後顯黑色，故稱「黑寶塔」。塔高三十公尺，建於十二至十三世紀，大殿周圍用高品質的雕刻覆蓋著，其內容主要是生殖崇拜，表現各種性行爲，這些男女象徵著孤獨的人類靈魂與神相合時所感受到的欣喜。該廟曾經是性力派的崇拜中心。

位於北印度偏南的卡朱拉霍，也是性力派藝術的一個中心。該處據說以前有八十座廟宇，現剩二十餘座。大部分建於九五〇至一〇五〇年間。其中的馬荷代奧神廟規模最大，高三十六．五公尺，雕刻極其精美。神廟內外的浮雕，對女性人體性感的大膽表現，表現出人們對女性生殖力量的崇拜和敬畏。這裡的建築和雕刻可以說代表了性力派藝術的頂峰。

七、南方文化的興起

德干高原以南泰米爾地區的文化較北印度發展較晚。這裡的居民多屬土著達羅毗荼人後裔，說著屬於達羅毗荼語系的泰米爾語。達羅毗荼人爲次大陸土著，受雅利安人的驅趕，北方的大部分達羅毗荼人退居南方。由於有溫迪亞山天然屏障相隔，這裡受雅利安文化影響相對較小。大約西元前五世紀至西元一世紀，這裡出現了三個相互爭雄的勢力：潘迪亞人、朱羅人和撒拉人。這個時期也出現了較繁榮的文化，史稱桑伽姆時期。「桑伽姆」（Sangam）意即「團體」，指泰米爾詩人學者群體。相傳這個時期的詩人、歌手常常聚集在馬杜賴城，表演各自的作品，這個時期的文學稱為桑伽姆文學。由於年代久遠，桑加姆文學的大部分作品已散失，現僅留下兩部詩集：《八卷詩集》和《十卷長歌》。共有二千多首詩，多短小，其中大部分反映的是戰爭和愛情悲劇。除此之外。還有一部泰米爾語語法經典《朵伽比亞姆》。桑伽姆文化反映的是一種未受雅利安文化影響的世俗文化。

一世紀之後，南印度泰米爾諸王國逐漸衰落。三世紀初，卡拉比拉人興起，擊敗了潘迪亞人，建立了政權，這個政權大約維持了三百年的時間。這期間，北方的雅利安人大量南遷，隨之而來的是雅利安文化的滲透和影響：種姓制度確立了，繼而佛教和耆那教在南方興盛，各種寺廟林立。泰米爾民族文化受到強烈衝擊。在這種情況下，泰米爾族的知識階層思考和探索一些倫理道德問題，以維護本民族文化，留下了一批有關道德倫理的文學著作（共十八種）。其中瓦魯瓦爾（約二世紀）的《古拉爾箴言》最爲著名，該書提出了倫理道德的最高準則「阿拉姆」（相當於梵語中的「達摩」，即「正法」），認爲「至善者莫過於遵行正法，至惡者莫過於違反正法」，該書對社會應當遵循的道德準則、國家的治理，以及愛情和婦女問題都有論述。該書未涉及宗教解脫問題，這是它與古代印度其他典籍的一個顯著差別。這部著作對印度人尤其是泰米爾民族的思想文化和社會生活產生了深遠影響，其中的詩句至今常常被引用，瓦魯瓦爾也像中國的孔子一樣被尊爲聖人。⑥

---

⑥ 張錫林：「《古拉爾箴言》簡論」，《南亞研究》，一九八八年第四期。

此外，這個時期還產生了兩部被稱爲泰米爾史詩的敘事詩：《腳鐲記》和《瑪妮梅格萊》，兩部史詩對後世泰米爾文學與文化產生了重大影響。

強盛的笈多王朝未能將統治推進到印度南部。笈多王朝衰落後，北方在文化上的優勢逐漸喪失，而德干西部和南端的泰米爾文化卻處於上升趨勢。南方文化在保持了達羅毗茶文化的基礎上，吸收了雅利安文化，到西元五百年前後逐漸形成了新的泰米爾文化，並開始對整個印度文化作出貢獻。德干西部歷來是南北文化交匯的橋樑，在文化藝術上兼有南北方的特點，又對南北雙方都產生了影響。

六世紀中葉至七世紀中葉，德干以南地區有三個主要國家爭雄，即統治德干高原的遮婁其國（約西元五五〇至七五〇年）、帕拉瓦國（西元五五〇至九一〇年）和南端印度的潘迪亞國（西元五八〇至一三二三年），此時朱羅王朝已衰落，這些國家常年打仗，後相繼衰亡。到了九世紀中，朱羅政權再度崛起，它以泰米爾地區的坦焦爾爲中心，自稱是太陽族的後代，它先後擊敗潘迪亞、遮婁其等鄰國，約到西元一〇〇〇年前後，朱羅政權達到頂峰，建立了一個包括南印度大部分和德干南部的大帝國。南方民族善於航海，朱羅王朝時期，南印度與東南亞、中國等地有密切的貿易往來。大約在十二世紀，朱羅王朝開始走下坡路。朱羅帝國內各小屬國勢力增大，逐漸取代了中央政權。此後，南印度陷入諸小王國林立的局面。

從文化上看，自三世紀後，印度教在南印度諸王國中開始占統治地位。統治者爲了爭取婆羅門的支援，把大量土地賜給他們，南印度出現許多婆羅門村。同時政府還大力扶持印度教寺廟建設，因而寺廟在南印度具有更重要的地位。一度盛行的佛教和耆那教開始受到猛烈的批判。六至七世紀，南印度民間興起「虔信」（Bhakti）運動，運動的宣導者是泰米爾詩人和民間說唱者。如前所述，對濕婆和毗濕奴的崇拜在笈多王朝時期已在北印度流行，但在南方，這種崇拜發展爲狂熱的宗教運動。這些人分爲兩派，一派信奉濕婆，稱爲「衍納羅」，另一派信奉毗濕奴，稱爲「阿爾瓦爾」。他們都反對繁瑣的祭祀儀式和種姓制度，認爲任何人只要虔信神，就可獲得解脫。泰米爾的婆羅門詩人羅摩奴賈（Ramanuja，相傳爲西元一〇一七至一一三七年間人）批評了商羯羅的觀點，認爲梵與個我、與現象世界的關係，在本質上或本體論上是相同的，但在性質、形式和作用上又是不同的。他提出知識不是解脫的重要手段，虔誠的信仰才是最重要的。他的觀點被稱爲「限制不二論」。他的理論爲虔誠運動提供了理論基礎，並使婆羅門知識分子與民間運動結合起來，從而大大推動了運動的發展。這個運動有兩個目的，一是爲了抵制耆那教和佛教，二是爲了復興泰米爾民族的文化傳統。兩個多世紀以後，這個運動逐漸傳到北方，匯合各個教派，在北方流行開來。十一世紀後，南印度的虔信運動開始衰落。

圖8-13　青銅神像

十二世紀以後，南印度的卡納塔克地區出現一個林伽教派，該派以濕婆爲偶像，特別崇拜林伽（男根），反對婆羅門和吠陀權威，鼓勵寡婦改嫁，反對早婚等，後發展爲一個獨立的種姓集團。

在虔信運動發展的同時，以頌神爲主要特點的南方文學藝術也獲得了發展。泰米爾詩人編寫了大量的頌神詩歌，這構成了泰米爾地方語言文學的主要內容。這個時期的文學稱虔信文學。濕婆派虔信文學的主要代表人物有：桑班達爾、阿伯爾等，他們的詩作收集在由十世紀末朱羅王朝詩人南比延達南整理的《提魯牟來》（意即「聖經」）中。大約在六五〇至八五〇年間，泰米爾地區出現了一批著名的宗教詩人。他們到各地寺廟去巡禮，讚歎毗濕奴神，常常進入一種恍惚狀態。他們主要用泰米爾語向低種姓和賤民出身的人宣傳教義，形成很大的勢力。代表人物有提魯馬利塞、貝利亞爾瓦爾等，他們的作品後來整理爲《聖歌四千首》一書。和桑伽姆文學以及後來的倫理文學不同的是，虔信文學主要以史詩、往世書爲題材，和宗教結合在一起，大量詩歌抒發的是信徒對天神的虔敬愛戴之情。例如，有三位泰米爾詩人於迎神時這樣對吟：

大地是我的燈，沸騰的海水是燈油，
燃燒的太陽是火焰，使我見到了神。
愛是我的燈，熱烈的渴望是燈油，
沉浸在歡樂中的思想是燈芯，我點燃了智慧之光，
我心中的閃電點燃智慧之燈，我尋找，我找到了他。

悄悄地，奇蹟之主進入了我的心，留在這裡永遠不離去。

詩歌使用的不是梵語而是當地流行的語言，故在民眾中流傳極廣。除了泰米爾語外，這些詩人也使用泰盧固語（流行於今安得拉邦地區）、卡納達語（流行在今卡納塔克地區）等。在重大的宗教慶典上，還表演根據史詩和神話改編的戲劇和舞蹈。有時信徒們排成長隊，抬著神像集體遊行，穿過田野、森林，從一個朝聖點走到另一個朝聖點，邊唱邊跳，氣氛熱烈，後面跟著大群看熱鬧的人（這種形式的敬神活動至今在南印度仍可經常見到）。當時許多神廟擁有大量的教職和文藝人員，例如朱羅王朝時代的坦焦爾一所大神廟，除了有幾百名婆羅門祭司和二百多名僕役外，另有五十七名樂手和誦經人員，以及四百名「神奴」（Devadasi）。神奴是專門爲神獻舞的女子，一些「神奴」既是出色的舞蹈家，又是虔信運動的帶頭人，其中一些人還是娼妓。

宗教運動給建築和雕刻藝術以巨大活力。當北方藝術出現呆板、單調傾向的時候，南方的藝術成就開始超過北方。帕拉瓦人對南印度藝術作出了巨大貢獻，他們的神廟建築和雕刻藝術是整個半島的楷模。西元七至八世紀，帕拉瓦王國的重要港口馬馬拉城（即今馬德拉斯附近的摩訶巴厘普拉姆）不僅是貿易城市，也是南印度的藝術中心。早期的神廟建築是仿造西部地區的石窟，鑿在山崖上，後來發展到用石塊砌成獨立的廟宇。最令人驚歎的是刻在摩崖上一幅氣勢磅礴的巨型浮雕：「恆河水下凡圖」。它高六公尺，寬約二十四公尺，雕刻了一百多個神、人和動物。它表現

圖8-14 濕婆神像

的是印度教一個古老的傳說：聖僧巴格拉陀說服衆神，讓天上的恆河流向大地爲世界造福，爲了不使河水沖毀地球，濕婆大神自告奮勇讓河水先沖向他的頭部，然後沿頭髮緩慢流下。浮雕描繪了恆河最終流到地球的神聖一刻，所有的神和生靈面向中心，虔誠地注視著奇蹟的發生。整幅作品宏偉壯觀，畫面活躍而有眞實感。這是一幅未完成的作品，但反映出藝術家精湛技藝和宏大的想像力。馬馬拉城還有一座海岸廟，建於八世紀初，因廟建在海邊，故有此稱。這是一座濕婆神廟，用花崗岩石塊堆砌而成。石面上原有雕刻，但大部分都已風化。廟內有一高塔，高塔下面的殿堂面向大海。在主殿的背後還有一座放置毗濕奴雕像的後殿，廟四周由很多小型石刻圍繞。這是南方最早的石砌廟，對於後來朱羅人的建築影響甚大。

朱羅王朝時代留下最著名的一座神廟是西

元一〇〇〇年時建造的坦焦爾濕婆廟。它包括一個南迪（濕婆坐騎）神龕，一個帶柱子的前廊和一個主殿。主殿是一佈滿雕像的高塔，高達五十八公尺，頂部是一重達八十噸的圓石穹形。當時竟能將這一巨石頂安裝上去，實在令人驚歎。朱羅王朝時期還有一些石雕作品留世，其風格繼承了帕拉瓦人的石刻藝術，並有所創新。

十至十二世紀，南印度出現了大量精緻的青銅雕像。最早的一尊雕像是帕拉瓦人於八世紀創作的，這是一尊長著四臂的毗濕奴神像，高三十七公分，製作技巧相當嫺熟。另一件青銅雕像作品是濕婆的妻子雪山神女像，高九十二公分，作於十世紀，苗條的身材富於曲線美，略微扭轉的優雅姿態，豐滿的乳房，柔和的臂和手，使雕像顯得十分和諧。

在所有青銅神像中，製作最精美、最著名的是舞王濕婆像。此像從總體設計到人物造型，從寓意到裝飾效果，都無可挑剔。這具雕像產生於十一至十二世紀的朱羅王朝時期，現藏於新德里國立博物館。它表現的是濕婆神正在跳創造、毀滅宇宙的舞蹈。舞王濕婆頭戴扇形羽飾寶冠，右腿獨立於一圈火焰光環中央，腳踏侏儒，左腿抬起，四臂伸展，翩翩起舞。他的頭髮隨著舞蹈向兩側有規律地散開，右邊髮縷中表現恆河降凡神話的恆河女神在合掌禮拜。寶冠和胸臂間有長蛇纏繞，也增強了舞王的動感。右上手拿著一個像滴漏計一樣的小鼓，鼓是聲音的標誌、是創造的象徵，因為往世書上說，宇宙第一件創造物是聲音。手鼓不僅代表原始宇宙的創造之聲，同時也在為他的舞蹈伴奏。與手鼓相對應，左上手持一燃燒的火（劫火），象徵著毀滅。這火焰點燃了周圍的光環，光環象徵著時間流傳不停、宇宙迴圈不息。右腳踩著的侏儒象徵著邪惡和無知（無明），這裡是指對

圖8-15　一對情侶（西元1000年的作品）

圖8-16　神像（現代製作）

印度教「梵我一如」眞理的愚癡。右下手作無畏手印，表示無所畏懼。左下臂如象鼻一般下垂，指向抬起的左腿，而左腿足尖又指向火焰光環，彷彿在勸喻信徒擺脫虛幻塵世的羈絆，尋求解脫，達到與宇宙靈魂合一的境界。持手鼓的右臂和持火焰的左臂維持著全身的平衡，隱喻著創造與破壞這對立的兩極之間的平衡。右腳的支點位於火焰光環的中軸線上，據說這代表著宇宙運動的中軸，也代表著與宇宙運動節奏合拍的人類心理結構律動的中心。舞神濕婆的神祕之舞表現的是宇宙永恆的運動，圓形的舞姿、環狀的火焰，共同組成了一個統一、和諧的宇宙體系，最典型地代表了印度教文化對宇宙的根本看法。這是一尊藝術性與思想性高度完美結合的傑作，法國大雕塑家羅丹曾稱讚這尊雕像「充滿了生命力、像生命的洪流，像空氣，像陽光，生機盎然」。⑦

在這幾百年裡，西南海岸地區因有西高止山的屏障而相對平穩。八世紀以後，不少阿拉伯人來這裡經商並定居下來。他們在當地形成一個獨立的宗教和種族集團，與北方的穆斯林區別開來，被稱爲「馬拉巴穆斯林」。八世紀阿拉伯人征服伊朗後，一部分瑣羅亞德教徒因不願改信伊斯蘭教或繳納作爲異教徒的人頭稅，於八世紀初來到印度西海岸尋求保護。當地王公提出了兩個條件：第一，放棄波斯語；第二，婦女必須穿印度服裝。他們答應了這兩個條件在當地定居下來，並與印度教文化發生了融合。這些人被稱爲「帕西人」（Parsi）。他們相信唯一、全能的神阿胡拉·馬茲達（Ahura Mazda），該神據說住在天的最高處，身體發出無限的光芒。全能神創造了善與惡、光明與黑暗。認爲人分爲可滅部分與不可滅部分，靈魂不可滅，通過與罪惡的鬥爭，死後靈魂方可升天。人死後實行鳥葬，至今仍保存著鳥葬場（Dahma）。十七世紀後，帕西人集中居住在孟買附近，形成一獨特的社會群體。他們對現實生活持積極態度，沒有種姓禁忌，故較容易接受現代西方文明。現代印度的鋼鐵、航空、汽車等重工業最早是由他們開始的。現在印度帕西人大約有十餘萬，一般較富裕。他們至今仍信奉自己的宗教並內部通婚，保持著獨自的文化。

十世紀時，又有一些猶太人在西海岸定居下來。近代隨著西方殖民者的到來，基督教又在這個地區傳播。這樣，這個地區形成了多種民族、多種宗教、多種文化的獨特局面。

⑦王鏞：「濕婆諸相」，《美術史論》，一九八六年第一期。

第九章 穆斯林統治時期的印度文化：印度教文化與伊斯蘭教文化的衝突與融合

自十二世紀至十七世紀中葉，次大陸處在穆斯林的統治下，印度文化又出現了一個新的因素，即伊斯蘭教文化。此一時期又分兩個時代：德里蘇丹時代和莫臥兒王朝時代。

一、穆斯林的征服和統治

早在八世紀前後，信奉伊斯蘭教的阿拉伯人就沿商路來到西北印度，他們控制著印度河下游的信德地區。十一世紀初，來自中亞地區的突厥人穆斯林征服旁遮普。蘇丹．馬茂德多次向恆河中下游侵略掠奪，最遠到達卡瑙季（曲女城）。當時抵抗穆斯林軍隊最勇敢的是拉其普特人，他們是定居在次大陸的匈奴人的後代，以驍勇善戰著稱，戰鬥中男子一直戰至全體犧牲，女子則集體自焚。經過多次爭戰，穆斯林軍隊大約在一二〇五年前後征服了從印度河口到恆河下游的整個北印度地區，大批佛教寺院就是在這個時候被徹底摧毀的。一二〇六年，穆斯林將軍古塔布－烏德－丁脫離阿富汗而獨立，自立爲蘇丹，建都拉合爾，創立「奴隸王朝」（因統治者大都曾是奴隸）。十三世紀初至十六世紀中的三百多年，史稱德里蘇丹時期。這個時期印度次大陸的政治統治大體分爲四個部分：

第一部分，以德里爲中心的突厥人建立的穆斯林政權，即德里蘇丹政權。這是北印度最強大的勢力，它周圍有許多小穆斯林王國，其統治範圍隨著王朝力量的盛衰時大時小，這些小穆斯林王國和德里蘇丹政權之間不斷打仗。德里蘇丹政權經歷了四個王朝，大約在十六世紀初，德里蘇丹政權爲其內部的阿富汗穆斯林貴族所推翻，北印度遂分裂爲許多小王國。

第二部分是脫離德里蘇丹而獨立的東部孟加拉穆斯林王國。這些國家後來被德里蘇丹所滅。

第三部分是德干高原北部的巴曼王國，這也是一個脫離德里蘇丹而獨立的穆斯林政權，在經歷了大約一百八十年的統治後，在十六世紀初滅亡。

第四部分是南印度的印度教國家維查耶那伽拉王朝。這個政權從十三世紀初建立，大約延續了三個多世紀，統治期間一直與德干地區的巴曼等穆斯林王國發生戰爭十六世紀中葉爲德干其他穆斯林聯合力量所滅。該王朝受伊斯蘭教文化影響較小，一直維護著印度教文化傳統，經濟富庶，文化繁榮。

在德里蘇丹統治時期，有幾次蒙古人對次大陸入侵，其中最嚴重的一次是一三九八年帖木兒軍隊襲擊德里，殺戮十萬人，掠奪大量財寶和工匠，用來裝修他在撒馬爾罕城的宮殿和清眞寺。一五二六年，帖木兒的五代孫巴布林攻陷德里，建立莫臥兒帝國，印度進入一個新的時代。莫臥兒帝國到了阿克巴大帝（西元一五四二至一六〇五年）時代達到鼎盛，阿克巴雄才大略，可與古代的阿育王相媲美，他征戰四十年，征服了次大陸大部分，建立了一個空前龐大的帝國。印度的歷

圖9-1 阿克巴大帝

史長河流淌到十六世紀中葉，又出現一個平靜而寬闊的區段，這就是統一強盛的莫臥兒王朝時代。到阿克巴逝世時，莫臥兒帝國的版圖已包括：北自喀什米爾南至哥達瓦里河上游，西起喀布爾東到布拉馬普特拉河的廣大地區。一五六六年，帝國首都遷至阿格拉。阿克巴建立了一套行之有效的官僚制度和法律制度，行政管理要比德里蘇丹時期出色得多。在他統治時期，政府對全國的土地重新丈量和分類，並根據土地類型按新稅制徵稅。這些做法增加了政府的稅收，也在一定程度上促進了社會經濟的發展。經濟繁榮，宮廷生活豪華，印度再次躋身於當時世界富強國家之列。在文化上，莫臥兒王朝雖推行伊斯蘭教，但爲了統治廣大印度教徒，統治者也大量任用印度教徒。阿克巴的宗教政策是相當寬容的，在政府的提倡保護下，諸宗教和平相處，文學、藝術、繪畫出現了繁榮。阿克巴大帝死後，其子賈漢傑即位，繼續推行阿克巴的政策。在從阿克巴大帝到其孫子沙賈漢的大約一百年時間內，帝國版圖又有所擴大。

但到了莫臥兒王朝的奧朗則布皇帝（西元一六五八至一七〇七年）治世時期，情況有了變化。奧朗則布生性拘謹，對伊斯蘭教極爲虔誠，推行偏狹的宗教政策，毀壞印度教神廟來改建清眞寺，致使各地怨聲載道，戰亂不斷，各地獨立勢力增強，帝國出現衰落。一七〇七年奧朗則布死，王朝又經歷了幾個君主，但時間都很短。這時的莫臥兒帝國實際控制的範圍已經很小，後來僅限於德里王宮周圍的一小片地區。

莫臥兒帝國衰落後，印度各地割據勢力蜂起：西北印度有錫克教農民的起義，西部有馬拉塔人的反莫臥兒的鬥爭，東部有孟加拉的獨立，北方有阿瓦德小王國，德干地區有海德拉巴王國，南印度有邁索爾以及從原來維查耶那伽拉國分裂出來的泰米爾地區的那耶卡政權。其中，西印度的馬拉塔人實力強大，在印度教民族英雄西瓦吉的領導下征服諸小王國，一度建立了龐大的帝國，但時間不長。在這些小王國忙於相互征戰的過程中，西方人悄悄來到次大陸。早在一四九八年，葡萄牙航海家瓦斯科·達·伽馬繞過好望角來到印度西海岸。從十七世紀開始，歐洲諸國設立東印度公司，其勢力已滲入印度，印度開始了一個新的時代。

莫臥兒時代和德里蘇丹時代有所不同。在第一個時期，外來的伊斯蘭教與印度教發生了激烈的衝撞，穆斯林政權不穩，當地抵抗活動不斷。爲了穩固政權，統治者對印度教徒採取打擊和鎮壓政策。在第二個時期，伊斯蘭教與印度教經過了幾百年的磨合，矛盾大爲緩解。這個王朝的穆斯林統治者已不把自己當作外來者，而是把印度當作自己的祖國來治理，在文化上也是設法將穆斯林文化與印度教文化融合，因而這是一個政治統一、文化繁榮昌盛的時代。不過從統治者的文化背景來看，這兩個時代沒有本質上的區別。

穆斯林的統治爲印度文化帶來了新的要素。這個時期的印度文化有以下特點：第一，印度教文化在民間依然有牢固的基礎，不過更趨於保守，婆羅門知識分子只是固守傳統，對古典文獻作繁瑣的考證和注釋，缺乏獨創性；第二，爲了對抗伊斯蘭教，印度教文化的一體性受到強調，出現了各教派、各種思想融合的傾向；第三，穆斯林和印度教的衝突與對立，大批下層印度教徒改信伊斯蘭教，伊斯蘭教獲得發展，成爲僅次於印度教的第二大宗教；第四，隨著穆斯林統治的確立，伊斯蘭教文化和印度教文化發生了碰撞、融合，產生了一些新的文化現象，如出現結合了印度教和伊斯蘭教教義的錫克教、受波斯語影響的烏爾都語的產生等。

這是一個從中世紀向近代轉變的時期，印度近現代文化的雛形就是在這個時期形成的。

二、傳統印度教諸派及其思想

(一)傳統婆羅門哲學

大體說來，數論、勝論等正統派哲學繼承了保守的傳統，主要致力於對古代經典的注釋與修訂，沒有出現創造性的成果，而吠檀多哲學經過幾代人的努力，已在印度教思想中占據主導地位。這個時期的諸派學者，似乎提倡了解其他學派，出現了許多融會貫通各派學說的人，在此基礎上，出現了試圖綜合概括全部印度教思想的著作，如繼哈利巴德拉（Haribhadra）的《六派哲學集成》之後，拉賈舍卡拉（Rajasekhara，西元十四世紀）又寫了一本同名著作，馬達瓦（Madhava，西元十四世紀）的《全哲學綱要》、馬度斯達那．薩拉斯瓦迪（MadhusudanaSarasvati，西元一五○○年前後）的《諸種道路》等也是這方面的著作。這些著作標榜採取客觀態度對印度各種思想流派進行研究，但實際上都是要試圖證明，在所有思想中，只有吠檀多哲學最高級。它們對各種思想由低到高排列出順序：唯物論（順世論）、佛教、耆那教（以上是印度思想中的異端）、六派哲學、吠檀多不二論。

隨著各地方言的興起，這個時期還出現一種將梵語經典普及化的傾向。梵語經典被大量翻譯、改寫成各種地方語言，普及到廣大民眾中。如馬拉塔人吉尼亞乃斯瓦拉用馬拉提語對《薄伽梵歌》的解說；埃可納特（Eknath，生年不詳、卒於西元一六〇八年）將《薄伽梵歌》翻譯成馬拉提語；杜勒西達斯（Tulsi Dasi，西元一五三二至一六二四年）根據《羅摩衍那》改寫成印地語《羅摩功行錄》；卡姆班（Kamban，西元十一世紀）將《羅摩衍那》翻譯成泰米爾語，等等。傳統文化經典的普及為後來出現的大眾性虔信運動創造了重要的前提。

受伊斯蘭教思想的影響，傳統婆羅門哲學中也出現了一些新思想。印度思想出現了向現代轉變的蹟象。

(二) 虔信運動的復興

虔信運動起源於南印度，在北印度流行了一段時間後衰落。伊斯蘭教統治者對印度教的打擊引起了印度教徒的反抗，各地一度消沉下來的虔信運動又興盛起來。呼籲對神虔誠，實際上是對當時許多人皈依伊斯蘭教現象作出的反應，是對伊斯蘭教的抵抗。從印度教內部來看，虔信運動是一個宗教改革運動，它否定婆羅門祭司的作用，宣稱無論什麼人，靠直接的虔信就可獲得救贖，這種具有民主性質的改革反映了相當一部分人對保守的印度教的不滿。虔信運動實際上是印度教向近代轉變的開始。

孟加拉地區的柴檀尼亞（Caitanya，西元一四八五至一五三三年）是這個時期虔信運動的傑出代表。他出生在孟加拉一個有學問的婆羅門家庭，早年就顯露了出眾的文學睿智，二十四歲時開始宣傳他的關於愛和虔誠的教義。他反對僧侶進行的儀式，宣傳克里希那與拉達的愛情，認爲通過愛、虔誠、歌和舞，就可產生令人神往的世界，在這樣的世界裡神就會降臨。他的一些弟子來自低種姓和穆斯林，他被信徒們看作毗濕奴的化身，他的傳記《柴檀尼亞品行錄》被信徒奉爲聖典。他領導的運動一直影響到現代。

在馬哈拉什特拉，宣傳虔信運動的人物是納德瓦（Namdev，西元十五世紀前半葉）。納德瓦出身裁縫或種花種姓。在他的崇拜者中，許多人是低種姓的人和「賤民」，也有一些是改信印度教的穆斯林。十五世紀上半葉，這裡的虔信運動達到全盛。納德瓦激烈地批判偶像崇拜，相信只有通過對神的愛，才能獲得解脫。他這樣寫道：

對縈迴我心際的神靈之愛綿綿不斷，
納德瓦已將其心獻給真正的神。
像母子之愛如此深邃，
神已浸透了我的靈魂。

馬哈拉什特拉地區其他虔信派詩人和活動家還有達索本德（西元一五五一至一六一五年）、杜格拉姆（西元一六〇八至一六五〇年）、斯摩勒特．拉姆達斯（西元一六〇八至一六八一年，他是馬拉塔人的民族英雄西瓦吉的導師），他們都留下了大量且很有影響力的馬拉提語文學作品。

北印度虔信運動的代表人物是瓦拉巴（Vallabha，西元一四七三至一五三一年）。他是克里希那崇拜（黑天派）的代表人物，出生在貝拿勒斯附近一個說泰盧固語婆羅門家庭，當時他們全家是到那裡朝聖的，後來他到南印度維查耶那伽拉的克里希那德瓦拉亞的宮廷服務，在一次公開辯論中擊敗了幾個濕婆派的梵學者，從此名聲大振。他對《梵經》和《薄伽梵歌》重新做了注解，認爲靈魂、物質、最高精神是完全同一的，沒有什麼差別，由此得出了肯定世俗生活的結論，將印度教世俗化了。該派僧侶結婚，地位世襲，信徒中商人較多。他提出的一元論被稱爲「純粹不二論」，後來他的理論被他的追隨者濫用，受到批判。

羅摩南陀（Ramananda，西元一三六〇至一四五〇年）領導的虔誠運動具有與眾不同的兩個特點。第一，他公開反對種姓理論，運動具有同情下層階級的傾向，他宣佈任何種姓都能參加他領導的教團，他的弟子中有許多低種姓和賤民，他被認爲是近代印度賤民運動的先驅之一。第二，與當時多數虔信派崇拜克里希那和拉達的愛情不同，羅摩難陀崇拜羅摩與悉多的愛情，他受南印度虔信派大師羅摩奴闍的影響很大，宣稱宇宙最高主宰是「梵」或羅摩（《羅摩衍那》的主人公，據說是毗濕奴的化身），通過對羅摩的虔信就可以達到解脫，其信徒形成一個教派，至今仍有影響。

(三)南印度的林伽雅特派

十一世紀後，南印度的虔信運動開始衰落。一一六〇年前後，巴薩瓦（Basava）在南印度的卡納塔克地區創立了「維拉．濕婆派」（Vira-Saiva），又稱林伽雅特（Lingayata）派。該派以濕婆爲偶像，特別崇拜男性生殖力，將男性生殖力的象徵林伽（男根）視爲宇宙最高象徵，矗立在神廟裡，掛在脖子上。無論是性力派（Saktism）對女性生殖力的崇拜還是林伽派對男性生殖力的崇拜，表現的是印度人對宇宙起源之深奧問題的思索，把宇宙起源與人的產生連繫起來並產生生殖崇拜，是十分自然的。林伽崇拜可以追溯到印度河文化時期，在民間一直盛行，但作爲一種有組織的、完備的宗教體系，是在這個時期完成的。該派反對婆羅門和吠陀權威，鼓勵寡婦改嫁，否定種姓制度，反對早婚等。

三、印度教文化與伊斯蘭教文化的衝突與融合

(一)衝突

伊斯蘭教和印度教是兩個不同的宗教。從神明觀上看，印度教是多神教，崇拜眾多的偶像；伊斯蘭教是一神教，信奉唯一的眞主阿拉，反對崇拜任何偶像。從救贖理論上看，印度教徒的拯救觀是解脫，或與最高神的合一，伊斯蘭教則認爲拯救來自先知穆罕默德的啓示；印度教徒相信輪迴轉世，穆斯林則相信末日審判。從生活習俗上看，印度教徒崇拜母牛，認爲母牛是女神和豐產的象

徵，穆斯林則有宰食牛的習慣，每年的宰牲節殺牛獻祭，印度教徒視此爲極大的褻瀆行爲。印度教徒的聖地是恆河、喜馬拉雅山等，以能到這些地方朝聖爲驕傲；而穆斯林的精神嚮往是麥加聖城，在規定的日子裡每日象徵性地朝聖城方面祈禱五次。伊斯蘭教主張神權政治和政教合一，印度教則缺乏這類概念。印度教較消極柔弱，伊斯蘭教則積極剛健。此外，兩教派在法律、典籍、曆法等方面也完全不同。

這些基本的差別是兩教派發生激烈衝突的重要根源。印度處於伊斯蘭教世界的邊緣，伊斯蘭教征服了中亞的古老文明，但在次大陸卻遇到了堅韌的抵抗，出現了伊斯蘭教與印度教的衝突。德里蘇丹時期，穆斯林草創統治，爲了穩固政權，統治者推行較嚴厲的宗教政策，被認爲是統治者一手拿劍、一手拿《古蘭經》，強迫次大陸的人作出選擇，對於不信伊斯蘭教者徵收高稅。統治者不僅迫害印度教徒，還搗毀神廟。伊斯蘭教厭惡偶像崇拜，印度教神廟是偶像崇拜的中心，是印度教徒聚會的重要場所，加上印度教神廟不許低種姓和外族人進入，這更使穆斯林統治者惱火，認爲這裡會醞釀反抗情緒。此外，多數印度教神廟還聚集了大量的財富，歷來爲外來者所垂涎，所以在穆斯林統治的早期，大批印度教寺廟被毀，有的被改建爲清眞寺。利用政治權力傳教，伊斯蘭教在次大陸獲得迅速的發展（今日在印度，伊斯蘭教是僅次於印度教的第二大宗教，約占印度總人口的百分之十一·三）。伊斯蘭教的發展也有印度教本身的原因。印度教社會中存在著種姓制度，有一個受歧視、受迫害的低種姓和「賤民」階層，爲了改變自己的地位，他們樂意接受伊斯蘭教，加入穆斯林兄弟的行列，這也是對印度教種姓制度的一種抗議。大批印度教徒皈依伊斯蘭教使印度教徒深感不安。印度幾千年來遭遇過眾多的騎馬民族入侵，這些外來者雖強悍兇狠，但大都沒有高級的信仰，故最終都被同化了。唯有這次不同，印度第一次遇到這樣一個頑強堅持自己意識形態體系的外來統治者，印度教不僅不能同化伊斯蘭教，反而受後者的影響，次大陸有伊斯蘭化的危險。改宗活動加強了印度教徒正統集團的保守主義，他們爲了鞏固自己的陣地、對抗伊斯蘭教信仰的傳播，強化了印度種姓法規，通過注解古老經典和在「法論」中制定新的規定，更加嚴格地限制與非印度教徒通婚和打交道。這是印度教一貫使用的抵抗方式。這一時期較有名的婆羅門著作家有馬塔瓦，他於西元一三三五至一三六五年間對《帕拉薩拉傳承經》作評注，反映了這種傾向。這類作家還有孟加拉的庫盧卡，他對《摩奴法論》作了評注，等等。此外，作爲對穆斯林統治的一種反抗形式，印度教社會中一度消沉了的虔信運動又開始高漲。這個時期的衝突與矛盾，一直影響到後來兩大教派的關係。①

(二) 融合

但是，兩種不同類型的文化一旦發生接觸就不可避免地相互影響，印度教和伊斯蘭教也不例外。特別是在莫臥兒時代，隨著統治的穩固和外來者的本地化，統治者的宗教政策趨於開明，印度教和伊斯蘭教開始相互吸收對方的思想和習俗，發生了融合傾向。尤其是阿克巴時代，這種傾向更

① 尚會鵬：「印度印——伊教派衝突的根源」，《世界宗教資料》，一九九三年第一期。

爲明顯。阿克巴大帝認識到，他治理下的印度是一個多民族、多宗教的大國，信奉各種宗教的人相互寬容有利於帝國的統治。他本人對宗教問題懷有很大的興趣，他請來所有教派的大師辯論，有穆斯林、印度教徒、袄教徒、耆那教徒和基督教徒。據說葡萄牙總督看到皇帝對宗教有興趣，立刻派傳教士來說服他入教，但阿克巴的目的不是要皈依哪種宗教，而是對體現在宗教教義中的哲學和社會倫理問題感興趣。在他的傳記中有這樣一段記載，說明了他對宗教問題的理性思考：

印度教婦女們從河流、水塘和井裡取水，她們不少人用頭頂著好幾個水罐，說說笑笑，在崎嶇不平的路上走著。如果人心能像水罐這樣保持平衡，任何災難都不會降臨到他們身上。為什麼人們在對待萬能之神時做不到這樣呢？

我從前曾迫使人們接受我的信仰，即伊斯蘭教。當我的知識增加以後，感到無地自容。我自己都不是穆斯林，讓別人當穆斯林是沒有道理的。強迫人家信教能指望他們忠實嗎？

他試圖爲他的帝國制訂一種獨立的意識形態，推行一種以皇帝爲最高神明的新宗教，但他對其他宗教持寬容態度。他有一句名言：「一切宗教都有光，而光總帶有或多或少的陰影。」據說他還吸收各宗教的精華，創造了一個叫「神一教」（Din-i-ilahi）的世界宗教。這個宗教雖沒有流行開來，但他對宗教的寬容態度影響了他以後的統治者，也促進了兩大宗教的融合。

這種融合既表現在印度教方面，也表現在伊斯蘭教方面。在印度教方面，一些穆斯林聖者，特別是一些具有神祕主義傾向的聖者，愈來愈受到印度教徒的崇拜。虔信運動的一些大師們，受伊斯蘭教教義中民主、平等原則的啓發，除了繼續強調個人與神的關係和對神的敬信外，還和伊斯蘭教蘇菲派的聖人一樣宣傳平等博愛思想，從而使新的虔信運動具有更爲民主的特點。受伊斯蘭教影響最大的兩個印度教人物是卡比爾和那納克。

格比爾（Kabir，西元一四四〇至一五一八年）據說是一個被遺棄的婆羅門寡婦的私生子，後被貝拿勒斯的一個穆斯林收養。長大後受羅摩南陀的影響，加入虔信運動。他對兩種宗教都很熟悉，雖然他的思想基調是印度教的，但他堅定的一神論思想具有伊斯蘭教的成分。他提倡宗教容忍，批評印度教陋習，其信徒既有穆斯林也有印度教徒。他認爲，印度人和突厥人（穆斯林）是用同一種黏土塑成的，阿拉與羅摩只是名字不同而已。他批評種姓偏見和宗教偏見，寫道：

何必詢問一個聖徒屬於何種種姓？

……

理髮師已經追尋到神，洗衣工、木匠——

甚至賴達斯（羅摩難陀的弟子，鞋匠出身）也是追尋神的人，

按照種姓，先知者斯瓦巴查乃是制革工人。

印度教徒和穆斯林都達到了同樣的目標，
那裡不復有任何表示差別的特徵。②

他領導的虔信運動具有團結印度教徒和穆斯林兩方面群眾的特點。他既批評印度教的祭祀儀式，也批評伊斯蘭教的祈禱和齋戒，認爲這都不能使人得救，唯一的手段是虔信和使靈魂擺脫虛僞和殘忍：

能升入天堂，
不是靠齋戒和反復誦讀禱詞與教義，
如若真理已被領悟，
麥加寺廟的內室就在人的心裡。
把精神當作聖堂，把身體當作它周圍的廟宇，
把良心當作它啟蒙的教師。
拋卻憤怒、疑惑與惡毒之心，

② 〔印〕R. C.馬宗達、H. C.賴喬杜裡等：《高級印度史》上，商務印書館，一九八六，第四三八頁。

讓忍耐來表達「五禱」（穆斯林每天的五次祈禱和星期五舉行的公眾祈禱）的真意，印度教徒與穆斯林有共同的上帝。③

他在印度教徒和穆斯林中都有極高的威信。據說，在他死後，印度教徒和穆斯林爭供養他的遺體，並且爭論是按伊斯蘭教的習慣土葬，還是按印度教的習慣火葬。當他們還在爭論的時候，有人把遺體的蓋布揭起，所見只有一大堆鮮花。印度教徒把一部分花放在貝拿勒斯燒了，穆斯林則埋葬了其餘的花。這只是一個傳說，但他的事蹟的確成爲當時印度教徒與穆斯林和睦相處的佳話。他死後，他的詩歌在民眾中廣爲流傳。

(三)那納克與錫克教

錫克教（Sikh）是在伊斯蘭教影響下，由一個經過改革的印度教派發展而來，它的產生可以說是兩大宗教融合的產物。錫克教的創始人是那納克（Nanak，西元一四六九至一五三八年）。

圖9-2　錫克教創始人那納克

③〔印〕R. C.馬宗達、H. C.賴喬杜裡等：《高級印度史》上，商務印書館，一九八六，第四三八頁。

那納克出身於一個村會計家庭，一個穆斯林朋友供他受教育。他是卡比爾的熱心追隨者，同時也深受伊斯蘭教神祕主義的影響。他在印度各地旅行，用印地語和旁遮普語宣傳他的思想。後來定居於旁遮普，創立了一個獨立的教派，稱錫克派。該派的經典是《格蘭特沙菲》（*GranthSahib*），這是一部格比爾和那納克的詩歌、散文彙編，這些詩歌也是旁遮普虔信文學的主要內容。該教強調信仰唯一的眞神，認爲各種宗教本質上是同一的。該宗教主張業報輪迴，提倡修行，但反對印度教的祭司制度和一切形式的禮儀，反對任何形式的偶像崇拜，反對寡婦殉葬和童婚，主張消除教派之間的對立和衝突。那納克寫道：「宗教不只是言詞，惟視眾生平等才是眞正篤信宗教。宗教絕非去墓地與火葬場徘徊或默禱，周遊國外或沐浴於聖地也不是皈依宗教。在不潔的世界上保持純淨，這樣你才能發現通往宗教之大道。」他宣傳一種「四海之內皆兄弟」的平等思想，不僅提倡穆斯林與印度教徒和解，而且公開批判種姓制度，在他的教會中，所有種姓在一起用餐，用實際行動向印度教的「潔淨」、「汙穢」觀念挑戰。他還告誡信徒拋棄僞善、自私和欺騙。他的一首詩這樣寫道：

以克制為熔爐，以順從為金匠，
以理解為鐵砧，以神學為工具，
以畏神為風箱，以苦行為爐火，

以愛神為煉爐，將神明化於其中。
經文將在這真正的作坊中鑄成文字，
這就是神以寵愛的目光注視的信徒必行之功。④

爲了繼承他的事業，他指定一名信徒爲祖師（Guru）。錫克祖師共傳十代。第十代祖師哥文達·辛格（**Govind Singh**）規定信徒必須有五種東西：1.蓄長髮；2.加長梳；3.穿至膝蓋的上衣；4.右手戴鐵手鐲；5.佩劍。男子名字後加**Singh**（意爲「獅子」），女子名字後加**Kaur**（意爲「公主」）。第五代祖師以反叛罪被莫臥兒王朝皇帝查罕傑處死，這使錫克教徒走上了反抗莫臥兒王朝的道路。從第六代祖師開始，組建軍事組織反抗伊斯蘭教統治者，曾以旁遮普爲中心創立一龐大的錫克教王國，該王國後被英國人吞併，錫克教教規受到很大破壞。現在印度的錫克教徒約爲一千二百萬人，爲印度第四大宗教。錫克人以吃苦耐勞和精於機械操作而著稱，現在印度大都市的計程車司機多是錫克人。錫克人中較少有乞丐，因爲錫克教徒有「餓死不爲丐」的信條。

那納克的宗教已與印度教有很大不同，可以說是一個新的宗教，所以一些穆斯林皈依於它。⑤

---

④〔印〕R. C.馬宗達、H. C.賴喬杜裡等：《高級印度史》上，商務印書館，一九八六，第四三九頁。

⑤高建章：《錫克·辛格·阿卡利：錫克民族與錫克教》，四川民族出版社，一九九四；孟慶順：「論十八世紀中葉的錫克運動」，《南亞研究》一九八八年第三期。

他創建的錫克學說終於發展成爲影響深遠的錫克教。他生前和死後都受到印度人民，尤其是錫克人的崇高尊敬，被譽爲「既是印度教徒的祖師，又是伊斯蘭教的聖人」⑥。

從伊斯蘭教方面看，隨著大批下層的印度教徒皈依伊斯蘭教，他們將印度教生活習俗和信仰也帶到了伊斯蘭教中，從而使伊斯蘭教也發生了變化。例如，伊斯蘭教本來是不崇拜偶像的，但印度的一些穆斯林在印度教習俗影響下也開始對聖者的墓塚巡禮和崇拜。印度教的神祕主義也影響了伊斯蘭教的蘇菲派。在德里蘇丹時期，德里、孟加拉、拉賈斯坦的穆斯林宮廷保護梵語詩人，鼓勵穆斯林學者學習和翻譯印度教經典，並建立了梵語文獻圖書館。一些穆斯林佈道者學習吠檀多哲學和瑜伽。有一個叫達拉．西庫（Dara Shikuh，生年不詳、卒於西元一六五九年）的穆斯林學者將伊斯蘭教的蘇菲派神祕主義與吠檀多哲學作比較研究，指出了它們之間的共同點，並將五十二種《奧義書》翻譯成波斯語。一些穆斯林也開始崇拜印度教聖者，有的甚至也接受了印度教徒的「薩提」和「喬哈爾」（流行在拉其普特人中間的婦女集體自殺習俗）等風俗。另外，印度教的種姓制度也影響了穆斯林，那些皈依伊斯蘭教的印度教社會的下層人仍分成互不通婚的集團，保留了種姓的特點。

---

⑥ 高建章：《錫克．辛格．阿卡利：錫克民族與錫克教》，四川民族出版社，一九九四，第四十五～四十六頁。

四、語言文學：地方語言文學的興起

這個時期的文學大體可分爲兩大系統，即伊斯蘭教系統和印度教系統。前者主要是宮廷文學，以波斯語爲載體，主體是穆斯林統治者；後者爲民間文學，以印度各地方語言爲載體。穆斯林統治者來自中亞，他們也把波斯語帶到印度。莫臥兒王朝以波斯語爲第一官方語言，波斯語文學因而興盛起來。莫臥兒王朝開國皇帝巴布林不僅武功卓著，而且很有文學修養，著有文字優美的《傳記》留世。阿克巴時代，獎掖文學藝術活動，並建立了巨大的圖書館，贊助詩人和作家創作了大量波斯語作品。波斯語文學作品包括三個方面：一是歷史著作，代表作品有《阿克巴則例》、《阿克巴本紀》等；二是譯作，如《摩訶婆羅多》、《羅摩衍那》、《奧義書》以及《薄伽梵歌》等印度教經典波斯語譯本；三是詩歌和韻文。這些文獻作爲印度文化的一個新的組成部分，豐富了印度文化寶庫。

在民間，各地方的語言文學獲得了發展。前面講到，大約從十二世紀開始，梵語因與人民的口頭用語相距愈來愈遠而衰落，其文學作品也脫離廣大群眾。巴厘語和俗語較接近人民的口頭語言，但流傳地區有限。從很早的時候起，俗語就逐漸演變爲各地的阿波布朗舍語，繼而發展成爲今天除南印度以外的大部分的地方語言，如信德語、旁遮普語、喀什米爾語、印地語、烏爾都語、奧里薩語、孟加拉語、阿薩姆語、馬拉提語和古吉拉特語等。屬於達羅毗荼語系的有泰米爾語（形成於西元前幾個世紀）、泰盧固語、卡納爾語和馬拉雅拉姆語。這些地方語言與梵語有繼承關係，不僅雅利安語的各地方語言直接從梵語中吸收了大量辭彙，而且達羅毗荼語系的幾種語言文學也受梵語的很大影響。梵語文學衰落後，各地區的作家開始用當地語言創作，因而地方語言文學興盛起來。新興起來的地方語言文學也繼承了梵語文學傳統。從發展階段來看，除了南印度的泰米爾語以外，各地方語言和文學有很大的一致性：大約在八世紀、九世紀各地方語言已大體形成，十至十五世紀左右出現早期的地方語文學作品，十六至十九世紀中葉出現繁榮，各地方語言的現代文學則大都在十九世紀中葉開始。

從十五世紀至十九世紀中葉，隨著虔信運動的復興，各地方語言文學中普遍出現大量的以頌揚神明、抒發對神明虔誠之愛爲主體的作品。大批梵語經典陸續被翻譯成地方語言，兩大史詩、《薄伽梵歌》、《往世書》，以及古典梵語文學作品被翻譯和改寫成地方語版本，這也大大促進了地方語言文學的發展。這個時期虔信運動的一些領袖，也使用地方語言傳道，出現了許多詩人，這對各地方語言文學的發展也起了推動作用。文學史上稱這一時期的文學爲「虔信文學」，他們把對神明的虔信用形象的語言表達出來，創作了大量熱情洋溢、膾炙人口的詩作，爲虔信運動擴大了影響。許多虔信運動的領袖本身就是優秀的詩人，而許多詩人同時也是虔信運動的積極活動者。如果沒有這些詩人的作用，源於南方而後來傳播到北方的虔信運動，恐怕只能停留在空洞的理論和口號上。泰米爾語、馬拉提語和旁遮普語虔信文學已經在前面介紹印度教虔信運動時敘述過，這裡主要介紹北印度幾種影響較大的地方語言文學。

(一)印地語文學

印地語形成於中世紀前期，用天城體字母書寫，受到梵語很大的影響，主要流行於北印度和西印度，目前是印度使用人數最多的語言。印地語文學作品可追溯到八世紀，但大量文學作品的產生則在十世紀以後。早期的印地語文學留下了一些敘事詩。十四至十七世紀，印地語文學中出現了許多虔信派文學家，根據他們的思想傾向，這些人可分爲「無形派」和「有形派」。「無形派」認爲最高神是無形的，不承認偶像；「有形派」則認爲最高神是有形的，神表現爲許多化身。「無形派」中又根據所強調的與神合一的方式不同，進一步分爲「明理支」（強調用理智來求得與神的合一）和「泛愛支」（認爲愛才是與神合一的主要手段）；「有形派」也進一步分爲「黑天支」（崇拜毗濕奴的化身克里希那）、「羅摩支」（崇拜毗濕奴的另一個化身羅摩）。

格比爾達斯是十五世紀印地語的著名詩人，屬「無形派」中的「明理支」。他出身貧苦，沒受過什麼教育，他的詩作主要是口頭創作，由其弟子整理，有《眞言集》留世。作品多爲四行格言詩，認爲萬物中皆存在神，思想具有反種姓制度的傾向。反對偶像崇拜，既譴責印度教也批評伊斯蘭教。

蘇爾達斯（大約西元一四七八至一五六三年）是一位盲詩人，生於北印度一婆羅門家庭（一說民間藝人家庭），崇拜黑天，屬「有形派」的「黑天支」。據說他會見過阿克巴大帝，阿克巴要他充當宮廷詩人，他拒絕了。作品現存《蘇爾詩海》，近五千首詩，大部分是關於黑天神的事蹟，重點描寫黑天從出生到童年、少年的生活，實際上是在《薄伽梵往世書》一書基礎上加工改寫的。

杜勒西達斯（西元一五三二至一六二三年）出身於北方阿拉哈巴德附近的農村婆羅門家庭，父母早亡，被人收養，隨一師傅在貝拿勒斯學習梵語和宗教典籍，之後出家。他是一個虔誠的印度教徒，追求解脫，崇拜羅摩，屬於「有形派」的「羅摩支」，但他也關心世俗生活，了解人民群眾的疾苦。他提出的理想社會是羅摩王朝，他根據史詩《羅摩衍那》改寫的印地語長篇敘事詩《羅摩功行錄》對當時影響極大。⑦

此時也出現了一些穆斯林詩人，加耶西（西元一四九三至一五四二年）就是代表。按印度教的分法，他屬「無形派」中的「泛愛支」；按伊斯蘭教的分法，他屬蘇菲派。他歌頌貞主，但其思想和印度教吠檀多哲學思想有某種一致性，對世界最高神的看法和虔誠精神也與印度教派別相類似。他主張印度教和伊斯蘭教不應有區分。作品有二十一種，現僅存三種。著名作品有長篇敘事詩《伯德馬沃德》（又譯《蓮花公主傳》）。故事以蓮花公主和寶軍的愛情為中心，描寫了他們自由和堅貞的愛情，不畏強暴的精神，是一個悲劇性的愛情故事。⑧

虔信文學興盛期過後，印地語文學中出現寫豔情作品的傾向。這些作品多借黑天與拉達之名描

⑦ 劉安武：「印度中世紀的大詩人杜勒西達斯和他的《羅摩功行錄》」，《南亞研究》一九八三年第二期。

⑧ 季羨林主編：《印度古代文學史》，北京大學出版社，一九九一，第三七四頁以下。

寫男女間的戀情，大多格調不高，藝術上追求形式主義。這種情況大約持續了一、二個世紀。⑨

(二)孟加拉語文學

孟加拉語主要流行於恆河下游的孟加拉地區。孟加拉語文學大體可分三個時期，即早期（西元十至十五世紀）、中期（西元十五至十九世紀中葉）和現代（西元十九世紀中葉以後）。早期文學多為口語文學，內容主要是民間故事和神話等，十三世紀以後才出現書面文學作品。十四世紀末至十五世紀初，孟加拉語文學中興起翻譯、改寫梵語兩大史詩和《薄伽梵往世書》的熱潮，由格利迪瓦斯（生於西元一三四六、卒年不詳）改寫的孟加拉語《羅摩衍那》被認為是一部不朽的作品，構成孟加拉語文學的基石。另一位著名詩人馬拉特爾．瓦蘇（西元十五世紀後期）創作了《克里希那本世詩》和《克里希那的勝利》兩部詩，他受十二世紀孟加拉梵語抒情詩人勝天的《牧童歌》很大的影響，詩中的拉達藝術形象，就是從《牧童歌》繼承而來。

錢迪達斯（西元十五至十六世紀）也是一位有成就的詩人，他的許多優美詩歌至今還在人民中傳頌。著名詩歌有《黑天頌》，取材於《薄伽梵往世書》，也是描寫克里希那與拉達的愛情。

虔信派大師柴檀尼亞的虔誠詩歌對這個時期的孟加拉語文學也有很大影響。十五世紀以後孟加拉語文學中出現了一種叫孟格爾體的頌神詩，這些詩歌，開始主要頌神，後來也頌宗教大師和文

⑨　劉安武：「印度中世紀的大詩人杜勒西達斯和他的《羅摩功行錄》」，《南亞研究》一九八三年第二期。

學家，如柴檀尼亞逝世後就產生了柴檀尼亞孟格爾體頌詩，甚至有的詩人把他作爲克里希那的化身而創作了《柴檀尼亞往世書》，此外還出現了讚頌其他大神和文學家的孟格爾體頌詩。十八世紀，大量梵語經典被翻譯或改寫成孟加拉語，進一步豐富了孟加拉語文學的創作。從十九世紀上半葉開始，西方基督教文化在孟加拉地區傳播，孟加拉語文學醞釀著變革，經過變革的孟加拉語文學培育出了後代偉大的詩人泰戈爾。

(三) 烏爾都語文學

作爲一種獨立的語言，烏爾都語是在十三至十四世紀形成的。它也是從古梵語——俗語——阿波布朗舍語發展而來，與印地語同源，但更多地受到波斯語的影響，書寫用阿拉伯字母，吸收較多的阿拉伯語和波斯語詞彙，是「將波斯語、阿拉伯語和突厥語的單詞和概念同起源於梵文的語言和概念」相混合而成的語言。⑩烏爾都語和烏爾都語文學的產生是印度教文化和伊斯蘭教文化在語言上融合的產物，正像錫克教是印度教與伊斯蘭教相融合的產物一樣。烏爾都語主要流行於德里、旁遮普和德干地區，曾是莫臥兒帝國的第二官方語言（第一官方語言爲波斯語），也是今日巴基斯坦的官方語言。最早用烏爾都語寫詩的是文學家是阿密爾·霍斯陸。不過，早期烏爾都語文學，因大量借用波斯語、阿拉伯語辭彙，大量使用混合語、雙關語，而顯得生硬、辭藻華麗，具有形式主

⑩〔印〕R. C.馬宗達、H. C.賴喬杜裡等：《高級印度史》上，商務印書館，一九八六，第四三三頁。

義特點。虔信文學時期，烏爾都語出現了所謂德里詩派的四大虔誠詩人：蜜爾（西元一七二二至一八一〇年）、蘇達（西元一七一三至一七八〇年）、達爾德（西元一七二一至一七八五年）、哈森（西元一七二一至一七八六年）。他們都是穆斯林，主張改進詩歌藝術，使烏爾都語文學作品趨於簡練、嚴謹和成熟。從內容上看，這個時期的文學作品反映了社會生活，對社會道德的沉淪進行了無情的揭露。

其他地方語言文學，如奧里薩語文學、阿薩姆語文學、卡那爾語文學、古吉拉提語文學等，也大體經歷了相似的發展階段，並且大都在十五至十七世紀出現了虔信文學，留下了根據史詩、《往世書》翻譯改寫的大量文學著作。十八世紀以後，印度各地方語言的現代文學雛形大體上形成了。限於篇幅，這裡不再一一敘述。

五、藝術

(一)神廟與清真寺

穆斯林對次大陸的統治，不僅給次大陸帶來了一個嶄新的宗教，也帶來了全新的建築和繪畫藝術。德里蘇丹時代，印度在建築方面盛行兩個主要派別，即南印度的達羅毗荼派建築

圖9-3 馬杜賴神廟（西元17世紀）

和主要在北印度流行的伊斯蘭建築。南方建築繼承了印度教古代藝術特點，保持以往印度教廟宇的基本結構和雕刻藝術。最出色的建築是馬杜賴神廟，該廟工程完成於十七世紀上半葉，它是南印度建築藝術極盛的標誌。廟堂位於中央，附近是一聖水池，池周圍繞以精緻的迴廊，各種不同的祭祀堂分佈在主殿堂周圍。最宏大的建築是該神廟的附屬建築「千柱廳」，它興建於一五六〇年，位於神廟圍牆的外面，長一〇〇·六公尺，寬二十二公尺，四列柱子（確切數目是九百八十五根）構成一個非常雄偉莊嚴的中殿和兩個邊殿。以馬杜賴神廟爲代表的印度教建築，繼承了建築與雕塑合而爲一的傳統，神廟內外佈滿了雕像，色彩華麗，富於動感。不過，這個時期的印度雕刻藝術似已衰落，雕像似乎已失去與建築的有機連繫，成爲一種純粹的裝飾，眞正有藝術價值的雕像不多。

在北印度，許多印度教神廟被毀壞後，出現了大量伊斯蘭風格的建築。伊斯蘭教反對偶像崇拜，在人物雕像上無成就可言，造型藝術主要體現在建築上。隨著穆斯林統治的確立，統治者開始在各地大興土木，建造宮殿和清眞寺，大部分建築保存至今。這些建築主要是伊斯蘭風格，但也受了印度教藝術的一些影響，即兩種藝術發生了混合。這些建築可以說是伊斯蘭建築的印度流派，它們是印度建築百花園中的奇葩，其獨特的風格宛如一股清泉，爲印度建築增添了新的成分，構成印度文化遺產的一個重要組成部分。

早期德里蘇丹時期最著名的建築是距德里十五公里的顧特蔔塔。塔高七十二點五六公尺，底層直徑約十四點四公尺，頂部直徑二點七公尺。塔爲五層，各層有環形陽臺。第一層高二十九公尺，第二層高十五點五公尺，以上各層遞減數公尺，造型美觀，氣勢磅礴。第一至第三層材料爲紅砂石。每層塔身外表有凸出的裝飾性折紋，各層造型不同：底層是交錯的三角形與半圓形，第二層只是半圓形，第三層只是三角形，最高二層塔身無折紋，用白色大理石建成，中間間以紅砂石，形似纏在塔身上的一條紅腰帶，分外醒目。一般認爲該塔是德里蘇丹王朝第一代皇帝顧特卜·烏德·丁修建，是一紀念性建築。高塔附近還有顧特蔔在一一九三年修建的「伊斯蘭之力量」清眞寺。

德里蘇丹後期的建築受印度教風格較大的影響。在紹納普爾，清眞寺沒有通常形狀的尖塔，明顯是受了印度教建築藝術的影響。在孟加拉地區也發展了一種混合風格的建築，穆斯林建築在柱子、椽口以及走廊設計上接受了印度教寺廟風格，雕刻著蓮花等美麗的印度教裝飾。

圖9-4　顧特蔔塔（德里，西元1193年）

莫臥兒時代，伊斯蘭藝術和建築繼續得以發展。這個時代也和前一個時代一樣，穆斯林和印度教藝術繼續巧妙地混合，留下了大量建築物。早期莫臥兒皇帝都熱衷於大興土木，據記載，莫臥兒開國皇帝巴布林，每天雇用六百人至八百人在首都阿格拉修建宮殿，一千五百人在西克里、帕尼派特、瓜廖爾等地建大興土木。他建造的大型建築現存三座，一座是帕尼派特的卡布利·巴格的紀念性清眞寺（西元一五二六年），一座是位於羅希爾坎德的桑巴爾大清眞寺（西元一五二六年），第

圖9-5　「風宮」（齋普爾）

三座是位於阿格拉的洛迪古堡內的清眞寺。伊斯蘭教的清眞寺和陵墓是以完美的幾何形體和清晰明快的輪廓外形爲特徵。和其他國家的伊斯蘭教建築相比較，印度伊斯蘭教建築更以規模巨大、富麗堂皇、結構完整和外形宏偉著稱。

阿克巴統治時期的建築獲得了顯著的發展。這位雄才大略的皇帝親自設計了許多宏偉壯麗的大型建築，他所主持爲其父建造的胡馬雍陵（西元一五六九年初建於舊德里）最爲著名，整個建築具有波斯風格，但也融合了印度教藝術風格，如底層平面的設計就採用了印度教風格，建築物用紅砂石砌成，呈幾何圖案，規模宏大，風格凝重端莊，胡馬雍陵被認爲是泰姬陵——莫臥兒時代的建築奇觀——的基本形式。這一時期其他兩座卓越的建築是阿拉哈巴德的四十柱宮和錫坎達拉的阿克巴陵墓。四十柱宮具有明顯的印度風格，它伸出的陽臺屋頂由一排排印度式的柱子支撐著，據說，建造這座宮殿用了四十年的時間，雇用了五千到二萬名不同工種的工匠。阿克巴陵墓是阿克巴在世時設計的，於一六○五至一六一三年間動工建成，它由五層愈高愈小的平臺構成，用白色大理石建成，最高一層有一個拱狀屋頂，有人認爲，中央的圓拱原打算建在衣冠塚之上，據說這一結構的印度圖樣是受印度佛教寺院的啓發。

阿克巴在位時期還在阿格拉城西約四十公里處建造了一座新的城堡：法塔赫布林．西格里。這座城堡長三點二公里，寬一點六公里，包括輝煌的宮殿、映城湖、規整的庭院、墓塚，以及一座大清眞寺。

沙賈汗是個多產的建築家，他統治的時代，在亞格拉、德里、拉哈爾、喀布爾等地留下了大量建築。在宏偉與新穎方面雖不及阿克巴時代的建築，但在炫耀豪華與豐富、巧妙的裝飾方面似乎更勝一籌。最著名的建築是他爲愛妻泰姬修建的陵墓——泰姬陵。由於它宏偉壯麗，被喻爲世界建築奇蹟之一。

泰姬陵位於亞格拉城郊亞穆納河南岸。主體建築建在一個高六點七公尺、每邊長九十五點五公尺的四方形基座平臺上，平臺每個角上立一高四十餘公尺的祈禱柱。主體建築爲圓拱頂，四面相同，每個面又左右對稱，是一個四周切削得很整齊的正方體。四壁各開有一個三角形拱門，狀如壁龕，裝有透雕的大理石石扉。巨大的中央圓屋頂四周有四個小圓頂亭。主體

圖9-6 泰姬陵

建築正泰姬前方是一條錦帶式的水池，東西兩側各有一座紅砂石附屬建築，分別爲清眞寺和聚會堂。陵墓上沒有浮雕，平整的外表裝飾著別具風格的植物和幾何圖案，著重顯示出構思的完整和統一。從風格上說，與德里的胡馬雍陵相似，但不同的是，胡馬雍陵等阿克巴時代的建築採用紅砂石建造，而泰姬陵是用純白的上乘大理石砌成，這種材料使整個建築產生了純潔、秀美和端莊的效果，一點也沒有大石塊堆砌的笨重感覺。泰姬陵必須用肉眼親自觀賞才能體會出它的美來，因爲圖片只能反映建築物的幾何圖形，無法感受到它的空間感和質感。有人說，泰姬陵是無法描述的。這座建築物及四周的設置共耗費了二點三億美元，這在當時是一筆巨大的款項。⑪

德里紅堡是另一宏大的伊斯蘭建築群。它始建於一六三八年，耗時十年。它座落在舊德里城內，呈不規則的八角形，南北長九百一十五公尺，東西寬五百四十八公尺。四周城牆長二千四百公尺，高三點三五公尺，用紅砂石建成，故稱紅堡。紅堡分內宮、外宮兩部分，結構緊湊，氣勢恢弘。外宮的主要建築內有孔雀寶座，爲一稀世珍寶。「這個寶座的形狀像個由金製的腳腿支撐著的吊床架，彩色的畫蓋由十二根綠寶石柱子支撐著，每根柱子有兩隻用寶石鑲嵌的孔雀。一棵覆蓋著鑽石、綠寶石、紅寶石和珍珠的樹矗立在每對孔雀之間。」據說耗用黃金一千一百六十六公斤。後來寶座被搬到波斯，一直下落不明。

莫臥兒王朝衰落後，印度各地仍有優秀建築物出現。這些作品更融合了印度傳統風格，也更具

---

⑪ 尚會鵬：「賞泰姬陵」，《今日東方》，香港，一九九七年第一期。

地方特色。如拉賈斯坦的「風宮」（齋普爾）、旁遮普錫克教的「金廟」，以及邁索爾的建築等。

(二)兩種藝術觀

伊斯蘭建築與印度教風格的建築大不相同。關於二者的差異，歷史學家曾作過這樣有趣的對比：「我們總括地回溯印度的建築，發現其中有兩個主題，一雄壯一婉柔，一屬印度教一屬伊斯蘭教，而建築的交響樂則縈繞著這兩個主題而進展。正好像在那闋最有名的交響樂裡，一開始先是駭人的鼓擊，隨著便有一陣異常纖柔的樂音。同樣地，在印度建築方面，在菩提伽耶、布宛什瓦拉、馬杜賴和坦焦爾的印度天才所創下的強勁建築物，隨後便有位於法塔赫布林．西格里、德里及阿格拉那優雅韻致的莫臥兒風格的廟堂。而這兩種主題錯綜複雜地混合一起直至最後的階段。有人說過，莫臥兒人如巨人般地建造，卻如珠寶工匠般地完成工程。但這句格言不如整個用在印度建築上：印度人如巨人般地建造，莫臥兒人則如珠寶工匠般地完成之。印度建築物以宏大取勝，莫臥兒式則以細節爲優；前者具有力的高貴，後者則有美的完善；印度人有熱情有氣魄，莫臥兒人趣味高雅而善於節制。印度人在建築上面全部蓋滿了塑像，令人不知應算它們是建築抑是雕塑；伊斯蘭教徒厭惡偶像，而專做花卉或幾何圖形的裝飾。」[12]兩種風格反映的不僅是兩種審美觀的差異，也是兩種宗教和兩種文化的差異。

[12]〔美〕威爾．杜蘭：《世界文明史：印度與南亞》，臺灣幼獅文化出版公司，一九七三，第三一一～三一二頁。

不過，和其他領域一樣，從這些建築上可以明顯地看出印度風格和伊斯蘭教風格相融合的傾向。當伊斯蘭教從七世紀、八世紀慢慢傳入印度這塊土地時，這裡已經存在著高度發達的印度教、佛教和耆那教風格的藝術。新來的伊斯蘭建築藝術吸收了印度教藝術的一些特點，和本地的風格結合在一起，形成了一種被稱爲「印度—伊斯蘭」風格。這種風格不僅僅是伊斯蘭藝術的一個變種，也不僅僅是印度教藝術的一種改造形式，而是從兩種文化淵源中吸收了要素並形成的一種特有風格。各地伊斯蘭建築受印度藝術影響而有很大的差異。在德里的建築中，由於穆斯林在那裡的人數多，伊斯蘭建築風格幾乎看不出受印度教藝術風格的影響。而在孟加拉地區，征服者不但接受了用磚塊砌造建築物的方式，而且在建築物上飾以植物圖形和線條狀的裝飾，這明顯是受了印度教建築藝術的影響。在古吉拉特，穆斯林建築原封不動地照搬了當地的風格，建成了印度中世紀最出色的建築。在喀什米爾地區，穆斯林統治者則仿照當地的木結構建築建造清眞寺和宮殿。伊斯蘭建築受印度教藝術的影響是由這樣的原因造成的：第一，伊斯蘭工程必須雇用當地的工匠，而這些工匠自然深受本土藝術傳統的影響，在工作中不自覺地流露出本地藝術特點；第二，在穆斯林入侵初期，許多清眞寺是用從印度教寺廟上拆下來的材料建成的，有的乾脆就是在印度教和耆那教廟宇的基礎上略加改造而成。比較而言，印度教建築藝術受伊斯蘭藝術風格的影響要小得多。印度教和佛教藝術曾受過希臘藝術的影響，具有希臘藝術風格的犍陀羅藝術作爲一個獨立流派曾存在了一個時期，但最後消失了，犍陀羅藝術風格並未揉合進後來的印度教藝術中去。這次也是一樣，伊斯蘭教藝術風格在印度教建築上的影響並不太明顯。

㈢繪畫藝術

古代印度沒有紙，畫主要繪在貝葉和石窟的牆壁上。貝葉容易腐爛，故保留下來的繪畫主要是壁畫。紙從中國傳入波斯，大約是在十三世紀後半葉，可能是隨著穆斯林進入次大陸，紙從波斯傳到印度，促進了印度紙上繪畫藝術的發達。十五世紀後印度開始出現畫在紙上的繪畫，由於這種畫歷史不長，畫家似乎對於在紙上作畫還不太適應，所以從整體上看，這個時期的印度繪畫顯得較幼稚。

這個時期印度的繪畫藝術可分爲三個流派，即宮廷畫派、拉其普特畫派和山區畫派。

宮廷畫派直接起源於波斯，胡馬雍當皇帝時，屬下勢力反叛，迫使他出逃到波斯。在波斯流亡期間，他迷戀於細密畫藝術。這種繪畫或可視爲中國工筆畫在中亞地區的一個變種。後來胡馬雍在波斯王的幫助下回到德里，恢復了王位，據說他將兩名波斯細密畫大師米爾·賽義德·阿里和阿布杜斯·沙默德帶回德里，細密畫從此在印度流傳。胡馬雍死後，其子阿克巴繼續扶持繪畫藝術，創建了由宮廷畫家組成的繪畫學社，人數最多時達一百人。他們大部分是印度本土人，在兩位波斯畫家指導下作畫。到一六〇五年阿克巴逝世時，阿克巴的圖書館已收藏了大約二萬四千多幅彩色畫稿。其中最著名的一幅畫是一五七九年在阿克巴關注下完成的《艾米爾·哈姆查的羅曼史》，由十二卷大畫布、一千四百幅獨立畫面組成，高六十公分。按照正統伊斯蘭教的觀點，禁止爲有靈魂之物造像，所以正統的穆斯林反對阿克巴對繪畫的支持，但阿克巴聰明地辯解說：「畫家有其認識神靈的獨特方法，因此畫家描繪任何有生命的東西……他不是在作品中夾帶任何個人觀念，他一定得時刻想著神靈、生命的主宰，通過畫傳播知識和眞主的意志。」⑬後期的莫臥兒宮廷畫明顯融合了歐洲繪畫風格，出現了基督教主題。莫臥兒王朝崩潰後，宮廷畫家流落各地，這個畫派與其他畫派融合。宮廷畫派在德干地區各伊斯蘭王國也有發展，其風格與德里、阿格拉宮廷畫稍有不同。

拉其普特畫派源於早期的貝葉畫。這種畫是作爲貝葉經書的插圖，畫在貝葉上，用細線穿起來夾在兩層平木板之間。現存最早的貝葉畫是十一世紀作品，這種畫在拉其普特人中得以流傳。拉其普特人中許多富有的商人信奉耆那教，他們資助畫家畫了許多貝葉畫。大約十五世紀時，拉其普特人開始在紙上作畫，但其風格仍明顯保留一些貝葉畫的風格，內容有描繪耆那教聖人、風景和建築物。拉其普特畫與莫臥兒宮廷畫平行發展，互相影響。前者帶有濃厚的印度本土色彩，人物形象古樸，富裝飾性，並與印度宗教史詩、地方風情密切連繫；後者則具有宮廷色彩和波斯藝術的特點。莫臥兒王朝崩潰後，一些宮廷畫家尋求拉賈斯坦王公的庇護，促進了拉其普特繪畫的進一步繁榮。拉其普特繪畫至今仍流行於以拉賈斯坦爲中心的西部印度地區，齋普爾宮廷保留了這個畫派的大量精美作品。

山區畫派主要是指喜馬拉雅山南麓印度教宮廷中的袖珍畫，大約形成於十七世紀，其產生也與伊斯蘭教傳入有關。山區畫派以巴索利（靠近喀什米爾地區）的繪畫最著名，題材多爲印度教神話

---

⑬ 葉公賢、王迪民編著：《印度美術史》，雲南人民出版社，一九九一，第二〇二頁。

和史詩，藝術特點是大膽而強烈的色彩平塗，人物側面臉的描繪。著名作品有《圍攻楞伽山》（創作於西元一七二五至一七三〇年）組畫，表現《羅摩衍那》中羅摩與他的動物盟軍攻打楞伽山之前的各種活動，還有《田園中的拉達和克里希那》等。後期山區畫派也吸收了拉其普特畫派的風格。

(四) 音樂與舞蹈藝術

十三世紀以後，伊斯蘭音樂對印度音樂產生了極大的刺激，使得印度音樂得到進一步發展。從這一時期開始，稱之爲印度音樂的靈魂——拉格（Raga）理論才漸漸地發展起來。「拉格」表示一種典型的旋律結構，代表一定情緒和哲學觀念，並與一定的季節和時辰相連繫。一位元音樂家始終遵循規則以保持拉格的純正，在規則允許範圍內，音樂家可以即興演奏，這樣他就不僅是一位樂器演奏家，而且還是一位作曲家。印度音樂承認在一天的某個時辰和一年的某個季節的特殊拉格演奏的有效性。曾有過這樣的傳說：很久以前，有一次在莫臥兒大帝阿克巴的宮廷裡，大名鼎鼎的音樂家丹森在中午演唱了夜晚的拉格，結果使黑暗突然降臨在他所站立的地方和他的歌聲所及之處。「塔拉」是音樂的節奏，與伴隨著它的旋律無關，它按照強拍、輕拍、停拍的週期迴圈。善於掌握旋律的歌唱家和樂手以及打拍子的鼓手，必須具有完美的聽覺上的協調一致，以便配合節奏的許多週期迴圈。

這個時期，印度的樂器也獲得發展，現代印度的主要樂器在這個時代也已經出現。Tamboura是種有著四或五根弦的樂器，除了演奏旋律外，關鍵作用還是作爲一種背景樂器來把握控制樂曲的主音。西塔爾（sital）是印度北方最常用的一種長頸彈撥樂器，現代西塔爾共有七根琴弦，四根奏旋律，三根奏持續音，此外還有十多根共鳴弦，與主弦應和，形成了獨特的音響效果，主要是作爲一種獨奏樂器用來演奏Raga或爲演唱伴奏。Tabla是兩個一套手鼓，由兩個單面鼓組成的，這兩個鼓的形狀正好相反，演奏者右邊的鼓上小下大，發音高，左邊的鼓上大下小，發音低，兩者音高大約相差八度；一個鼓的音高調成樂曲的主音或曲子中的另一個關鍵音，另一個鼓則是用來添加各種音色變化用的，Tabla鼓是進行塔拉演奏的關鍵樂器。這個時期傳入的伊斯蘭樂器也影響了印度的樂器。

流行於今日印度的古典舞蹈，是以《舞論》爲基礎發展起來，在流傳過程中形成了具有地方特點的流派。古典舞蹈四大流派的原型在這個時期已基本形成。

1. 婆羅多舞

在南印度獲得發展和完善。傳說一位名叫婆羅多的仙人創造了這種舞。婆羅多舞原是南印度一種專門娛神的、具有高度技巧的舞蹈。婆羅多舞的發達，與南印度神廟裡「神奴」的功勞分不開。在古代南印度，人們爲了向神還願或對神表示虔誠，把年輕女兒送到廟裡，爲神服務，這些女孩子被稱爲「神奴」。她們接受嚴格的舞蹈訓練，許

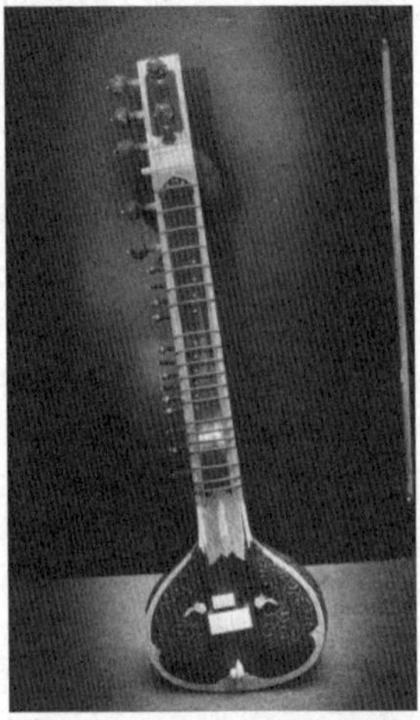

圖9-7　印度樂器西塔爾琴

多人成為出色的舞蹈家。這種舞蹈演出的時候需要道具，根據不同的故事，戴各種面具。主要通過身體各部分的動作來表達豐富的思想感情，如戰爭、愛情、仇恨、快樂等。

2. 卡塔卡利舞

在西南印度較流行，是喀拉拉地區最有名的舞蹈。「卡塔」意為「故事」，「卡利」意為「表演」，它是一種故事性很強的頌神舞劇，融故事、詩歌、音樂、舞蹈、表演、造型於一體是該舞的特點。內容多取自兩大史詩和《往世書》故事。演員的舉手投足較規矩，有二十四個基本動作，各基本動作連在一起組成舞語。劇中角色均由男子扮演。表演形式是默劇式的，有打擊樂器伴奏。面部化妝是卡塔卡利舞的一大特點：用米粉熬成稠漿，塗在演員的面部，根據角色的不同著上綠、黃、紅等五種顏色。正面人物臉上再塗淺綠色或白色，反面人物塗幾層粉白色，鼻子周圍塗紅色，眼睛四周塗黑色，佩戴紅鬍鬚。

圖9-8 婆羅多舞

3. 卡塔克舞

屬於北方宮廷舞蹈，產生於現在的北方邦首府勒克瑙，後在北部流行開來。過去主要在宮廷流行，專供帝王顯貴們欣賞。內容主要表現印度教神克里希那（黑天）和牧女拉達的戀愛故事，該舞派的一大特點是，舞者腳上必繫有眾多的小鈴鐺，有時多達數百枚。演員隨著鼓聲的變化做出不同動作，鈴聲時而細碎柔和，如低低細語；時而嘈錯繁雜，如千珠落盤；時而鏗鏘有力，如萬馬奔騰。該舞派在流傳過程中受伊斯蘭教文化的影響。

4. 曼尼普利舞

起源於印度東北部的曼尼普爾地區。曼尼普爾地區有「舞蹈之鄉」的美譽，在這裡，舞蹈是人們生活的一個重要組成部分，也是婦女的一種必備修養。曼尼普利舞是幾種舞蹈的總稱。它主要包括表現克里希那與拉達愛情故事的拉卡爾舞（由兩人共舞），還有與頌神相關的班格·賈蘭恩舞（一種快節奏的舞）、格拉達爾·賈蘭恩舞（擊掌舞）、月光舞等。其中最聞名的是表現克里希那和拉達愛情的豔情舞。

圖9-9　卡塔克舞蹈

第十章 近代印度文化：印度文化與西方文化的遭遇與融合

一、殖民統治的建立和統治

莫臥兒王朝崩潰後的印度再次陷入混亂和內戰，印度遭受外來力量征服的時期又一次到來。不過，這個時候，世界已悄悄起了重大變化：工業革命先後在英、法等西歐國家完成，一種新的文明——西方工業文明——開始興起，而印度文明實際上已經衰落，再也難現昔日輝煌。命運顯示的唯一問題是，到底由哪一個歐洲強國來執行此事。歷史選擇了英國。

一四九八年，葡萄牙航海家達·伽馬繞過非洲好望角來到印度西海岸的克利克特，是近代歐洲人在印度活動的開始。葡萄牙人在西海岸建立了據點，與印度人貿易並傳教。十七世紀時荷蘭人來了，趕走了葡萄牙人。十八世紀法國人、英國人來了，趕走了荷蘭人。一六〇〇年英國東印度公司的成立標誌著英國人染指印度，十八世紀後半期開始積極干預印度事務，一步步擴大勢力。它在馬德拉斯、加爾各答和孟買設立了商埠，從印度低價買進貨物，然後在歐洲高價賣出。爲保護自己的利益，它運來了軍隊，修築了工事，對那些不聽話的土邦王公實行武力征服。一七五七年普拉西戰役標誌著英國征服印度的開始，十九世紀初英國將法國等勢力逐出印度，後經過三次邁索爾戰爭、三次與馬拉塔人的戰爭、兩次與錫克人的戰爭，共打了大小一百多次仗，到十九世紀中葉終於在印度確立了統治。一八七七年，英國維多利亞女王成爲印度女王，印度正式淪爲英國的殖民地。英國統治下的印度分爲兩部分，一部分是直接統治地區，稱「英屬印度」，面積約占印度的三分之二；另一部分是受英國保護的幾百個土邦，稱「土邦印度」，面積約占印度的三分之一。

和以往任何一次異民族征服不同，這次征服者的文明程度高於被征服者，因而，歷來的征服模式，即先是征服者征服了土地，後被印度文明同化的模式，此次不再重複。英國人不僅征服了印度的土地，還摧毀了印度文明的基礎，征服者不僅沒有受本地文明的影響，而且還以冷漠的態度和粗暴的方法破壞印度文明，試圖按自己的模式塑造印度。歷次異族征服只觸及了印度文明的表面，而這次征服卻觸及了它的內心。殖民統治者給印度帶來的作用是多重的：英國人給印度帶來了新的因素，商品、機器、鐵路、科學思想、槍炮、議會民主制；英國人在印度也推行了一些有益的改革，如廢除童婚、寡婦殉葬等陋習，清除盜匪以維持社會治安，建造鐵路、工廠和學校，在加爾各答、馬德拉斯、孟買設立大學，西方司法制度的確立也爲印度帶來了新的司法原則，這和印度以《摩奴法論》爲代表的種姓法規根本不同。憲法和一套現代法律的制定在印度歷史上還是第一次，鐵路的修建、郵電，以及機器生產方式的引進，客觀上也爲印度近代資本主義的發展創造了一定的條件，但這些好處的代價是政治上的暴虐統治和財政上的殘酷掠奪。殖民統治者通過大肆掠奪印度的財富，通過制定新的田賦制度剝削農民，徵收重稅，對印度的手工業者、商販和農民巧取豪奪。西方的機器產品摧毀了印度傳統的手工業，造成大批人失去維生的手段，印度淪為英國的商品市場和原料產地。殘酷剝削引起印度各階層的強烈不滿。早在殖民統治確立不久的一八五七年，就爆發大規模反抗殖民統治的民族大起義，此後反抗殖民統治的鬥爭持續不斷。一八八五年，印度國大黨成立，這是一個主要由知識分子組成的組織，後來逐漸具有反英色彩，成為印度民眾反英運動的領導力量，產生了第一任國大黨主席班納吉（Surendranath Banerjea，西元一八四八至一九二五年）、提拉克、甘地等一批優秀的民族解放運動領袖。在反英運動的不斷打擊下，英國在印度的統治搖搖欲墜，終於不得不撤離次大陸。將近二百年的殖民統治終於結束了，印度於一九四八年八月十五日獲得了獨立。

從政治上看，英國的統治為長期四分五裂的印度帶來了新的凝聚因素，使次大陸比以往任何一個帝國時期都更統一。軍隊的建立，鐵路、郵電、通信設施等，為印度的統一提供了物質基礎，英語的推廣使印度知識分子之間有了交流的媒介。殖民統治也帶來了一些分裂因素：以政黨、選舉為特點的西方政治制度的確立，激化了印度宗教、種族、種姓之間的矛盾；民主思想的影響，使原來處於種姓體制最底層的不可接觸者有了覺醒，他們的反抗增加。此外，英國人為了便於統治，利用印度固有的宗教、種族矛盾，人為實行「分而治之」政策，也增大了印度的分裂和離心因素。① 這些分裂因素導致英國人撤離時次大陸的分裂。

① 尚會鵬：「近代西方人的挑戰對中印社會的影響」，《亞非研究》第五輯，一九九五。

從文化上看，這是古老的印度文化與近代西方文化遭遇並發生激烈衝突的時代。印度近代思想家維維卡南達曾這樣描述過印度與西方文化的巨大反差和印度文化面臨的挑戰：

在一方面有近代西方科學，它以無限的光明炫惑人眼，駕馭著為人們可知的並用毅力所收集的嚴格事實的車輛；在另一方面有印度古代祖先的、有前途的和強力的傳統，這些傳統是印度本土和國外偉大聖哲從印度歷史書籍中找出來的。這些傳統在無數世紀中顯示著諸神所羨慕的無比的勇敢、超人的天才、無上的精神性，所有這一切將激起印度將來的希望。在一方面臭穢的唯物主義、豐富的錢財、強大力量的積累、強烈的追求肉欲，通過外國文學引起了極大的動盪；在另一方面通過這一切不和諧聲音的吵鬧，印度聽到她的古代諸神喃喃地發出令人心碎的呼聲，在她的面前擺著從西方進來的各種奇異的奢侈品，如彷彿只有天上才有的飲料，昂貴味美的食物、漂亮的衣服、豪華的宮室、新式車輛和受過教育的女子，這種女子以新的姿態，穿著新的裝束，無恥而自由地跑來跑去。所有這一切都引起印度從未有過的欲望，變換這個情景，代之而出現的則是莊嚴的息達和沙毗德麗（Savitri）、嚴肅的宗教誓願、絕食、隱退森林、半裸的修行者的編捲髮和橘黃色的衣服、入定和大我的追求。②

② 維維卡南達語，見黃心川：《印度近代哲學家辨喜研究》，中國社會科學出版社，一九七九，第九十九頁。

英國殖民統治在文化上對印度帶來的影響也是多重的。首先，英語教育、西方式教育制度的實施、西方科學思想的引進，培養了一批受西方文化影響的知識分子。這些人不故步自封，善於學習外國民族的長處，吸收了大量西方文化的素養，以新的眼光看世界，西方世俗主義思想深深影響了印度超自然中心的生活方式，使傳統印度文化發生了深刻的變化。他們接受了西方的民主主義、自由主義、世俗主義觀點，同時也對印度傳統文化進行深深的反思，出現了宗教、思想、文學、法律、藝術領域的全面革新。古老的文化、古老的習俗和社會制度從未遇到如此嚴重的挑戰，也從未遇到如此深刻的變化。其次，西方文化咄咄逼人的進攻也刺激了印度知識分子對自己傳統文化的珍視，出現了發掘、整理古典文化的熱潮。他們從古典文化寶庫中尋求靈感，尋找抗衡西方文化的武器。這樣，印度文化出現了空前的分化，從而更具有多元、複合的特點。傳統印度文化的變化可概括爲以下幾個大的方面：第一，科學技術和現代學術的興起。受西方文化的影響，不僅建立了自然科學體系，還建立了新式的歷史學、哲學、語言學、邏輯學以及社會科學等，對被印度教徒奉爲「天啓」的宗教經典也有了理性而客觀的研究。第二，世俗化的影響。從超自然中心的生活方式中擺脫出來，世俗的利益、世俗文化、世俗思想深深影響了一大批人，以至於獨立後的印度憲法將「世俗主義」作爲政府的一個目標。第三，在近代西方思想影響下，正統的印度教出現了一系列改革運動。宗教改革者用現代的觀點重新解釋印度教教義，批判傳統印度教的弊端和陋習，從而使印度教出現了分化：在形成一些改革派的同時，也出現了一些捍衛古老傳統的「原教旨主義」派別。第四，已滅亡的佛教又復興起來。不過，新的佛教是被重新解釋了的佛教，它又以與婆羅門教（印度教）的對立的形式出現。第五，伊斯蘭教民族主義的覺醒。穆斯林與印度教徒矛盾加劇了，而且教派矛盾和政治鬥爭連繫在一起，形成錯綜複雜的局面。

二、宗教改革運動

受西方思想和價值觀的影響，印度教出現了改革的風潮。如前所述，歷史上印度宗教也不斷有改革，不斷有新的教派出現，但都沒有這次來得全面而深刻。傳統印度文化崇尚宗教超越而輕視現實經驗，對人生有一種深刻的悲觀。人們傾向於認爲，生命是一種痛苦的懲罰，而不是一種機會或獎勵。在正統的印度教徒看來，西方人對待生命的熱情，不停的忙碌，不滿足的野心，那些省氣力卻損害精神的工具發明，那進步、那速度，是對於事物之表像的沉溺，是拒絕終極眞理的機巧，說到底是淺薄和幼稚的表現。這種對宇宙和人生的思想固然使人深刻，但千百年來沉湎於形而上的冥想，虛弱了印度民族的體質，耗竭了印度民族的生命力。在西方文化的影響下，一些印度知識分子從沉思中猛醒，認識到印度傳統文化的弱點，大聲疾呼改革印度宗教。十九世紀開始，印度教出現了改革趨向，產生了一些新的宗教改革團體，當代印度許多重要的宗教組織都可追溯到這個時期的改革運動。

㈠梵社（Brahma-samaj）

這是近代印度最早的宗教改革團體，由拉姆·莫罕·羅易（Ram Mohan Roy，西元一七七二至一八三三年）在一八二八年創立。羅易是一位博學的知識分子，他不僅精通梵文和印度古典文化，也對西方文化有相當的了解。他接受了西方資產階級的平等觀念，呼籲對印度教進行改革。他批判傳統印度教的多神崇拜和偶像崇拜，認爲應當崇拜唯一的梵。他否定種姓制度，提倡不同種姓的人通婚和共食，號召人們摒棄早婚和「薩提」陋習，提倡寡婦改嫁。梵社的參加者多爲知識分子。十九世紀六十年代梵社獲得較大發展，在孟加拉等地有五十多個分社。後來梵社經歷了兩次分裂和改組：一八六五年以錢達拉·森（Keshab Chandara Sen，西元一八三八至一八八四年）等爲首的激進派，因不滿領導人D.泰戈爾（Debendranath Tagore，西元一八一七至一九〇五年）的保守傾向而退出梵社，另建「印度梵社」；一八七八年又從印度梵社中分裂出一個「大眾梵社」。後來這幾個梵社逐漸形成內部通婚的種姓集團。

在梵社的影響下，十九世紀中葉馬哈拉什特拉地區成立了「祈禱社」，致力於印度教和印度社會的改革。該組織提倡不同種姓之間的共食和通婚、改善賤民和婦女的地位等。③一八七五年在孟買成立了另一個大的印度教改革團體——聖社（Arya Samaji，又稱「雅利安協會」）。領導人是達耶難陀·薩拉斯瓦蒂（Dayananda Sarasvati，西元一八二四至一八八三年）。此人沒有直接受到西方影響，主要靠研究古代經典和研究現實形成了改革思想。他激烈批評印度教的墮落，排斥偶像崇拜，否定「化身」思想，把到聖地巡遊和祭神儀式斥爲迷信，但他卻

③ 林承節：《印度民族獨立運動的興起》，北京大學出版社，一九八四，第四十七~八十七頁。

把眼光投向古代，推崇吠陀經典，公開號召「回到吠陀去」。政治上，他提出「印度是印度人的印度」，有鮮明的民族主義傾向。該組織影響很大，一八九一年成員達四萬人，一九二一年增至四十六萬人。

一八七五年由布拉瓦茨基夫人（Madame Blavatsky）和奧爾科特上校（Colonel Olcott）在美國創建的「神智協會」（The Theosophical Society），於一八七九年來到印度，在馬德拉斯郊外的阿迪亞爾設立總部，開展印度教復興運動。該組織開始帶有神祕主義色彩，脫離民眾。一八八九年，英國社會活動家貝桑特夫人（Annie Besant，西元一八四七至一九三三年）加入該社，使該組織影響擴大。這個組織主要從事恢復和發揚印度古代宗教和文化活動，以提高民族自尊和自信，激發民眾的愛國熱情。

(二)羅摩克里希那與維維卡南達（辨喜）

羅摩克里希那是一位宗教活動家，一八三六年出生於孟加拉的婆羅門家庭。他崇拜卡利女神，受過基督教和伊斯蘭教的影響，並吸收其中一些思想來改造印度教。他把兇殘的屠戮女神卡利變成一個充滿柔情慈愛的女性。與羅摩．羅易不同，他不懂英文，也不著述，呼籲摒棄理智方式，力倡虔信瑜伽。有人問他什麼是知識、什麼是智者和被知的對象，他回答道：「我不知道這些學問的精妙細節，我只知道我的聖母，以及我是她的兒子。」他繼承了印度教虔信派的思想傳統，認爲追求眞理的唯一途徑是對人奉獻愛，對人愈愛、愈接近神。他還說：「對於神的知識，可以比作一

圖10-1　印度近代哲學家維維卡南達（辨喜）

個男子，而對於神的愛則像女子，知識只能進入神的外室，而除了愛一個人之外，沒有人能進入神內部的祕密。」④他教導他的弟子說，世界上所有的宗教都有合理的部分，都是接近神的路徑，人們不必執著於特定的教義和教理。羅摩克里希那提出了「人是神之形，爲人服務就是崇拜神」的思想，並認爲「吾神即貧者，吾神即病者，吾神即無知識者」、「如要精神和平，就請爲他人服務」的口號。他向其弟子堅稱他是羅摩和克里希那的化身。他活著的時候影響有限，他死後，他的弟子維維卡南達（Vivekananda，意譯爲「辯喜」，西元一八六三至一九〇二年）繼承了他的思想並加以發揚光大。維維卡南達原名爲納侖德拉那特．杜特（Narendranath Dutt），出身剎帝利種姓，畢業於加爾各答大學，受過近代西方教育。曾是一位無神論者，後成爲羅摩克里希那的熱心門徒。他把上帝重新定義爲「人類理性的總和」⑤，並呼籲他的同胞不要沉湎於苦行和冥想：「誦讀吠檀多和深思默想的事，留待來生吧。讓現存的軀體爲他人服務吧！……最高的眞理

④〔美〕威爾．杜蘭：《世界文明史：印度與南亞》，臺灣幼獅文化出版公司，一九七三，第三二〇頁。

⑤黃心川：《印度近代哲學家辨喜研究》，中國社會科學出版社，一九七九，第九十三頁。

是：上帝存在於一切有生之物。他們是他的複多的形體，此外並沒有可尋求的上帝。唯有服務眾生者才服侍著上帝！」一八九三年，維維卡南達參加在美國芝加哥舉行的世界宗教會議，會上他提出，各宗教的目的都是追求絕對眞理，故應相互協調。回印度後創辦「羅摩克里希那教會」（The Ramakrisna Mission），宣傳一種強勁的教理，這是幾千年來印度未曾有過的。他的一句名言是：「通過足球比較之《薄伽梵歌》更接近天堂，我們需要強似鋼筋的人。」⑥

我們需要的是造就男子漢的宗教……放棄這些使人衰弱的神祕主義，強壯起來。……一切崇拜中最重要的崇拜就是對四周人們的崇拜。……這些都是我們的神——人與動物，而我們必須崇拜的最先的神便是我們自己的國民。⑦

羅摩克里希那教會是當代印度較大的新型教團，它在世界上許多國家都具有影響力，世界各地有許多分支機構，積極從事教育、出版、衛生、慈善等工作。

在印度教改革的同時，印度教中也出現了「原教旨主義」傾向團體，如後來出現的「印度教大齋會」等。這些組織主張維護印度教的正統地位，建立印度教國家，同化穆斯林。這激化了與穆斯

⑥ 同上，第一〇三頁。
⑦〔美〕威爾．杜蘭：《世界文明史：印度與南亞》，臺灣幼獅文化出版公司，一九七三，第三二一頁。

林和其他非印度教徒之間的矛盾。

在伊斯蘭教、錫克教等少數派宗教中，也出現了改革運動。印度伊斯蘭教雖經莫臥兒王朝統治者大力推行，仍未取代印度教占統治地位，但伊斯蘭教在印度成爲僅次於印度教的大宗教，它的單純而剛健的教理使他沒有屈服於印度教。雖在信徒的生活方式和文化方面與印度教有融合，但仍保持了獨特的性格。十九世紀以後，伊斯蘭教也出現了改革的動向。不過，早期的伊斯蘭教改革與印度教的改革運動不同，具有新思想的穆斯林精英主要是從事正面的啓蒙教育，他們一方面翻譯、傳播宗教經典，繁榮宗教生活，普及宗教知識，同時也創建學校，引進近代科學技術知識，開展世俗教育。一八六三年創建了伊斯蘭文學社。一八七七年建立了全國伊斯蘭教育協會，次年改爲伊斯蘭協會。後來隨著廣大穆斯林的覺醒，成立了反映穆斯林上層利益的政治組織：「全印穆斯林聯盟」。該組織後來發展爲帶有濃厚教派色彩的印度最大的穆斯林政黨。該政黨認爲，印度的穆斯林受印度教徒的壓迫，主張擺脫印度教的統治而建立獨立國家。這些做法也激化了與印度教徒的矛盾，最終導致印度、巴基斯坦的分治。

錫克教也在一八七三年創建了什里辛格協會，在翻譯、注釋、出版錫克教經典的同時，也注重世俗教育。

(三)「賤民」運動與新佛教

十九世紀末，在印度已滅亡幾百年的佛教，開始出現復興的蹟象。錫蘭（今斯里蘭卡）僧人達摩波羅（Dhammapala，西元一八六四至一九三三年）於一八九一年創建「大菩提會」（The Mahabodhi Society），在印度修繕被毀的佛教遺址，並以佛教遺址和大都市爲據點普及佛教，但一直進展緩慢。一九五一年印度的佛教徒僅有十八萬人。佛教在印度的復興是與印度不可接觸者的反歧視運動連繫在一起的。如前所述，不可接觸者被排斥在種姓體制以外，是印度教社會受歧視、受迫害最深者。近代以來，隨著西方新思想的傳播，他們中出現了反歧視、反迫害的情緒，和高種姓印度教徒之間的矛盾加深了。一九五六年，印度賤民領袖安貝德卡爾（Bhimrao Ramji Ambedkar，西元一八九三至一九五八年）率領五十萬（一說一百萬）不可接觸者皈依佛教，使印度佛教徒人數大增。安貝德卡爾出身馬哈拉什特拉的賤民階層，幼時受高種姓印度教徒的迫害，後受開明王公的資助，赴美國、英國留學，接受了西方平等、民主新思想，回國後領導賤民解放運動，曾任印度共和國第一任司法部長，有「當代印度摩奴」之稱，爲現代印度三偉人，不過，甘地和尼赫魯受印度教影響較深，而安貝德卡爾是反印度教的。他曾帶領賤民焚燒《摩奴法論》等印度教經典，之後選擇佛教作爲賤民鬥爭的理論武器。其著作《佛陀及其教法》（*Buddha and His Dhamma*）是新佛教的經典，新佛教與傳統佛教有很大不同，對傳統佛教教義重新作了解釋。

新佛教認爲：釋迦牟尼出家不是爲了逃避現實，而是出於解決現實矛盾，即由於在解決與鄰國的水利爭端問題上和主張使用武力的一派發生了矛盾；佛教的「四諦」不是美化貧困，通過正當手段獲得財富才能解除「苦」；輪迴轉世的不是靈魂而是物質；僧團不受種姓、性別和地位的限制等。經安貝德卡爾解釋後的佛教主要在馬哈拉什特拉的賤民中傳播。如前所述，佛教是作爲婆羅門教的對立面產生的，後來同化於印度教中。重新輪回印度的佛教，在反對印度教（婆羅門教）上更爲激烈。而在一般印度人看來，佛教只是印度教的一個派別而已。在安貝德卡爾的領導下，新佛教獲得迅速發展，並成立了政黨（困豹黨）涉政。他死後，因無優秀領袖，新佛教運動幾乎停止了發展，組織發生分裂。安貝德卡爾被新佛教徒尊爲聖者，其畫像與佛像擺在一起受信徒的膜拜。現在印度的佛教徒大約占總人口的百分之零點七，主要限於馬哈拉什特拉地區的賤民。⑧

(四)宗教改革的特點

概括來看，自十九世紀上半葉出現的印度宗教改革運動具有以下幾個特點：第一，繼承印度教虔信派的傳統，用內心崇敬取代繁瑣的儀式，強調祈禱、冥想和實際表現，人人可以接近神明，這實際上是將「民主」原則引進了宗教領域。第二，主張積極行動，反對消極遁世，改革派大都認爲，苦行、禁欲與敬神相違背，主張在現實生活中積極行動、爲社會服務，要有獻身精神，這反映了新興資產階級的進取精神。第三，強調建立新的倫理道德，傳統印度宗教各派追求的最高眞理是超越道德的，因而對倫理道德並沒有太多的強調；傳統印度教通過提倡禁欲、苦行等來彌補道德上的要求，改革派在反對苦行和禁欲的同時，強調了倫理道德的重要；如羅摩．羅易受基督教有關道

⑧ 尚會鵬：「賤民運動的領袖安倍德卡爾——生平及其主要思想」，《南亞研究》一九八九年第一期；「略論印度的新佛教運動」，《世界宗教資料》，一九九〇年第四期。

德訓誡的啓示，強調人要有社會行爲的道德感，對人要有同情心等，他還摘錄了《聖經》中論述道德的部分，用梵文和孟加拉文同時發表，以利群眾接受，提高道德水準；改革派把近代西方的自由、平等、博愛思想和道德原則引爲教義，變成宗教信條加以推行。第四，宗教改革和社會改革相連繫，改革者按照實際的需要對經典進行取捨，或者作出新的解釋，在對教義、儀式和宗教組織進行改革的同時，提出革除「薩提制」、破除種姓歧視、反對童婚和提高女權等口號，所以，這個時期的宗教改革實際上是社會改革的一種形式。

二、近代哲學思想的產生和發展

這個時期出現了一批具有世界影響的傑出思想家，發展了印度思想。這些新的思想家與古代聖哲有兩個不同點：第一，他們大都受印度傳統文化和西方文化兩方面的影響。他們之中多數受過系統的西方式教育，有留學西方（主要是英國）的經歷，對現代西方社會和西方進步的哲學及科學思想比較熟悉；同時，還大都具有深厚的印度傳統文化素養，標榜復興印度古代文化。他們借鑑西方文化的一些要素，以傳統的吠檀多思想或伊斯蘭教哲學爲中心建立思想體系。其中許多思想家仍有印度古代聖人之風。第二，思想與行動相結合。許多人既是思想家，同時也是社會活動家和民族解放運動的領導人。這反映了這個時代的特點。

(一)印度教背景諸思想

提拉克（Bal Gangadhar Tilak，西元一八五六至一九二〇年）就是這樣一個早期的代表人物。他是馬哈拉什特拉人，出身自一個破落地主家庭，屬婆羅門種姓。一八八〇年浦那德干學院法科畢業後開始了他的政治和社會活動，被稱爲「印度資產階級民族運動的奠基人」。他本是一位印度古典文化學者，因參加反英活動，幾次被關進監獄。著有研究吠陀的著作《吠陀中的北極發祥地》、《薄伽梵歌秘奧導引》和《數論頌的佚偈》等學術著作。哲學上追隨吠檀多一元論思想，認爲哲學的最高實在是梵、神或普遍意識，反對商羯羅的斷絕塵世欲望獲得解脫的思想，提出了「爲世界服務就是爲神服務」的觀點：「如果人尋求與神的交合，他必須尋求與圍繞他的世界交合，並爲世界工作，如果不是這樣，那麼他和神的交合是不完善的。」⑨在近代思想家中提拉克屬於較傳統的一派，他是民族主義者。他強調恢復古老的印度教傳統，這對於提高印度教徒的民族自信心起了巨大作用，但他這樣做卻疏遠了印度的穆斯林和其他教派。⑩

甘地（Gandhi，西元一八六九至一九四八年）是近代印度最傑出的思想家和政治活動家。他於一八六九年生於古吉拉突邦一商人種姓，母親是虔誠的毗濕奴信徒，年輕時就讀英國倫敦大學，攻讀法律，一八九一年取得律師資格後返回印度。一八九三至一九一四年在南非生活，曾領導南非

⑨ 黃心川：《印度哲學史》，商務印書館，一九八九，第一〇九～一一〇頁。
⑩ 林承節：「提拉克與印度教」，《南亞研究》一九八三年第四期。

的印度僑民非暴力運動。回國後多次發動反對英國殖民統治的「非暴力不合作運動」，運動中號召在政府工作的人員辭去職務、抵制外國商品等，並將印度教的淨身、齋戒、絕食等方式用於反抗殖民統治，成爲印度民族運動的領袖，人們尊稱他爲「聖雄」。

甘地有自己的哲學思想，他一生堅持三個基本原則：堅持眞理、非暴力和苦行，眞理和非暴力構成他哲學思想的基礎。他對眞理的看法是：眞理即神，世界的終極原因是神，神是道德、倫理的證明。他心目中的眞理，是一種信仰，一種發自內心的良知，某種原則和信念，有時也指某種體驗。人的良心是內在於神或受神指導的，這種良心能使人去惡從善，獲得眞理，「凡是想親自體驗神是否存在的人都可以以一種虔誠的信仰來親證它，由於信仰不能靠外來的證據來證明，因此最可靠的方法就是相信道德對世界的支配，信仰道德法律、眞理和愛的法則的至高性」。眞理是最高實在，眞理是絕對認識。他把他發動的反對英國人統治的非暴力運動稱爲「堅持眞理運動」（Satyagraha）。可以看得出，他關於眞理的思想是受了商羯羅的「吠檀多不二論」的影響（也有人說是受了毗濕奴派哲學家伐拉巴的「純粹不二論」的影響）。他宣導的親證神明的方法有虔信派的特點。

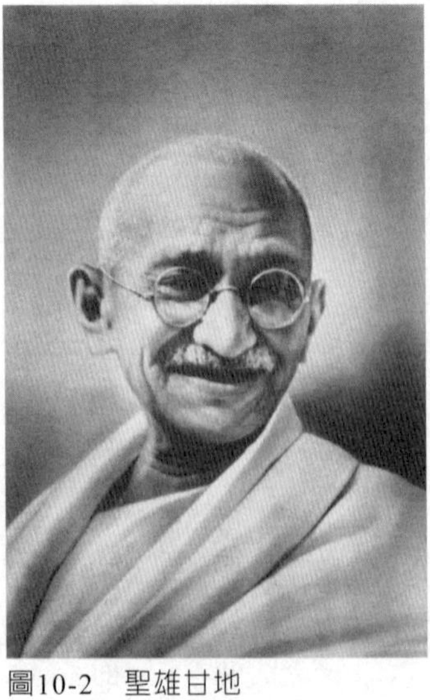
圖10-2　聖雄甘地

關於非暴力，他認爲非暴力是人類的基本法則，是尋求眞理的手段。非暴力思想來自佛教和耆那教的「不殺」（Ahimsa）思想。他譴責英國殖民者的暴行，同時也譴責印度人在反抗殖民統治的鬥爭中出現的暴力行爲。他還對印度教作了重新解釋和改革。他尊重印度人信仰的所有宗教。號召革除不可接觸制度，認爲被剝奪了種姓身分、生活在社會最底層的賤民也是神的親生兒女，要給予公正的待遇。他還身體力行，親收賤民爲義女，但同時他卻堅持認爲，種姓制度本身是合乎道德的。

他繼承古代印度教、佛教和耆那教聖人的特點，在生活上堅持僅能維持生存的標準。他本是一個富有的律師，但他的財產都給了窮人。他的私人財產僅是三塊粗布：兩塊做衣服，一塊當床用。他常睡在光地板和泥土地上，以堅果、香蕉、檸檬、橘子、棗子、米飯、羊奶維持生存，經常幾個月只吃水果和羊奶，有時一連幾個星期什麼也不吃。這方面他繼承印度自古苦行者的做法，並賦予苦行崇高的意義，認爲只有在血液變得稀薄時，世界靈魂才會顯現。基於此，他堅決主張摒棄現代工業，認爲多數機器產品是不必要的，號召人們回到自給自足的村落生活。他身體力行，堅持每天手工紡線，使用手紡布，並號召人們也這樣做。

甘地的哲學和社會思想受到兩種重要的影響：一種是以印度教、耆那教爲中心的傳統宗教和哲學思想的影響，這種影響占主導地位；另一種是受當時流行的西方資產階級哲學和宗教思想，尤其是受基督教《新約》的影響。這兩種思想有機地結合在一起。⑪甘地的非暴力思想以及對現代工業

⑪〔印〕甘地：《甘地自傳》，商務印書館，一九九五。

文明的批評，影響了許多人，成爲人類寶貴的精神財富。他受到印度人民極大的尊敬，至今仍有信徒將他的畫像與濕婆、毗濕奴等神像掛在一起膜拜。

值得注意的是，在西方殖民統治之下，許多印度知識分子爲了激發愛國熱情和民族自豪感，他們使用印度教的語言，宣傳印度傳統文化的輝煌，但他們這樣做的同時，也疏遠了印度的穆斯林和不可接觸者，加劇了印度教徒與穆斯林和不可接觸者之間的矛盾。儘管甘地反對不可接觸制度，主張印度教徒和穆斯林和解團結，共同對付英國人，但穆斯林和不可接觸者仍只是將他看成是印度教徒的代表，而不是全體人民的代表。

尼赫魯（Nehru Jawaharlal，西元一八八九至一九六四年）的思想可以說是另一種類型。與聖雄甘地和提拉克相比，他的思想更具有世俗主義和理性的特點，因而更符合時代潮流。他深受近代西方思想影響，同時也對印度傳統懷有深厚的敬意。他出生於喀什米爾一富裕的婆羅門家庭，早年在英國留學，受甘地思想的影響獻身於印度獨立運動，曾幾次被關入英國殖民政府的監獄。尼赫魯自印度獨立至逝世一直任印度政府總理。他繼承了印度傳統的寬容與忍耐精神，致力於印度國家的獨立和發展，但與甘地不同，他用現代眼光看世界，不排斥西方科學技術文明，重視國家的經濟建設，他的思想代表了印度在西方影響下產生的更理性、更具有世俗特點的思想。他的世俗主義思想主要表現爲：主張建立一個「世俗國家」；不偏向任何特定的宗教；保護落後的少數人集團；批判教派主義；主張消除種姓差異等。[12]尼赫魯在國際上因高舉世界和平的理想，堅持不結盟立場而受到重視。他的著作有《自傳》（一九三六）、《印度的發現》（一九四五）、《世界歷史一瞥》（一九三四）等。

在近代西方思想的影響下，印度一些知識分子試圖將古老的印度思想和西方思想傳統結合起來，建立一種東西合璧的思想體系。奧羅賓多．高士（Aurobindo Ghose，西元一八七二至一九五〇年）可以說就是這樣的代表人物。他生於加爾各答，年輕時在劍橋大學受過教育，歸國後參加反英運動，曾蹲過英殖民政府的監獄，後成爲瑜伽行者，在本地治理（Pondicherry）創建一修道院並隱居在那裡，著有《神聖生命》等大量著作。哲學上他繼承了吠檀多主義，認爲宇宙的最高實在是「梵」，「梵」是純粹、永恆和不可描述的，但他不像商羯羅那樣認爲現實世界只是「梵」的幻化，而是認爲現實世界也是眞實的，現象世界本身也是「梵」。他的哲學被稱爲「整體不二論」。他強調「行動瑜伽」，吸收了東西方的哲學材料，創立了一個龐大的解釋宇宙的模式——世界進化理論。這個理論認爲，達爾文的進化論只解釋了地上存在的、短命的現象，沒有解釋天上的、永恆的存在。他認爲，世界進化理論就是解決永恆眞理的。按照精神進化理論，宇宙分爲兩個世界：現象世界和超越世界。現象世界是由物質、生命、心所組成，有時在生命和心之間還派生出靈魂，它們依次由低級向高級進化。和超越世界相比，現象世界只是一種低級的、從屬的存在。由心進一

⑫ 朱明忠：「尼赫魯的世俗主義觀及其社會影響」，《南亞研究》一九九六年第三、四期合刊。

步進化到「超心」（Supermind），「超心」連繫著現象（此岸）世界和超越（彼岸）世界，通過它，人便進入了超越世界。超越世界即「梵」的世界，「梵」的世界雖然從本體論上說是獨立的、不被任何形式或屬性所限定，但在人的認識經驗所及的範圍內，「梵」就是「實在、意識力、歡喜」。現象世界是超越世界的反映，現象世界中顯現的物質、生命、心分別和超越世界的存在、意識力、歡喜、超心相對應，前者是後者的折射。這個進化過程也可能方向相反，即由「超心」退化至心或靈魂，再退化至生命、至物質。退化意味著神性向人性乃至獸性的墮落。他的思想攝取了十九世紀物理學的一些成果，試圖將宗教和科學調和起來。他既批判唯物主義也批判唯心主義，晚年轉向神祕主義。⑬

同時，在西方思想的刺激下，也出現了將印度哲學與西方哲學作對比並對印度哲學思想進行理性反思的動向。這方面最出色的學者是拉達克里希南（Sir Sarvepalli Radhakrisnan，西元一八八八至一九七五年）。他也繼承了傳統的吠檀多思想，特別是商羯羅的「吠檀多不二論」思想，但他同時肯定現實生活。他認爲，印度人需要在繼承過去文化傳統的基礎上，訓練作爲未來一代的世界公民。他曾被選爲印度聯邦第二任總統。

⑬ 黃心川：《印度近代現代哲學》，商務印書館，一九八九，第一二〇～一四二頁。

(二)伊斯蘭教哲學思想的發展

與印度教教徒相比，印度的穆斯林從整體上看文化和經濟發展較慢。隨著印度資本主義生產關係的發展，印度的伊斯蘭教也出現了改革運動，湧現了一批具有新思想和改革精神的知識分子。代表人物早期有賽義德·阿赫默德·汗（Syed Ahmad Khan，西元一八一七至一八九八年）。他出身於德里一穆斯林貴族家庭，幼年是在莫臥兒宮廷中度過的，二十歲時爲英國東印度公司服務。一八七五年在阿里格爾創建「英國—東方伊斯蘭學院」（後來著名的阿里格爾穆斯林大學的前身），著有《論印度政治現狀：講演和書信集》、《聖徒之言》、《〈古蘭經〉注釋》。他對當時伊斯蘭教的僵化、衰退和社會的腐敗進行了抨擊，宣傳眞主是宇宙的最高創造者，眞主是永存的和永恆不變的，並不受時空的限制。同時，他還崇尚人的理性，認爲理性是核對總和判斷一切宗教權威的最高準則。理性和宗教是不矛盾的，人的理性需要宗教「啓示」來補充。他首次表達了印度的穆斯林是一個單獨的民族和社會文化單位的思想。

另一位影響較大的穆斯林思想家是伊克巴爾（Iqbal, Muhammad，西元一八七七至一九三八年）。他出身於旁遮普省錫亞爾科特的一個中產階級家庭，一八九七年畢業於拉合爾大學，後到英國劍橋大學和倫敦林肯法學院學習，獲得德國慕尼克大學授予的哲學博士學位。一九〇八年伊克巴爾回國，任拉合爾高等法院註冊律師，後又兼職大學教授。不久之後便專門從事政治活動、哲學研究和詩歌創作，作品有《駝隊的鈴聲》、《自我的秘密》、《非我的奧秘》等大量哲理詩歌。他對伊斯蘭教中的形式主義、教條主義、宿命論，以及社會中的剝削和壓迫現象進行了無情的批判，同時以唯理主義、人道主義精神對《古蘭經》和伊斯蘭教教義進行了新的解釋。他提出了「完人」（mumin）的概念，「完人」的基本特點是具有堅強的意志、無限的信心和忘我的勞動，「完人」可以出自任何階級，是人類進步的基礎。這實際上是他提出的一種理想的、抽象的人格，「完人」和柏拉圖的「金人」以及尼采的「超人」有許多相似之處。伊克巴爾進一步闡述了印度的穆斯林是一個單一民族、單一社會文化單位的理論，首次提出了建立獨立的伊斯蘭國家的設想，被稱爲巴基斯坦國的奠基人。伊斯蘭教思想的興起對於促進廣大穆斯林的民族覺悟起了很大的作用，同時也加劇了與印度教徒的矛盾，這個矛盾最後導致激烈的教派衝突和印度與巴基斯坦的分治。

四、文學

㈠地方語言文學的發達

現代印度文學是從十九世紀末發展起來的。隨著資本主義生產方式的確立和發展，資本主義社會各主要階級誕生了，居民中出現了具有新思想的階層，他們對文學的欣賞口味變了。此外，在殖民統治之下，印度各族人民逐漸覺醒，要求民族解放的思想日益強烈。這些都反映在這個時期的文學作品中。

幾乎從殖民者到來之日起，印度人民就開始了反抗殖民統治的鬥爭。印度的知識分子舉起了爲擺脫殖民統治而鬥爭的旗幟，新時期的印度文學反映了印度民族意識的覺醒，以及人民獲得政治自由的意願和發展民族文化的願望，「爭取自治」這個目標成爲許多文學作品的主題。印度獨立的著名領導人如提拉克、甘地等人的主張，出現在許多文學作品中，著名文學家如拉賓德拉納特·泰戈爾、普列姆·昌德、穆罕默德·伊克巴爾等都具有明顯的反對殖民統治、爭取民族獨立的傾向。爲了喚起民眾對本民族語言和歷史的興趣，培養對祖國的熱愛和自豪感，也由於通過認識西方文化、認識世界文學的優秀作品和科學成就，在印度知識分子中出現了一股重新揭示古代印度文化的閃光點、研究本國人民的歷史、恢復印度藝術的趨勢，這種新趨勢也反映在文學作品中，構成該時期文學的一個重要特點。不過，新思想、新觀點的產生和發展是十分緩慢的，而且各地也不平衡。

文學藝術的形式也發生了變化。傳統的印度文學形式最主要是詩歌，其題材多取自史詩和其他宗教經典，從吠陀時代至十九世紀末，可以說這種模式大體沒有變化，但在新的時期，這種單一的模式已難以表達人們關心的各種問題，也難以滿足人們欣賞的需要。這個時期出現了歐洲許多作品的印度文譯本，特別是印度報刊的產生，加速了印度文學體裁和種類的發展，開始出現歐洲類型的小說、話劇等，詩歌也充滿了新的內容，在創立文學批評及政治諷刺文學方面邁出了第一步，由此奠定了現代乃至當代印度文學形式的基礎。

文學語言也起了變化。民間語言具有愈來愈大的作用。擁護文學語言民主化和使書寫的文學語言接近口語的人愈來愈多，這更促進了各種地方語言文學的發展。

(二)孟加拉語文學

孟加拉地區社會經濟較發達，是殖民統治建立較早的地區，這裡的民族意識的覺醒也早，解放運動也較成熟。在這一背景下，孟加拉語文學在近代印度文學的發展中居於主導地位，新思想和民族解放的主題在孟加拉語文學中體現得也最爲充分。

宗教改革家羅姆·摩罕·羅易對孟加拉語文學的發展起了巨大的作用，他是孟加拉語散文的鼻祖。他寫了一本孟加拉語的語法書，認爲孟加拉語具有能適應創造新文學的一切要求。他從事的出版活動也促進了孟加拉語文學的發展。

孟加拉語文學最偉大的代表人物是馳名世界的詩人、作家兼人道主義者拉賓德拉納特·泰戈爾（Tagore. Rabindranath，西元一八六一至一九四一年）。他出身於加爾各答一個婆羅門貴族家庭，父親是一位著名的哲學家和社會活動家，是「梵社」的重要領導人之一。泰戈爾早年曾在英國倫敦大學短期學習過，受西方的影響是可以肯定的。他多才多藝，用孟加拉語創作了大量詩歌，因而獲得一九一三年的諾貝爾文學獎。在思想上，他深受古代印度吠檀多思想的影響，認爲宇宙有三種實在，即作爲最高實在的「梵」，作爲可變、雜多的自然現象，以及作爲個人靈魂的「個我」或精神。

神通過創造作用顯現自己。洞察現象世界的矛盾和混沌，可以領悟神創造活動的美與協調。他以「梵」或神爲一方，稱之爲「無限」；以現象世界和個人靈魂爲另一方，稱之爲「有限」。在有限存在與無限存在之間，有不可分割的連繫，用有限可以理解無限。絕對者是非人格的「梵」，

圖10-3　泰戈爾

而人只有把「梵」作爲最高的人格來考慮才能認識它。他把自然和世界現象看作同一的東西，因而他的哲學和文學作品有一種泛神論的傾向。闡述他哲學思想的著作主要有《生命的親證》（一九一四）、《論人格》（一九二一）、《創造的統一》（一九二二）等。深厚的傳統印度哲學思想素養使他的文學作品有一種深邃而高邁的格調。他的創作無論在內容或題材方面都是多種多樣的，在他留下的大量文學作品中，有詩歌、長篇小說、中短篇小說、戲劇、批評論文以及教科書等，是印度文學寶庫、也是世界文學寶庫中一筆豐富的遺產。

泰戈爾最出色的成就是他的詩歌，留有詩集《暮歌》、《晨歌》、《陰秘》（一八九〇）、《黃金歌》（一八九三）、《吉檀迦利》（一八九〇）等。這些作品以傳統印度詩歌爲底蘊，有對風景細緻入微的描寫，有對女性的讚美，有深刻的哲理探討，富有詩意，並充滿明朗和愉快的感情。他的許多詩歌在民間傳頌，由他作詞並譜曲的《人民的意志》（一九一一）已成爲印度共和國國歌。

《吉檀迦利》是泰戈爾的一部具有代表性的詩集，正是這部詩集使他獲得了諾貝爾文學獎。「吉檀迦利」在孟加拉語中意爲「獻歌」，詩人是把這部詩集獻給他心目中的神。泰戈爾接受了傳統印度教哲學中「梵」的思想，認爲宇宙萬物是一個有機的整體，這個整體就是神，神代表了眞善美。這首詩把印度人特有的對宇宙深邃的洞察力和優美的語言結合在一起，表達了與神（眞善美）

結合的願望和神祕的氣氛，從中我們可以看到印度中世紀虔信詩歌的特點：

在我向你合十膜拜之中，
我的神，
讓我一切的感知都舒展在你的腳下，
接觸這個世界。

像七月的濕雲，
帶著未落雨點沉沉下垂，
在我向你合十膜拜之中，
讓我的全副心靈在你的門前匍匐。

讓我所有的詩歌，
聚集起不同的調子，
在我向你合十膜拜中，
成為一股洪流，傾注入靜寂的大海。

像一群思鄉的鶴鳥，
日夜飛向它們的山巢，
在我向你合十的膜拜之中，
讓我全部的生命，啟程回到永久的家鄉。⑭

泰戈爾還創作了多篇小說，代表作是長篇小說《戈拉》。該小說的故事梗概是：戈拉出身於孟加拉一印度教徒家庭，認為自己屬於高種姓，沒想到他的父親不是婆羅門。他原來是一個外國人，是他的養父在他嬰兒的時候從起義反抗英國人的土著雇傭兵軍隊中救出來的。當他的養父把他的出身祕密告訴他時，他的悲劇開始了。他成為印度教徒是不可能的，因為印度教徒是由出身決定的。他突然痛苦地認定他不屬於印度教社會，經過長期激烈的內心鬥爭，戈拉終於認識到：對他來講，重要的並非在於他是一個印度教徒，而是在於他是偉大的祖國印度的兒子。作品敘述的是十九世紀七十年代至八十年代孟加拉知識分子的探索精神，它提出的主要問題是：如何學會用最有效的方式熱愛印度，放棄種姓和宗教偏見，在目空一切的外國人面前不要害怕「受到玷汙」，不要有任何恐懼等。

泰戈爾是一位偉大的愛國主義者，創作了大量對印度充滿柔情的詩歌：關於印度的風景之美，女人之可愛，對人民的困苦寄予深切的同情。他抨擊英國的殖民統治，一九一九年當他聽到英國士

⑭《吉檀迦利》有多個中譯本，本引文見張光麟：《印度大詩人泰戈爾》，藍天出版社，一九九三，第四十九頁。

兵在阿姆利則野蠻屠殺了一群正在舉行宗教集會的印度人時，他憤怒地將英國授予他的爵士勳章歸還給英國總督，還附了一封措辭強硬的信。他是一位改革者，大力呼籲廢除種姓制度，摒棄迷信。他晚年在西孟加拉聖蒂尼克坦（Santiniketan）創辦的國際大學（Visvabharati），至今仍是一個國際文化交流中心。

除了泰戈爾外，孟加拉語文學中還有一位優秀的作家，叫紹羅特錢德拉·喬托帕戴（西元一八七六至一九三八年），他被稱爲孟加拉語文學中批判現實主義的奠基者和偉大的作家，泰戈爾對他的作品給以高度評價，主要作品有《姐姐》（一九〇七）、《錢財的主人》（一九一九）、《鄉村社會》（一九一五）等。這些作品主要反映主人公心中的欲念和他關於職責觀念之間的矛盾衝突，表現出一種崇高的道德追求。

(三)印地語文學

前一章業已指出，印地語文學在中世紀就是印度北部最發達的文學之一，產生了許多偉大的詩人。十九世紀上半期，印地語文學開始使用一種新的方言口語——卡里博利語，這種方言後逐漸成爲印地語文學的基礎。一八五七年印度人民反英大起義後，印地語文學出現了一個新的轉折：接近人民、抨擊英國統治者的作品增多。著名作家有婆羅丹都·哈利什錢德拉（西元一八五〇至一八八五年），他辦過許多報紙和雜誌，作品主要是劇本，如政治性很強的《印度三災難》、悲劇《藍色女神》，以及一些抨擊英國殖民統治的詩歌。

二十世紀最初的十年，印地語作家的主要代表人物是普列姆·昌德（西元一八八〇至一九三六年），他的出現打開了印地語文學新的一頁。他出生於北印度貝拿勒斯附近的一個村落，早年曾用烏爾都文寫作。一九二〇年以前在政府部門任職，在甘地宣導的不合作運動的思想影響下，他辭去政府部門的工作，專事創作，被稱爲現代印地語小說的創始人。他幼年家道貧苦，又有在政府部門工作的經驗，故對勞動人民的苦難非常熟悉。在他的作品中，反映了農村社會、宗教信仰、種姓制度、社會陋習、妓女問題、政治獨立等。在他以前的印地語小說，多以娛樂爲目的，很少反映社會重大題材。他的作品則以社會爲背景，以新的觀點對社會上各種問題進行描繪，故把印地語文學推向一個新的階段。他一生寫下了十二部長篇小說，約三百篇短篇小說，在印地語文學中享有崇高地位。重要的小說有《愛的歸宿》、《戰場》、《祭祀的母牛》，反映婦女題材的長篇小說《戈丹》。

(四) 烏爾都語文學

繼十八世紀中葉四大詩人之後，十八世紀末至十九世紀初還出現了一位有影響力的詩人：納齊爾·阿克巴拉巴迪（西元一七四〇至一八三〇年）。他繼承了民間創作的優良傳統，其作品在烏爾都語文學中占有特殊地位。

烏爾都語文學也和印地語文學一樣，在一八五七至一八五九年大起義後出現一個較大的轉折：分化出了舊派和新派。舊派的特點趨向於僵化，新派則企圖尋求新穎的形式，努力使文學更貼近民眾。十九世紀中葉，德里詩歌重新崛起。詩人迦利布（西元一七九七至一八六九年）成爲古典詩歌最高成就者和近代詩歌的奠基人，迦利布用波斯語和烏爾都語兩種語言創作詩歌。普列姆昌德也曾用烏爾都語發表了一些小說。

二十世紀上半期烏爾都語文學中最偉大的詩人是穆罕默德．伊克巴爾（西元一八七七至一九三八年）。他是一個學識淵博、精通哲學的人，留下了大量文學遺產：烏爾都語和波斯語詩集，以及《伊斯蘭宗教思想重建》等哲學著作。他的早期詩歌作品愛國主義主題突出，成爲烏爾都語的經典之作，對現代印度和巴基斯坦烏爾都語文學起了重大影響。早期作品《喜馬拉雅山》（一九〇一）繼承了烏爾都語詩歌華美的形式，感情熱烈奔放，通過對喜馬拉雅山的歌頌，表現了對祖國印度斯坦的熱愛：

啊，喜馬拉雅山！印度斯坦的城垣！
你昂首即可吻舐蒼天。
流失的歲月未給你帶來一絲蒼老，
至今你的青春一如當年。
真主只在度爾山上顯現一次，
你卻自始至終挺立在世人面前。

你是一座山脈，巍巍聳立，
你是一堵高牆，衛護著印度斯坦。
你是一首詩，蒼穹是你的首聯，
啟迪人們浮想聯翩。
你的峰頂戴著雪白的禮帽，
使光照乾坤的太陽亦覺暗淡。⑮
……

《伊斯蘭的崛起》（一九二三）則是對二十世紀二十年代伊斯蘭世界出現的民族獨立運動的歌頌。他的一些詩歌是對伊斯蘭教理想的闡述，他最早提出建立伊斯蘭國家的思想，這個思想後來終得實現。他用波斯語寫成的哲理詩《自我的秘密》和《非我的奧秘》，則反映了他作為一個虔誠的穆斯林，對真主、對先知穆罕默德、對人（穆斯林）與真主的關係的看法。烏爾都語詩集有《駝隊的鈴聲》、《格里姆的一擊》等。

除了上述幾種地方語言文學外，印度還有馬拉提文學、旁遮普文學、古吉拉特文學、阿薩姆文學、泰米爾文學、泰盧固文學等。這些地方語言文學都出現了一些重要的作家和作品，其形成和發

⑮ 劉曙雄：《穆斯林詩人哲學家伊克巴爾》，北京大學出版社，二〇〇六年，第四十頁。

展道路也或多或少地與上述那些文學發展的過程有相似之處。

五、藝術

(一)繪畫

殖民地時期，印度傳統繪畫衰落了。英國人在印度引入了西方繪畫藝術，畫家們所受的都是以歐洲繪畫為範例的教育，以英國維多利亞學院派寫實主義為正統模式。這個時期的繪畫脫離了民族藝術的傳統和周圍的生活。十九世紀末葉，以加爾各答藝術學校校長、英國畫家E.B.哈威爾、阿巴寧德拉納特·泰戈爾（西元一八七一至一九五一年，大詩人泰戈爾的侄子）為首的一批畫家，發起了繪畫界的一場文藝復興運動。他們否定印歐學院派的「西方化」、「物質化」傾向，探索印度繪畫藝術的「印度性」和「精神性」，從事偉大的民族藝術遺產的研究，提倡一種回歸傳統的畫風。他們把阿旃陀壁畫的鮮明色彩和拉其普特繪畫的纖柔線條融匯在一起，具有某種熱烈的神祕主義傾向和細膩入微的風格，被稱為「孟加拉復興派」。這個畫派的興起實際上是對殖民政府在孟加拉所進行的藝術教育制度的抗議。他們發展了古印度水彩畫和水膠顏料畫的技術，模仿纖細畫的傳統，題材主要限於宗教、神話、歷史和文學。對現代印度藝術的形成起了良好的作用。主要作品有阿巴寧德拉納特·泰戈爾的《皇帝向喀什米爾進軍》（水彩，一九一五）、《道路的終點》等。這個學派的一些人也受了東方其他國家繪畫藝術的影響，如格亞寧德拉納特·泰戈爾的作品就受了日本繪

圖10-4 銅器（現代）

圖10-5 藝術編織（現代）

畫的影響，P.羅易．喬杜里受了中國繪畫的影響。總的來看，這個畫派的作品試圖擺脫西方經院派的影響，在傳統文化中尋求靈感，但也往往流於東方的矯飾主義或浪漫主義的感傷情調，僅僅停留在印度傳統文化的表層。

也有一些畫家，開始屬於孟加拉復興派，後來脫離了該派，如比雷什瓦爾．森，他的早期作品《孤獨》、《黎明》就是典型的「復興派」手法，後來這位畫家開始畫色彩鮮豔的風景畫，作品具有靈巧、柔和、明朗的特點。二十世紀二十年代以後，在西方現代藝術觀的刺激下，印度藝術家的現代意識開始萌動。以羅賓德拉納特．泰戈爾、阿姆里塔．謝吉爾等畫家為首，開始探索印度藝術走向現代的途徑，印度繪畫藝術開始向多樣化發展。他們的作品是對印歐經院派和孟加拉復興派的揚棄，比前者更貼近現代藝術的新潮，比後者更掌握印度傳統文化的精髓，他們被稱為現代印度藝術的先驅。

(二)新的藝術形式：現代戲劇和電影

印度古代就有豐富的戲劇藝術傳統，在近代印度，戲劇趨於衰落。原因是多方面的，如穆斯林的征服和長期統治，近代國家的殖民地地位和經濟的落後等。到十九世紀，印度的戲劇在孟加拉逐漸恢復，但很不平衡。稍後，在古吉拉特和整個北印度地區開始了這一過程。新的戲劇受西方戲劇的影響，在孟加拉，成立了莎士比亞協會，上演莎氏戲劇。另外在戲劇理論和舞臺設計方面，受英國的戲劇藝術理論家愛德華·戈爾敦·克萊格（西元一八七二至一九四四年）以及斯坦尼斯拉夫斯基的理論很大影響，印度的戲劇藝術朝現代的方向轉變了。泰戈爾等文學家創作的一些戲劇，帶有西方悲劇的特點，顯然是受了古希臘悲劇、莎士比亞悲劇的影響。從內容上看，和詩歌和小說一樣，揭露社會黑暗、反抗英國殖民統治是這個時期戲劇的一個重要特點。第二次世界大戰期間，印度人民戲劇協會成立，該組織幾乎在印度各地都有分會，促進了各種地方語言的現代戲劇藝術的發展。該協會組織上演了許多反映印度和世界大事的戲劇，如反映一九四三年印度大饑荒、一九四七年印巴分治，以及保衛世界和平運動、反對殖民主義等戲劇。

印度第一部無聲電影《哈利什昌德拉王》產生於一九一三年，取材於民間神話，受到觀眾的歡迎。到二十世紀二十年代，印度已成立了幾家電影公司，主要製片中心在加爾各答和孟買兩大城市。一九三〇年攝製了第一部有聲影片，此後印度電影獲得迅速發展。到一九四〇年，印度的電影院達一千五百多家，影片產量占世界影片產量的百分之九，僅次於美國和日本，居世界第三位。一九四七年印度獨立後，電影業更突飛猛進。從第一部影片誕生到二十世紀初，印度生產的故事片已突破萬部大關。一九七一至一九八〇年，印度共攝製故事片近五千部，許多影片除在本國放映外，還向世界各地出口。印度是當今名副其實的電影大國。

印度電影業的發達，除了印度地方語言繁多使得外國影片較難進入印度市場，印度中央政府和地方政府及私人向電影業大量投資等原因外，一個重要原因是印度電影根植於深厚的文化傳統的土壤之中，保持了濃厚的民族特色。大部分印度電影採用印度音樂爲旋律，穿插大量的印度舞蹈和民族風味極濃的插曲，時而出現夢幻仙境等，深受觀眾的喜愛。今日寶萊塢（Bollywood，對位於孟買的印度電影基地的別稱）已是世界上最大的電影生產基地之一，擁有數十億觀眾。

第十一章 科學技術

「文化」還應包括科學技術。作爲一個重要的文明古國，古代印度在科學技術方面也作出了自己的貢獻。不過，在古代印度，除了天文學和醫學外，自然科學不是獨立的學問。傳統印度的學問主要在宗教（祭祀）、哲學（吠陀）、政治、法律、音韻、語法、邏輯等方面，而自然科學不受重視，這方面的成就只是作爲一個不重要的附屬部分包含在其他學問中。

一、天文學

宗教是印度人生活的重心，那些與宗教相關的學科便被扶植。天文學的成長，首先是由於印度人對宇宙的無限崇拜，是和占卜或星相學連繫在一起的。此外，古印度人非常重視宗教祭祀活動，爲了精確祭祀儀式的舉行時間，需要對日月運行進行觀測，在此基礎上產生了最早的天文學。在所有自然科學領域，天文學是產生最早、最受重視的一門學問。在吠陀文獻的附屬部分「吠陀支」中，天文學就被認爲是六種重要學問（祭祀學、音韻學、韻律學、天文學、語源學和語法學）中的一種。所以古代印度自然科學在天文學領域獲得的成就最大。

印度古代天文學的發展大體分為三個時期。

第一期：吠陀時期。這是印度天文學的萌芽和起源時期。這個時期的天文學主要是為宗教服務，它是神學的一部分。現存最早的天文學文獻是四部吠陀中幾十首與天文有關的頌詩，這些紀錄極其簡略，實際上是把一些天文計算法改寫成詩句，幫助神職人員記憶。從這些紀錄來看，當時的人們對日月運行、季節交替等已有一定的知識。《梨俱吠陀》中有這樣的描述：「有十二條輪輻的巨輪永不停息地圍繞著天堂轉動，他永遠常新不變。他的兒子是火神，居於輪中，度過了三百六十個白晝和三百六十個黑夜。」①這是用比喻的方式說明當時使用一種曆法：一年有三百六十天，十二個月為一年，但這種曆法還不夠精確，因為實際上一年為三百六十五點二四天，所以必須過幾年後還要在第十二個月後加上一個月，故《梨俱吠陀》中還有第十三月之說。文獻中出現了太陽和月亮在春分、秋分、冬至、夏至時的位置的記載。《梨俱吠陀》中還有對北斗七星的描述，說它居於天中，只在夜晚顯現，而白天不知伏於何處。在較晚形成的《夜柔吠陀》中，還出現了「觀星者」（Nakshatra-darsha）一詞，這說明當時已有人專門從事天體觀測工作。在《阿闥婆吠陀》中還出現了「行星」、「流星」、「掃帚星」等詞。另外，有的學者認為，在《阿闥婆吠陀》和《夜柔吠陀》中，已經出現二十八宿的劃分。由此可以推斷，至遲在西元前十三世紀前半葉，印度人已經進行過天文觀測活動。

① 韓榮：「從吠陀看印度古代天文學」，《南亞研究》一九八二年第二期。

第二期：吠陀後期至四、五世紀。這是印度天文學形成和發展時期。其主要特點是：天文學不再僅僅是婆羅門教祭祀的附屬品，它作爲一門較獨立的學問，漸成爲印度人的一般文化財產，天文觀測也更趨精密。這個時期出現了第一部天文學專著：《占星吠陀支》（*jyotisha-vedaanga*）。該書大約形成於西元前四至前三世紀，是著名的吠陀六支之一種。書中規定一年爲三百六十六日，五年爲一個週期，一週期共一千八百三十日，合六十二個朔望月，一年爲十二個朔望月，每月爲二十九點五一六日多一點，爲使用方便，規定每月爲三十日，但每過兩個月就多出將近一天，故還必須減去。被減去的這一天稱爲「消失日」（ksayatithi）。書中專門提供了計算「消失日」的方法。這種曆法雖較複雜，但比起《梨俱吠陀》中的計算方法精確得多。此外，這部經典還詳細記載了二十八宿的名稱。

這個時期的天文學知識還反映在其他文獻中。史詩《摩訶婆羅多》中提到了五大行星，並進一步描寫了各行星的運行規律以及它們在星宿之間的位置；由《摩訶婆羅多》中的故事推測，當時的人們已經知道了日食和月食都是發生在望日或朔日。耆那教中也有天文學的豐富知識，該宗教將天上的群星分爲五類：日、月、行星、恆星及各星宿；該教有自己的曆法，被稱爲耆那曆，紀元起於西元前六六二年，還有一部天文學巨著：《論太陽》（*Suriya-pannati*）。

這個時期，還出現了一部以星相學爲主的天文學著作：《毗達伽伽本集》（*Vriddhagarga-samhita*），據推測這是西元前五十年代的一部著作。

這個時代的印度天文學基本上是在沒有外來影響的情況下獨立發展的。到四世紀以後，印度天文學受到希臘天文學的巨大影響，從而進入一個繁榮期。

第三期：四、五世紀至十二世紀。這是古代印度天文學繁榮時期。四、五世紀正是笈多王朝統治時期，由於商業和航海業的發展，以及古希臘科學文化的影響，印度的天文學出現了空前的繁榮。這個時期印度人對天體及其運動的認識已有相當的深化。如當時人們已經認識到，大地是一球體，並環繞自身的軸心轉動，這個思想比古代中國的「天方地圓」說進步得多，也比哥白尼的地動說早了近千年。當時對日食和月食現象也作了正確的解釋，表明人們對日月星辰的觀測已達到很高水準。在天文學計算方面也取得了驚人的成就，這個時代的天文學家們相當精確地計算了月球的直徑、兩極的位置以及主要星辰的位置與運行，他們還解釋了引力的理論。

這個時代出現了一批天文學著作。這類著作可分爲三大類：第一類是悉曇多（Siddhanta）。這是一種歷數全書或天文學手冊，其中最主要的有五部，現僅存一部，其餘四部只能從當時著名天文學家彘日的《五悉曇多論》以及阿拉伯學者的著作中得知。第二類是以天文學家命名的天文學專著。第三類是對過去著作特別是失傳著作所作的注釋。

五部悉曇多中最著名、最具權威的一部叫《蘇利耶悉曇多》（*Suryasiddanta*），該書創作於五世紀左右，後經過不斷修改補充，流傳至今，也是五部悉曇多中僅存的一部。該書由五百頌詩組成，內容包括測定年月日的方法、恆星運行的週期、行星的運行、會合於某一時刻的位置、太陽和月亮的相對運動，以及日食和月食，春分、秋分、冬至、夏至等時令，還有所使用的天文儀器等。尤其值得注意的是，書中用來計算行星位置的正弦表的敘述，是印度古代科學中最卓越的成就之一。在這部著作中，還提出了宇宙作爲一個整體運動的概念，即提出了宇宙大循環理論。古代印度人經過長期觀察，發現整個天體的運行是有週期的，一個週期稱爲「摩訶尤迦」（大時，Mahayuga），大約爲四百三十二萬年，每個週期又包括四個尤迦年，每個尤迦年代表一個時代，每個時代持續的時間不同，並且一個時代不如一個時代。除去其中的宗教成分，古代印度人提出的這種宇宙大循環理論是驚人的。

這個時期出現了一批傑出的天文學家，可謂群星燦爛。其中，聖使（Aryabhata，西元四七六至五五〇年）是最著名的一位，他出生於今北印度的巴特那附近，並在那裡進行天文觀測，他的主要貢獻是把印度天文學進一步系統化了。他著有《聖使集》（*Aryabhatiya*），該書共分四個部分：第一部分敘述聖使所創制的數位記號系統；第二部分記述數學；第三部分論述天文學計時法；第四部分論述天體。他計算了日月星的運動，得出了接近精確的一年爲三百六十五點三五天的結論。他還推算了日月交食的方法。尤爲重要的是，他大膽地提出：星體活動的範圍是固定的，地球藉著它自身的旋轉，產生了行星以及群星每日的升起與落下。遺憾的是，他的這一先進理論並未爲後來的天文學家所接受。他的著作後來通過阿拉伯人傳到歐洲，對近代天文學的發展有一定的影響。聖使是印度人的驕傲，今天印度有一顆人造衛星就以他的名字命名。

另一位著名天文學家叫伐羅訶・密希羅（彘日，Varaha-mihira）。他出生在現在的烏賈因一帶，受希臘天文學的影響較大，著有《五悉曇多論》。書中除了對已亡佚的四部悉曇多作了闡述外，更注重天文觀測實踐，並對觀測和計算進行具體指導。他的另一部重要著作是《廣集》

（*Brihat-samhita*），雖屬於星相學方面的著作，實際上卻匯集了古代印度天文及其他方面的豐富知識。

婆羅門笈多（Brahmagupta，意譯「梵藏」，西元五九八至六六〇年）是古代又一位卓越的天文學家和數學家。主要著作有《婆羅門悉曇多》（*Brahma-sphuta-siddhanta*），其中詳細敘述了行星的平均運動及平均位置、時間的測定、日食和月食的測定，以及行星和恆星的會合等。他的一個重要貢獻是將天文學知識予以系統化，但令人遺憾的是，他摒棄了聖使的地球旋轉理論，因而阻礙了天文學的發展。

巴斯迦羅阿賈利（Bhaskaracharya，意譯「明規範師」，西元一一一四至一一八五年）是伊斯蘭教在印度取得統治地位之前最後一位印度天文學和數學泰斗，著有《頂上珠悉曇多》（*Siddhanta-Shiromani*）。他第一次證明大地是一圓球體，靠引力懸於空中，他宣稱地球是由於引力而吸引了萬物，他還認爲，天體運動的原因是宇宙風在起作用，這在當時是一個很了不起的理論。

第四期：伊斯蘭教統治時期。伊斯蘭教統治印度後，印度天文學仍有發展，又出現了一些新的天文學著作，如《悉曇多分別指南》（*Siddhaantatattva-viveka*, 1658）、《星相學家的裝飾》（*Jyotirvidabharana*）等。穆斯林的統治也帶來了中亞阿拉伯的天文學知識。傳統印度天文學不大重視使用觀測儀器，在穆斯林統治時期，印度天文學在使用觀測儀器方面獲得巨大發展。十七世紀下半葉和十八世紀上半葉，信奉伊斯蘭教的齋浦爾王公摩訶拉賈・賈伊・辛格（Maharajah

Jai Singh，西元一六八六至一七四三年）分別在德里、齋浦爾、烏賈因和貝拿勒斯修建了四個天文臺，並使用四十多件儀器進行天文觀測，獲得了驚人的成就。例如精確地測定了太陰月的時值是二十九天三十九分三十四點零七七秒；發現金星和水星本身不發光，只反射太陽的光線；土星並非圓球形，而是一個橢圓形；木星周圍有四顆衛星；某些一直被認爲是固定不動的星球實際上是行星；太陽黑子是移動的；太陽和所有小天體的運行軌道都略呈橢圓形，等等。這個時期的印度天文學具有向近代科學過渡的意義。

印度古代天文學具有以下兩個特點：第一，天文學與宗教有密切連繫。不僅早期的天文學是宗教學的一部分，即便是在最繁盛時期，天文學也未擺脫神學的影響，幾乎所有的天文學著作都充滿了對神的讚頌，所有天文學眞理都是爲了證明神的偉大。第二，重視理論思維和數學推斷而不重視實際觀測。這兩個特點阻礙了印度古代天文學向現代天文學的發展。②

二、數學

古代印度的數學是和天文學平行發展的。爲了進行繁雜的天文計算，印度人發展了數學。古代

② 郭書蘭：「印度古代天文學概述」，《南亞研究》一九八九年第二、三期；範鐵城：「印度莫臥兒時期的科學技術」，《南亞研究》一九八四年第二期。

印度的天文學著作同時也是數學著作，天文學家同時也是數學家。

印度人對數位具有敏銳的感覺。在古代宗教經典和文藝作品中，經常出現難以想像的大數字和難以想像的小數字。如在《夜柔吠陀》中就出現了「億」這樣的大數字。

和天文學一樣，古代印度數學的發達也是與祭祀活動分不開的。祭祀的時候，祭壇的大小和形狀馬虎不得，需要精確地測量和計算。在吠陀中，有一類經典叫《祭壇經》，專門論述祭壇的形狀、構作法、祭壇和供物的面積計算等等，譬如，怎麼樣把長方形變成等面積的正方形或圓形。據說該部經典中還提到了勾股弦定理，比中國人的發現還早。這些表明當時人們已具備了一定的數學和幾何學知識。不過，後代印度的幾何學未獲得什麼發展，在天文計算方面，除了使用正弦理論外，幾何知識較幼稚。印度古代關於三角的知識大部分來自古希臘。十八世紀初期齋浦爾王公第一次把阿拉伯語的歐幾里得幾何學翻譯成梵語。

但在算術以及代數方面，印度人獲得了驚人的成就，從某種意義上超過了古希臘和中國。印度的算術自古以來分爲默算和指算兩種，默算即心算，指算乃以人的十指爲工具進行計算，印度古代沒有算盤，因此發明了獨特的指算方法，這兩種演算法在各類悉曇多中都有論述。天文學家聖使也是一位卓越的數學家，在他的著作裡，較詳細地討論了開平方、開立方以及級數等算術問題。另一位天文學家兼數學家婆羅門笈多，則列舉了多達二十種的計算方法。他們用詩歌的形式闡述複雜的數學問題，例如，有這樣的數學題：

一群蜜蜂，有五分之一停在一枝Kadamba花上面；三分之一停在一枝Silindhra花上；兩個數目之差的三倍飛到一枝Kutaja花上，餘下的一隻蜂在空中盤旋飛舞。美好的夫人，試問蜜蜂有多少隻？……八塊紅玉，十塊翡翠，百粒珍珠，這些都鑲在你的耳環上，我的愛，這些珠寶我為你購買時所出的價相等；三種珠寶價格之總和為半百減半。告訴我每樣的價格，幸運的夫人。③

在代數方面，古代印度人已使用了表示正與負的符號，並會解二次方程式。據學者認爲，十二世紀的天文學家巴斯迦羅阿賈利在計算行星運行方面，曾採用了近似微積分的方法。聖使可能是受希臘數學的影響，發現了三角形、不等邊四角形以及圓形的面積計算方法，並且推算出圓周率爲3.1416。這一數字雖沒有中國的祖沖之提出的圓周率（3.1415926與3.1415927之間）精確，但卻比歐洲早一千餘年。印度是世界上最早採用十進位制進行計算的民族，現在世界上廣泛使用的阿拉伯數字，也起源於印度。西方一位偉大學者拉普拉斯這樣評價阿拉伯數字與十進位制對數學的貢獻：

印度給予我們用十個符號表示一切數目的巧妙辦法，每一個數字都有先後次序的地

③〔美〕威爾・杜蘭：《世界文明史：印度與南亞》，臺灣幼獅文化出版公司，一九七三，第一九四頁。

位，也具有絕對的價值。這是一種深刻而重要的觀念，它現在顯得這樣的簡單，以至於我們忽略它的真正優點。但就是它的單純，以及它給予一切計算的巨大方便，使得我們的算術成為一切有用的發明中之最者。我們若能記住，以古代兩位偉人阿基米德與阿波羅紐斯（Apollorius）的天才都不能夠作此發現，則我們將更能夠領略此一成就的偉大了。④

分數的表示方法也是古代印度人的發明。印度人對數學最大的貢獻恐怕要算「0」的發明。「0」大約是西元前二世紀發明的，這個概念與印度思想中「空」的概念有關係，這和印度民族善於空想與抽象思維的特性有關。構成現代資訊世界基礎的電子電腦，是以「0」和「1」爲基本資訊的，所以，這個發明對世界文化以及當代科學技術的貢獻無論怎麼樣估計也不會過低，「這個在一切數字中最爲卑微最賦有價值的0，乃是印度對全人類的精妙禮物之一」⑤。

阿克巴統治印度時期，推行重視「理性科學」的政策，科學技術獲得了發展。當時的學科分爲三類：第一類是與神學有關的學科，如神學、玄學、修辭學、邏輯學等；第二類是與數量有關的學科，如數學、天文學、音樂等；第三類是與物理和自然有關的學科。阿克巴曾多次發佈敕令，規定數學是所有學院的必修課。十九世紀初，數學家毛拉納·古拉姆·胡賽因用阿拉伯文撰寫了一部數

④〔美〕威爾·杜蘭：《世界文明史：印度與南亞》，臺灣幼獅文化出版公司，一九七三，第一九二～一九三頁。
⑤同上引，第一九三頁。

學百科全書：《賈米亞．吧哈杜爾．罕尼》，匯集了代數、算術、幾何、天文方面的論文。

三、醫學

印度在幾千年的發展中，形成了自己獨特的醫學體系——印醫。

在印度河文化遺址中，就發現了鹿角、烏賊骨等，一般認爲這是當作藥品用的，由此推測當時人們可能已有某種程度的醫學知識。印度河文化遺址中考究的浴池與完善的排水系統，也使人相信，當時已可能有了某種衛生觀念。

在吠陀時代，「醫學」被認爲是吠陀學問的一種。在四部吠陀最晚的一部《阿闥婆吠陀》中，已有許多醫學方面的材料。書中提到了「醫者」，並記載了有關藥物學、解剖學、治療學、胚胎學和生理學方面的知識，甚至還有身體上骨頭的準確數目。此外，據推測，當時可能已發明了導尿手術。不過當時還把醫學和巫術混爲一談，人們認爲人之所以得病，或因得罪了鬼神，或因受了他人詛咒等，因此在治療方法上，除了藥物外，還使用禳災、敬神、悔罪、反詛咒等方法。

佛教興起時代，印度醫學獲得較大發展，出現了像耆婆（Jivaka）那樣的名醫。據說，佛教的四諦、十二因緣說，就是受了醫學的影響。

古代印度有一些著名的醫生，並留下了豐富的醫學著作。

遮羅迦（Caraka，西元二世紀）是古代最著名的醫學家，相傳他是迦膩色迦王的御醫，精通內科。他的著作《遮羅迦本集》是古印度最重要的醫學經典，至今還在被使用。該書共分八章，內容極豐富。從該書的內容看，當時的醫學已基本擺脫了巫術的影響，是建立在觀察和經驗基礎上的。書中探討了動物、植物、礦物以及氣候變化對人體的影響，並解釋人致病的原因以及治療的根據。遮羅迦把植物分爲四大類：開花的果樹、不開花的果樹、結實之後枯萎的藥草和莖枝蔓延的藥草，他具體研究了九百一十多種植物的根、皮、莖、滲出物、汁、芽、果、花朵等對人體各部分的作用和影響。他還按照印度教的分類方法，把生物分爲四類：胎生、卵生、濕生、由植物器官所生，並論述了一百五十六種動物的乳汁、膽汁、脂肪、骨髓、血液、肉、骨頭、指甲、角、蹄等對人體疾病的治療作用。書中還記述了一些稀有礦物的藥理作用。

該書還討論了食物、飲料對人體的作用，也涉及了氣候變化對人體主要組成部分的影響，提出了人的健康與疾病取決於物質環境與身體之間的相互作用這一重要思想。該書認爲，人體的各部分由自然物質轉化而來，但物質轉化的方式既有正確的也有不正確的，環境—物質轉化（吃或喝）得正確，比例恰當、搭配合適，人體諸因素就協調或均衡，健康就是這種平衡狀態，而疾病就是由於吸收環境物質方式的錯誤，導致這種平衡的喪失。所以遮羅迦認爲，治療的原則是對人體內的物質加以重新調整以恢復平衡。值得注意的是，這種思想與中醫強調陰陽平衡的思想十分相似。

該書的另一個重要特點是將醫學與倫理學和哲學論述結合起來，提出了保持身體健康、預防疾病的思想。認爲營養、睡眠和節制欲望是保持健康的重要手段。此外，他還提出要保護牙齒，提倡咀嚼一種樹枝，具有刷牙的作用，飯後漱口以保護牙齒等，今天看來，這些思想是很可貴的。從認識動物、植物的藥理作用這方面看，《閣羅迦本集》類似中國的《本草綱目》；從醫學理論方面看，它又類似中國的《黃帝內經》。恰羅迦在印度一直作爲神醫廣爲人所知，流傳著許多關於他的故事。一八九〇年考古學家在中國新疆發現了一些梵文醫學典籍，其中引用了不少《閣羅迦本集》的內容。由於這些文獻的年代可斷定爲西元三五〇年前後，故有關閣羅迦其人的傳說可能是眞實的。

另一位傑出的醫學家是妙聞（Susruta），他大約是西元前後的人（一說西元前四世紀），精通外科，著有《修羅泰本集》（又譯《妙聞本集》）。這部醫典除了繼承《遮羅迦本集》關於動物、植物的藥理作用以及內科等方面內容外，最主要的貢獻是記述了大量外科學方面的知識。書中記載了一百二十七種外科器械的形狀和用途，包括刺胳針、探針、鑷子、導尿管，以及直腸和陰道反射鏡等。還記述了骨的移植、骨折的固定、墮胎、白內障和膽結石切除等手術。他擺脫了婆羅門教的禁制，主張通過解剖屍體來得到對人體的全面認識，這在當時是相當了不起的。他是第一個用身體上的皮膚移植到破損耳朵上的醫生，並進行過補鼻之類的整容手術。他爲手術制定了若干精細的規則，規定傷口須行薰蒸消毒，這可能是人類最早嘗試的消毒手段。他在書中列舉了一千多種病症，爲了診斷這些病，他建議用看、觸、聽的方法作診斷，十分類似中醫的「四診」（望、聞、問、切）。一篇日期爲西元一三〇〇年的論著描述了他的診脈方法。當時還採用驗尿的診斷方法。他認爲一個醫生必須在自己的專業領域積累豐富的實踐經驗，否則就不是一個好醫生。他還強調醫生應當有高尚的醫德，對於祭司、朋友、鄰居、寡婦、窮人以及在外旅行者的疾病，應免費治療。

另外，古代印度還有兩部據傳作者爲婆跋吒（Vagbhata）的重要醫學著作：《八支心要方本集》。前者成書於六世紀左右，後者成書於八世紀左右，故婆跋吒應是兩個人。書中敘述了疾病的診斷、治療以及草藥知識等，對疾病的分類相當詳細。中國名僧義淨在《南海寄歸內法傳》中記載，當時印度的醫學著作有八種，稱爲「八醫」，內容包括外科、針刺科、內科、精神病（鬼瘴）、兒科、長壽、健身等，並稱有人將這八種學問編撰在一起。此書當指八世紀婆跋吒編著的《八支心要方本集》。此外，我們還知道，六、七世紀以後，印度人編撰了藥物學辭典之類的書籍。印度醫生進行解剖和外科手術等，甚至還懂得種牛痘。在一部西元五一〇年前後的醫學著作中詳細記錄了古印度種牛痘的經過：「取得牛乳房上天花膿皰的液……置於刺胳針尖端，以之刺肩肘之間的上臂部位至血出。然後將液與血相混，則天花熱將會產生。」而種牛痘的知識在十八世紀以前的歐洲還沒有人知道。

印度人在醫學上的貢獻還有許多。大約在西元九二七年，兩名外科醫生爲一位印度皇帝施行頭骨穿孔手術，使用了一種叫作Samohini的麻醉劑。催眠術用於醫療，據說也是起源於印度，古印度人常把患者帶到廟宇中，借助催眠暗示或廟中睡眠來治療疾病，後來英國人把這種方法介紹到歐洲。在解剖學方面，印度的醫生早在西元前六世紀，就已描述了身體的韌帶、淋巴管、神經叢、胸膜、脂肪與脈管組織、黏液與關節滑液膜，以及比現在屍體解剖能顯示的肌肉組織還要多的肌肉。古印度也像古中國人和古希臘人一樣，認爲心臟是感覺和意識的中心器官。他們對消化過程知道得相當詳細：胃液的不同作用使得食物從食糜到乳糜再進而轉化爲血液。另外，印度人很早就提出了遺傳的概念，認爲父母的種子是獨立於父母的身體，裡面孕藏著整個父母身體的縮形，這種思想頗接近現代科學遺傳理論。《摩奴法論》中還強調了婚前性檢查，對那些要結婚但患有肺病、癲癇、痳風病、慢性胃弱、痔疾等疾病的男女提出了勸告，這可能是世界最早的優生學理論。西元前五〇〇年印度就已提出了控制生育的辦法，其理論是女子月經週期中有十二天是不能受孕的。印度醫學對胎兒的發育有相當精確的描述，據說胎兒的性別有一段時間是不確定的，也有人主張，在某些情況下胚胎的性別會受到食物或藥物的影響。所有這些看法今天看來都是有一定的道理。

在醫學理論方面，印醫提出了Rasa的概念。Rasa是一種液體，在人體內流動迴圈，若用現代語言可譯作「有機液」。《修羅迦本集》上說：「五大元素（地、水、火、風、空）造成食物，食物由於體內火的作用，轉化成最微秒的要素，就叫拉灑（Rasa）。」身體的主要部分——血、肉、脂肪、骨頭、髓和精液——都是由這種物質構成的。印度人從一種樸素的唯物主義出發，認爲人體是由拉灑組成，應當特別注意保護拉灑，拉灑是一種類似中醫所說的「氣」的微粒物質。此外，印醫崇尚自然療法，重視保持身體平衡的看法，也與中醫有些相似。

在南印度的泰米爾人中，流傳著與北印度略微不同的醫學體系，稱爲「西達醫學體系」。這個體系有五十多本醫學著作，由五十萬頌詩歌組成，包括三千多個藥方，是傳統印度醫學的重要組成部分。

印度的一些醫學著作在八世紀通過阿拉伯人的翻譯傳到歐洲，對西方醫學產生了影響。今日，「印醫」仍是世界上重要的傳統醫學，在印度仍發揮著重要作用。

印度古代醫學有一些特點，這些特點影響了醫學的進一步發展。

第一，從醫學與整個文化的關係上看，以《遮羅迦本集》爲代表的印度傳統醫學在印度文化體系中不占重要地位，這是因爲以直接觀察經驗爲基礎的醫學與整個印度文化的「超自然中心」的特點相矛盾。正統的印度教徒看不起醫學，《夜柔吠陀》、《百道梵書》指責早期的吠陀神明從事了醫學職業。古代僧侶有一句格言：「神喜歡模糊不清，他們討厭直接知識。」中國的醫學理論是建立在中國哲學基礎上的，中國哲學的許多概念，如陰、陽、氣等同時也是中醫的概念，但印度醫學無法從傳統印度哲學和宗教中尋找理論基礎。正統印度教社會譴責醫學，也使醫學的發展受到影響。爲了逃避法律和社會習俗的嚴厲批評，後期的醫學家向僧侶作出了讓步，他們抹殺了早期獲得的創造性成果，使醫學受到損害。印度傳統醫學具有濃厚的宗教色彩，哲學、宗教、倫理是作爲醫生必不可少的教養，醫學著作也充滿了對神明的讚頌，最終印度的醫學「被弄得是科學與它的對立面的大雜燴」⑥。醫學本來是最有希望成爲完全世俗的學科，卻仍被神學束縛而窒息。

第二。受種姓制度的影響，古代印度醫生的地位低下。醫學的本質是從生理上否定人的差異，無論是婆羅門或首陀羅，得病都是一樣的，醫生的職業必須與不同等級的人打交道乃至身體接觸，而這是與種姓原則相違背的。所以在印度古代法律文獻中，內科和外科醫生受到鄙視。印度教法典宣佈醫生在本質上是不淨的，他們的食物不能接受，與他們接觸會受到汙染：「受自醫生的食物就

⑥〔印〕恰托巴底亞耶：「印度古代的科學」，《南亞研究》一九八三年第三期。

像血和膿一樣骯髒。」並說醫生與其他不淨的人一樣，不能參加祭祀神明和陰魂的祭禮，因爲他們在場就會破壞祭禮的神聖性。外科手術主要是由上層階級所鄙視的理髮匠進行的。這種價值取向影響了醫生的行爲，就連著名的外科醫生修羅泰也受種姓制度的影響，認爲醫生不應該爲不可接觸者、獵人、捕鳥者等治病。這種看法大大限制了醫學的發展。

四、化學、物理學、機械學

印度的化學是與醫學同源的。化學被稱爲「rasayana」，古代印度人爲了治療疾病和尋求長壽之道，使用草藥，這裡的「rasa」是指草藥的汁液，故古代印度的化學與醫學起源相同而且並行發展。在印度古代醫學著作中，記載了許多用化學手段配製藥劑的方法，如調製腐蝕劑等。後來，爲了治病和長壽，還將水銀等物提煉後服用，故發展了煉丹術和煉金術，而古代化學的發展是與煉丹術、煉金術密不可分的。現存關於煉金術的重要典籍有兩部：《論最終本質之特殊性》和《最終本質之寶石海》，作者是龍樹，不過尙不能肯定此人就是大乘佛教中觀派理論家龍樹。前部著作探討了各種藥物的性質，在藥物的配製中使用過黑色硫化物，還發現了蒸餾和煅燒的方法；後者重點探討煉金術，論述諸如煅燒、提純等方法。⑦從這些著作可知，印度古代已掌握了較豐富的礦石、城

⑦〔印〕恰托巴底亞耶：《順世論》一書中有對印度密教與煉金術的敘述。

等方面的知識。不過，由於受印度人玄想性的思維方式影響，印度的化學到十一世紀時已完全變成了一種魔術。有的教派把煉金術與對大神的信仰結合在一起，如印度教的性力派，有一個叫「水銀派」的教派，認爲水銀是由濕婆產生，雲母是由迦利（女神）產生，通過使用不死之藥和水銀，可以達到與濕婆大神的合一。古印度的化學與中國的煉丹術、阿拉伯的煉丹術同樣有名。

古代印度的冶煉技術也相當發達。據認爲中世紀的煉鐵技術比歐洲先進，他們用化學的方法使鐵製品防鏽。現仍矗立在新德里近郊的一根鐵柱，高七點三二公尺，重約六點五噸，是笈多王朝時代的產品，雖經千餘年的風雨侵蝕，仍不生鏽，被認爲是古代冶金史上的一個奇蹟。經研究，該鐵柱是一合金製品，內含錳、硫、磷等元素，這表明當時印度已掌握了冶煉合金的複雜技術。在印度中部的達爾地區，也有一個已斷成三截的同一時期的巨大鐵柱，但遺憾的是，這種發達的冶金技術並未流傳下來。

印度人民似乎是最早開採金礦的民族。希臘歷史學家希羅多德和麥加斯特尼都曾提到，印度有一種巨大的鑽金螞蟻，體形比狗略小，又較狐狸大些，印度人透過這種螞蟻幫助尋找金礦。開礦者翻看牠們用腳爪鑽出的沙土，判斷是否藏有金礦（這種動物不可能是螞蟻，很可能是穿山甲之類）。西元前五世紀，波斯帝國所使用的金子大部分來自印度。至於當時的銀、銅、鉛、錫、鋅、鐵等，也都有開採。進入莫臥兒王朝時期，印度的冶金技術又有發展。當時，鋼、鐵、青銅、鉛、黃銅、金、銀等金屬得到廣泛使用，鋼鐵的冶煉技術達到較高的水準。印度的工匠掌握了金屬提純的工藝，他們用試金石和觀察火焰的方法檢驗貴金屬的純度，並用與阿基米德定律相類似的定律來測定物質的比重。十五、十七世紀印度的鋼鐵冶煉術又有新發展，十七、十八世紀，印度的鋼出口至歐洲，並被用於製造大馬士革刀劍，這種刀劍在當時相當有名。

古代印度的物理學不像天文學、數學和醫學那樣發達，不過也提出了一些出色的理論。印度的一些哲學派別提出了原子理論，即認爲單個的原子是無限宇宙的一個反射點。勝論派哲學的創始人迦那陀認爲，物質是由原子構成的，原子的種類有如各種元素那樣多，迦那陀還認爲，光與熱是同一素質的不同表現。耆那教更認爲，一切原子的種類相同，只是不同的結合，才產生不同的效果。這些物理學思想在當時是很了不起的。另外，在勝論派的著作裡，對與音樂有連繫的聲音有過探討，並用數學計算音符與音程。在一些醫學著作和辭典類中，有對礦物的物理性質的描述。此外，還有一些關於重力、固體和液體加熱後膨脹的認識。可以看到，古代印度人已積累了豐富的物理學知識，但由於印度文化具有重視整體輕視個體、重視普遍輕視特殊、重視思辨輕視經驗觀察的特點，印度人的物理學知識始終停留在感性認識階段，沒有通過實驗總結出任何定律，以直接觀察爲基礎的物理學始終沒有發展爲一門獨立的學科。不過，印度在某些領域內還是有成就的，如在寶石的鑑定方面，印度有一些專門的著作，這些著作是以對礦物的出色知識爲基礎的。

在機械製造方面，古代印度人曾製造了水輪和水鐘，其中有一些鐘的設計非常精巧。據說，印度人對永恆運動這一概念的偏好，影響了後來歐洲人機械運動法則的發展。不過，受空想性的思維方式的影響，總的來看，印度在機械製造方面比古代中國落後。

五、動物學、植物學、農學

古代印度人在實踐中積累了豐富的農業知識。在農耕過程中，人們有了區分各種作物、土壤的經驗。在吠陀文獻以及後來的《政事論》等典籍中，對於施肥、灌溉技術、灌溉設施的營建、種子、不同品種的蔬菜和水果的培育等，有豐富的記載。在一本名爲《長壽字形檔》的著作裡，對犁、耙、鋤和鐮刀等農業工具有明確的紀錄。

印度沒有專門談論植物學的著作，有關植物的知識散見於醫學和其他一些典籍中。《遮羅迦本集》中對植物的詳細記載已在前面介紹過。另外，一部叫《樹生吠陀》的著作，描寫了植物的各個方面。另一部作品《園林叢談》，涉及了土壤的選擇、植物的分類、植物增殖的種種方法、植物培育的方法和植物病害的治療等。笈多時期的天文學家彘日論述了種樹的間隔、樹木疾病的治療方法，以及施肥、改良果實和花卉的方法等。

動物學也有一定發展。根據動物感覺器官的數目、生長環境、生活方式以及作爲食品來源的價值等，對動物作了分類。由於軍事上的需要，古代印度對象與馬的認識達到很高的水準，有專門論述這兩種動物的著作。彘日還在其著作中爲治療牛、山羊、馬、狗、龜和公雞等動物的疾病開列了藥方。

此外，古代印度在建築學、修辭學、語言學、邏輯學，以及音樂戲劇理論方面也有成就。這些已在前面諸章中有所論及，這裡從略。

六、印度古代科學技術的特點

印度古代有較發達的科學技術，對人類做出了自己的貢獻，但在近代，印度的科技落在西方的後面。原因是多方面的，這裡提出幾點看法供參考。

第一，從文化特點上看，古代印度文化以「超自然中心」爲特點，是重超越、重出世的文化。有才華的人都被吸引到探討人與神的關係上了，正像傳統中國有才華的人被引到「四書五經」、八股及第上去了一樣。印度文化具有內向和反省的特性，它重視對永恆的追求而忽視對客觀自然現象的認識，故而宗教哲學發達而科學技術受抑制。做爲一個偉大的古代文明，印度民族在自然科學方面也留下了遺產，不過，正如印度的文學、藝術與宗教密切連繫在一起一樣，古代印度的自然科學也是與宗教結合在一起的。早期印度的自然科學本身屬於神學的一部分，後期雖有獨立的自然科學著作，但在這些著作的開頭通常少不了對諸天神的讚美和崇拜。超自然中心的生活方式，使古代印度的科學沒有像西方自然科學那樣經歷了一個擺脫宗教束縛成爲純科學的過程，它一直與諸神的權威和信仰結合在一起。即便是在今天，印度許多研究自然科學的人仍認爲崇拜神明與研究科學不是對立的，而是統一的。對於他們而言，宗教比科學來得深刻，自然現象世界是一種虛幻，是靠不住的，因而研究現實世界的科學也是膚淺而短暫的。印度宗教承認人類愚昧的永恆性與人類力量的虛妄性。印度教徒對於時間的非連續性概念以及輪迴解脫觀念，沒有鼓勵對歷史和自然研究的興趣，這阻礙了印度科學技術的發展。那些對現代科學具有巨大意義的發明創造，如十進位制計算法、

「0」的應用以及醫學成就，在印度文化中並不占重要地位，只是印度文化的副產品。「在這種虔誠心理中含有印度人的弱點與力量，他的迷信和溫和，他的內省和洞察力，他的退縮和深度，他在戰爭中的軟弱和藝術上的造詣……歷史爲著他的忽視科學而懲罰了他：當克萊武（Clive）優勢的大炮在普拉西（一七五七年）屠殺土著軍隊時，它們的吼聲宣佈了工業革命的來臨。」⑧

第二，從思維方式上看，印度人有一種疏遠客觀世界、生活在冥想之中的傾向。他們的思維具有這樣的特點：不充分認識現實與想像、事實與假定乃至空想、通過直覺得到的東西與通過推理和其他手段了解的東西之間的區分。在印度人的世界觀裡，它們之間沒有明確界限，可以輕易轉換。印度人空想起來，可以完全不受時空的限制，他們的想像力可自由地在人與物、人與獸、人與神、事實與假設、現實與夢境之間自由穿越。一個說明印度人喜空想的例子是他們發明的數位方式。中國人表示時間的最大單位是「年」，「年」以上沒有獨立概念，只有「××年」的說法。而印度在年以上還有「尤迦」（Yuga），「尤迦」上面還有「大尤迦」。古典文獻中還有一個更大的時間概念，叫「劫波」（Kalpa），一個「劫波」時間之長遠遠超出人的想像。如果比作一個非常長壽的人用布擦一座三千平方英里的山，每一百年擦一次，直到把山擦平，一劫波還未過完！這個數值實際上接近無窮大。印度古代經典經常出現超大數字，如億、百億等，實在沒辦法表達，就說「如恆河之沙」。另一方面，印度在表示短、小方面也超越想像。中國人通常用「一眨眼」來表示時間

⑧（美）威爾．杜蘭：《世界文明史：印度與南亞》，臺灣幼獅文化出版公司，一九七三，第三一三頁。

之短，這之下再無更小單位。「剎那」是我們從佛教中借用的，「一剎那」比「一眨眼」更短。而且，古印度還把「剎那」再分成若干更短的單位。在現代數學單位未出現之前，印度人的數學思維已達到如此地步，令人驚歎。儘管如此，他們的數字是建立在超越現實、無視時間與空間限定的基礎之上，不是對客觀世界的正確規範。所以雖在數學上取得了一些具體成就，卻未能從古代數學知識基礎上發展出現代數學來。其他領域也具有這種特點。古代印度知識積累的方式是冥想式、空想式的，而不是經驗式的，但現代科學是建立在經驗基礎上的。

第三，從人與社會的層面上看，印度是一個強調群體、忽視個人作用的社會。文化的總體取向不鼓勵個人的自由和創新，而是提倡因襲傳統，然而個人自由是科學創造的前提。此外，社會也沒有發展出一個扶持、鼓勵、使用科學技術的階層。

第十二章　印度文化在古代世界的傳播

世界上有幾大文化圈，印度文化圈是其中之一。這個文化圈不僅包括整個次大陸，也影響到亞洲其他地方。本章介紹印度文化在古代世界的傳播。

一、印度文化的南傳：對斯里蘭卡和東南亞的影響

(一)斯里蘭卡

阿育王統治時代，佛教傳到斯里蘭卡（古稱錫蘭）。據說阿育王曾派其子（一說是弟弟）率領傳教團，遠去錫蘭傳播佛教。佛教傳到斯里蘭卡後，比在印度本土還受歡迎，很快得到統治階級的信任而獲得主導地位。十二世紀，佛教的上座部大寺派被定爲錫蘭的國教，在社會各個方面都保持強大的影響，以至於該國形成了這樣的傳統：國王必須是佛教徒，必須護持「三寶」（即佛、法、僧）。至今佛教在斯里蘭卡仍有強大的影響，這個島嶼上的早期藝術發端於佛教廟宇達果巴（Dagobas），在古城Anuradhapura還可以看到一些規模宏大的佛教寺廟遺址。最著名的佛教廟宇是位於古城康提市的「佛牙廟」，該廟始建於十五世紀，後經歷代國王修繕擴建，供奉國寶佛牙舍

利。據傳，四世紀初，印度羯陵迦國的國王將佛陀的一枚牙齒贈給獅子國（斯里蘭卡的古稱）國王，此爲世上僅有的兩枚佛牙之一（另一枚供奉在中國北京西山佛牙塔內），此物被視爲獅子國第一國寶，遂修建佛牙寺供奉。該廟規模宏大，建築結構複雜。至今，每年的七、八月份，都要在這裡舉行大規模的慶祝活動。斯里蘭卡各地還有一些雕刻精美的佛像。後來，印度教也傳至島上，出現了一些印度教寺廟和雕像，兩種宗教構成今日斯里蘭卡的思想和文化的基礎。

(二)東南亞

印度與東南亞的關係可追溯到史前時期。在《本生經》、《故事海》、《羅摩衍那》以及其他一些佛教經典中，都有提到東南亞的一些地名，也常常談到印度的商人到黃金地——對東方國家的通稱——的航行，印度和東南亞商人利用孟加拉灣的季風，來往貿易，商人從黃金地的國土滿載財富而歸。從二世紀起，東南亞一些地方記載就出現了印度人的名字以及由他們統治的許多王國。

二至五世紀，在馬來半島、蘇門答臘、爪哇、巴厘島和婆羅門洲等島嶼上，相繼建立了受印度文化影響的王國。這些王國的詳細情況雖不太清楚，但通過在這些國家發現的梵文碑銘以及漢文文獻可知，這些地區曾盛行婆羅門教（主要是濕婆教派）。在爪哇，不僅流行印度教，印度的藝術和文學也很繁榮，至今還存在許多印度教廟宇遺址，也有以梵文爲根據的許多手抄本文學書，《羅摩衍那》和《摩訶婆羅多》也在民間廣爲傳頌。土著接受了印度教文化。印度教教徒的風俗習慣在這些地區發生了某種程度的改變，但在將近一〇〇〇年的時間裡，這些地區保留著印度教文化的基本面貌。

在馬來半島和印度洋群島，歷史上曾出現過一個龐大的印度教帝國，即八世紀的夏連特拉（Shailendra）王朝。該帝國統治範圍包括馬來半島，以及包括蘇門答臘、爪哇和婆羅門洲在內的幾乎整個印度洋群島。這個帝國的統治者喜歡自稱「摩訶拉賈」（偉大的君王），而這個稱號是印度統治者喜歡使用的。據史書記載，印度和中國的統治者都很尊重這位印度教大王：「偉大的國王被稱爲摩訶拉賈，即王中之王。他住在海島上，因此被人認爲是印度眾國王中的最偉大者。沒有別的國王比他更富有，更強大，有更多的收入。」①夏連特拉帝國下屬的國王們都是大乘佛教的信徒，和中國與印度有密切的來往和文化交流。夏連特拉王從孟加拉聘請了僧人當國師，並按這位國師的指示修建了華麗的寺廟，位於爪哇島中部的著名佛塔建築婆羅浮屠（Borobudur，

圖12-1　婆羅浮屠（印尼）

① 〔印〕R. C. 馬宗達、H. C. 賴喬杜裡等：《高級印度史》上，商務印書館，一九八六，第二三三頁。

意爲「多佛」）就是這個王朝的傑作。全塔座落於一矩形山丘上，原高四十二公尺，塔基爲一方形平臺，占地面積一點二六萬平方公尺。共有十層，每一層都比下一層縮進一些。塔頂爲佛坐禪處，共四百三十二個佛龕，每龕內有一蓮花寶座，和一尊等身大的佛像。全塔共五百零五尊佛像，形象生動，神態莊嚴。平臺四面有二千五百幅浮雕，多取自佛的傳說故事。整個建築氣宇宏偉，被喻爲建築奇蹟。佛教和婆羅教也影響了印尼，七世紀，印尼佛教極爲繁盛，曾一度是東南亞的重要佛教中心。後來伊斯蘭教傳入這些地區，但印度文化的影響仍未消失。在將近一五〇〇年中，從蘇門臘到新幾內亞的印度洋許多島嶼，其宗教、社會風俗習慣、語言和文字都受到印度文化的影響。因此可把這些國家看成印度文化上的「殖民地」。歷史學家稱東南亞受印度文化影響的時代爲「印度化時代」。

在印度支那的本土上，古代有兩個受印度文化影響的王國，即占婆王國（越南古國名）和甘孛智王國（柬埔寨的古稱）。占婆國的一些國王，顯然是印度教徒。中國的史籍曾這樣描述該國屬下的一個王國：「從印度來的一千多名婆羅門留住該國，人民信奉他們的教義並將女兒嫁給他們爲妻，日夜誦讀他們的聖書。」現在留下的大批碑銘是用梵文寫成的，還留下了許多美麗的印度教和佛教廟宇遺址。甘孛智王國也曾由印度教徒統治過，該國的版圖最大時包括今日的柬埔寨、寮國、泰國、緬甸等國。後來，佛教從斯里蘭卡傳到東南亞地區，對緬甸、泰國、柬埔寨、寮國等國的文化產生了巨大影響，佛教在這些國家至今仍有很大的影響。

大約三世紀，佛教傳入泰國。泰國北部和中部流傳大乘佛教，十一世紀以後，緬甸和斯里蘭卡

圖12-2 柬埔寨的吳哥古蹟

圖12-3 緬甸仰光金塔

的上座部佛教傳入泰國。十三世紀，泰國宣佈上座部佛教爲國教，一直延續至今。泰國是目前世界上唯一以佛教爲國教的國家，泰王國三色旗上的白色就是代表佛教。全國有百分之九十五的居民信奉佛教。上自國王，下至百姓，幾乎人人都參加佛教儀式。每個男子一生必須剃度出家一次，才能取得成人的資格，就連國王也不例外。僧侶具有很高的地位。一年到頭與佛教有關的節日不斷，佛教寺廟遍佈全國城鄉，被稱爲「佛教之國」、「黃袍佛國」。

五世紀佛教從斯里蘭卡傳入緬甸，此後獲得很大發展。現在，緬甸全國五分之四的居民信奉佛教，全國有寺院二萬多座，佛塔一萬多座，其中的仰光大金塔世界聞名。

西元前三至前二世紀，佛教上座部和婆羅門教同時傳入柬埔寨，三世紀又從中國傳入大乘佛教。四世紀以來，從泰國傳入上座部佛教，此後佛教成爲柬埔寨國教，全國百分之九十以上的居民信仰佛教。柬埔寨著名的吳哥窟，被譽爲世界八大建築奇蹟。它原是供奉毗濕奴的神龕，聳立在一個臺階建築物的最高處。每層臺階都構成一種飾滿各種雕刻物的有頂的走廊，用階梯通往上一層的高臺。這座建築有許多尖塔和塔樓，是印度教與佛教混合的藝術結晶。爪哇的婆羅浮屠和柬埔寨的吳哥窟，都遠遠超過了印度本土的同類建築。柬埔寨的另一座印度式建築是吳哥通城，這是古代印度教徒國王建立的都城。該城呈正方形，每邊長二英里多。城市周圍有一道寬三百三十英尺的護城河，並被一道高石牆所環繞。城市中央有莊嚴的寺廟，呈金字塔形，共有三層，有近四十座高塔點綴其間。建築物上都有精美的浮雕，所描繪的是《摩訶婆羅多》和《羅摩衍那》中的故事，也有佛教神祇觀世音菩薩。在該寺院周圍，有其他幾座宗教性和非宗教性的宏偉建築物，每道城門都是堂皇的建築物。總之，一切都是根據宏偉的規模設計的，佈滿了精美的浮雕，表現了印度教建築氣魄宏偉的風格。它是當時全世界最宏偉的城市之一。

二、北傳：中亞和遠東

(一)中亞

據說，阿育王時代曾派人到中亞地區傳播佛教。從那時起，佛教開始流傳於阿富汗、伊朗北部以及中亞各地。貴霜王朝的統治者出生於中亞，故這個時代佛教對中亞地區的影響更大。玄奘的《大唐西域記》對此有記載，對中亞的考古發掘也證明了這一點。從土耳其斯坦的沙地裡掘出的數百卷佛經，表明在迦膩色迦時代，此地佛教文化十分繁榮。這部分是由於佛教僧侶的宣揚，部分是由於貴霜人的政治努力。自貴霜王朝以後，佛教幾乎成為居住在裡海海岸和中國萬里長城間的遼闊區域中各遊牧民族的共同信仰。考古學家奧里爾·斯坦因等在這個荒涼的地區進行考古發掘，發現了許多佛塔和寺院遺蹟、佛教和婆羅門教神像，以及用各種印度語言和字母書寫的抄本和簡短的記載。斯坦因曾說，這些偏僻的移民居留地的印度化是如此地徹底，以至於當他在這些從地下發掘出來的地區行走的時候，覺得自己好像是處在旁遮普一座古代城市的熟悉環境中。甚至遲至七世紀，玄奘通過中亞前往印度和從印度回國途經該地區時，還注意到佛教和印度文化在這一遼闊區域居於優勢地位。後來，伊斯蘭教勢力席捲了這一地區，佛教完全衰亡了。

㈡中國的西藏和少數民族地區

大約在七世紀，佛教傳入中國的西藏地區。八世紀上半葉，蓮花生（Padmasambhava）入西藏創建喇嘛教。八世紀中葉，阿底峽（Atisa）到西藏改革密教，吸收當地民間信仰，成爲具有西藏特色的佛教（藏傳佛教）。由於藏傳佛教是由印度的密教演化而來，故其中印度教成分較濃厚。藏傳佛教在西藏的勢力日益強大，並受到中國元、明、清等王朝統治階級的支援，逐漸形成政教合一的體制。藏傳佛教還從西藏逐漸傳到中國的四川、青海、雲南、新疆、內蒙古等地，在少數民族中流傳，並進而流傳到蒙古人民共和國、不丹、尼泊爾等國。

㈢尼泊爾

尼泊爾深受佛教和印度教文化的影響。佛教創始人釋迦牟尼即誕生於迦毗羅衛的蘭毗尼（今尼泊爾的南部），這裡一直都是佛教徒朝聖的中心。五世紀前後，印度教傳入尼泊爾，受到以國王爲首的統治階級的崇奉，並向社會傳播推廣，但同時，統治者也尊重佛教，在各地修建了一

圖12-4 阿富汗巴米揚大佛（2003年被阿富汗塔利班勢力炸毀）

些佛寺和佛塔，出現了佛教與印度教並行、混合的情況。後來印度教勢力日益占優勢，佛教逐漸混合於印度教中。尼泊爾主要流行三個印度教教派：毗濕奴派、濕婆派和性力派。七世紀，出現崇拜毗濕奴的化身——魚和野豬——的現象，十世紀後，毗濕奴的十個化身已在尼泊爾全部出現，位於今日帕坦市中心的克里希那神廟（建於十七世紀），供奉著吹笛的克里希那塑像，殿堂四壁有十幅毗濕奴十個化身的浮雕。濕婆派大約也是五至六世紀傳入尼泊爾的，現存還有一些濕婆派的碑碣、寺廟和濕婆神的化身形象。性力派在中世紀傳來，後來居上，其影響力超過前面兩派，崇拜女神的習慣——印度教性力派的主要特點——至今仍在尼泊爾許多地方盛行，如對暴戾女神杜爾迦（難近母）、卡利的崇拜，對溫柔女神雪山神女、拉克希米（吉祥天女）、薩拉斯瓦蒂（辯才天女）的崇拜，以及對性愛女神古亥斯瓦利和烏瑪的崇拜，皆與印度教的性力派有關，今日尼泊爾的活女神（Kumari）崇拜則可以說是印度教性力派的一個變種。尼泊爾的雕刻藝術也主要是以這三大教派為題材。

㈣中國及遠東

大約在貴霜王朝時代，大乘佛教從西域通過絲綢之路傳到中國的新疆，於兩漢之際傳入內地。佛教的傳入對中國的思想、文學、藝術、政治、音韻學、邏輯學等領域產生了廣泛的影響。經過長期的砥礪磨合，佛教已構成中國文化的一個重要部分。古代中國對印度文化表現出極高的尊敬，中國的僧侶們對佛教表現出極大的熱忱，為了直接研究印度的佛教，並收集佛經和佛像，大批僧侶

圖12-5　玄奘

跋山涉水，歷盡艱辛來到印度，著名的僧侶有法顯、玄奘、義淨等。中國著名的小說《西遊記》就是對玄奘去印度取經的演義，也有人認爲，《西遊記》中的人物孫悟空，就是受印度神猴哈努曼的啓發。僧侶們從印度背回數以千百計的佛教經典，並將它們譯成漢文。現在中國保留了大量的漢文佛經，而這些原文在印度已經無法找到。爲了翻譯佛教經典，這些僧侶學習梵文和巴厘文，並邀請印度學者與他們合作。爲了從事翻譯佛經的工作，有不少印度學者來到中國，他們之中的一些人在中國定居下來，獻身於這項虔誠的工作，如著名的鳩摩羅什、菩提達摩等。中國人對印度佛教學者極爲敬重，五胡十六國時代的前秦國統治者符堅，竟不惜派三十萬大軍去西域搶奪印度著名僧人鳩摩羅什，但最後未能搶回。後來羌族所建立的後秦政權的領袖姚興，又派大軍去西域搶鳩摩羅什，並於四百零一年搶回長安，拜爲國師，此後鳩摩羅什組織人譯出九十八部四百多卷佛學著作。此事的意義勝於第二次世界大戰美國人派兩個傘兵師、兩個裝甲師搶奪原子能科學家海森堡。

佛教對於中國文化的影響之大，無論怎樣估計可能也不會過分。佛教是傳入中國而構成中國人思想一部分的唯一重要的異國宗教，它對中國人的影響既深且遠。在世界文化交流史上，像佛教這樣與中國文化水乳交融地融合在一起的例子或許是沒有的。中國人的哲學、道德、藝術，以及日常生活無不看出佛教文化的影響。以下分幾個大方面簡單敘述佛教對中國文化的影響。

1.哲學思想方面：佛教初傳中國，其嚴密而深邃的業報輪迴理論使中國人歎服，中國人很快接受了這一理論，並將其加以改造。佛教的其他一些思想，如不殺、修功德、解脫等，也熔鑄到中國人思想之中。佛教的空宗與老莊思想的結合，以及禪宗與儒學結合產生的宋明理學，都大大豐富了中國的哲學思想。

2.文學方面：大量佛經的翻譯，為中國文學帶來了形式和內容兩方面的變化。從形式上看，佛教對於律體詩和俗文學（包括說唱、通俗小說、戲劇等）產生了直接的作用，給中國文學帶來了新的文體。大量佛教辭彙也豐富了漢語辭彙。從內容上看，主要是增添了兩種新的變化。第一，為文學開拓了新的意境，唐代以前的文學作品多太注重人事，缺乏超越；而唐代以後的一些文學作品，揚善抑惡，因果報應之說，多了許多超越的成分，詩歌中多了一份禪意；中國六朝時代的志怪小說、唐朝的山水田園派詩歌，以及傳奇故事等，如脫離了佛教背景，幾乎無法理解。第二，佛教為中國固有文學增添了綺麗的幻想和無窮的浪漫；受中國文化注重實際的影響，中國固有文學較缺乏想像力；後來受道教的影響，中國文學作品中也有神仙出現，但仍顯得單調拘謹，而佛教的思考不受時空限制，如上有三十三重天、下有十八層地獄的說法等，從而推動了中國浪漫主義文學的發展。

3.繪畫、建築、雕刻：佛教建築有寺院和佛塔兩類，在中國，佛教的廟宇比孔廟多，也比道觀多；在雕刻方面，中國的三大石窟（敦煌、龍門、雲崗）直接受印度佛像雕刻的影響；另外，佛教對中國的繪畫、音樂、舞蹈也產生了極大的影響，限於篇幅，這裡從略。

4.學術：中國古代無音韻學，對生字只靠直字注音。佛教傳入後，受印度古代梵語音韻學的影響，中國創造了反切注音法，並進而分辨了漢字的四聲，從此推動了律詩的發展。唐代名僧守溫參照梵文，仔細分辨漢語音素，創制了三十六個字母，中國的音韻學由此發展起來。中國古代的邏輯學也不發達，隨著佛教的傳入，印度古代的邏輯學（因明學）知識也傳到了中國，大大豐富了中國的邏輯學知識。另外，在醫學、天文學、數學等領域，受印度的影響也相當大。②

佛教對其他東亞國家的文化也產生了巨大的影響。佛教於四世紀經中國傳入朝鮮半島，七世紀中葉至八世紀形成眾多的派別，十四世紀後因統治階級崇儒抑佛，佛教有所衰落，在現在的韓國，佛教是一個影響很大的宗教。佛教在六世紀從中國傳入日本，成為日本的主要宗教，對日本的政治、哲學、文學、藝術、民俗等產生了廣泛影響，現在日本佛教派別眾多，擁有近十萬座寺廟或傳教場所，八千多萬信徒。

② 參閱方立天：《中國佛教與傳統文化》，上海人民出版社，一九八八，第十、十一、十二章。

三、佛教在中國興盛的原因

值得注意的是，與佛教一起傳到中國的還有印度教，但印度教未能流傳開來，佛教是唯一在中國扎下了根並很好地融合於中國文化之中的外來宗教。印度人創造了佛教，但後來拋棄了它；中國人懷著極其虔誠的態度把它拿來，融合於自己的文化之中。佛教在印度的滅亡，是因爲佛教中有一些東西，不那麼符合印度人固有的脾性，而這些東西恰恰在中國人身上引起了共鳴，也就是說中國傳統文化之中有與佛教相適合的潛質。從某種意義上說，佛教在印度衰落的原因（見本書第九章），恰是它在中國興盛的原因。

中國占統治地位的意識形態——儒家思想——主要是探討社會倫理的。儒家把主要精力都集中到如何使社會和諧上，其重點是經世之道、統治之術、倫理之學，而對於宇宙奧祕、死後世界、時空、邏輯、認識論等問題沒有什麼論述。它承認或許有神祇，但認爲人應當首先管好自己的事情。從「不能事人，焉能事鬼」、「子不語怪力亂神」、「六合之外，存而不論」這些儒家格言來看，可以說儒家對超自然之事是避而不談的。道教雖然有所涉及，但不深入，也缺乏體系，而且從一開始就與巫術相結合，故爲士大夫們所不取，對中國人尤其是社會的上層階級影響並不大。當時中國民眾需要一種系統的宗教，佛教是一個嚴密的宗教體系，它有系統的宇宙觀、生死觀和冥世觀文化，尤在人們的超越問題上，有較深的探討。在哲學上，佛教含有邏輯的方法和抽象思辨，更有知識論、認識論、宇宙觀等內容，這恰是中國學術中所缺少的，因而特別適合學者；在宗教上，講因果輪迴，懲惡勸善，規範倫理，講善有善報、惡有惡報，或現報、或生報、或後報，天網恢恢、疏而不漏，這對一般民眾極具吸引力。儒家重人格，教人向善，倡仁、義、禮、智、信，但現實中爲善者未必得福、從惡者未必遭禍。儒家無法解釋這個問題，而佛教則以其嚴密的邏輯作出了回答，故征服了中國的知識分子。可以說佛教對中國文化起到了補充作用。

佛教（大乘佛教）反對等級制度，主張平等。理論上說，任何人只要按照佛陀的教導去做，都能解脫，這符合中國人固有的根植於家庭內部的平等主義思想。任何人都可以獲得解脫，這也和中國「人皆可爲堯舜」的思想相符合。

佛教在中國流行，還在於它適應了中國文化的無神論特點。前面指出，佛教（至少

圖12-6　中國的佛教文獻總匯：《大藏經》

早期佛教）不談神明，它的輪迴解脫、業報因果之說完全建立在理性之上。它的學說邏輯性強，幾乎到了無懈可擊的地步。它的僧團組織較嚴密，適合中國人愛秩序的心理特點。它反對祭祀儀式和鋪張，提倡「我心即我佛」，不拘泥形式，符合中國人崇尚簡約的精神。佛教對宇宙的思考不是抽象的，它利用淺顯易懂的故事說法，將玄奧的哲理喻於生動的故事之中，這也符合了中國人長於形象思維的特點。

佛教在中國的生根，還得助於佛經那頗具文采的譯文。佛經的翻譯吸引了當時最具才華的學者，工程之浩大、品質之高，可謂人類翻譯史和文化交流史上的奇蹟。佛經行文風格高雅，語句簡潔，理義兼顧，基本上達到了「信、達、雅」高度統一的地步，成爲學者的偏好品。佛經豐富了中國的語言和文學藝術，以至於我們今天的許多用語（如覺悟、慈悲等等）皆來自佛經。優美的譯文大大幫助了佛教在中國的傳播。

四、印度文化向外傳播的特點

各種文化向外傳播都有自己的特點和途徑。古代印度文化向外傳播有以下幾個特點：

1. 印度文化在古代世界的傳播主要是靠和平方式而不是戰爭方式，是智力征服而不是武力征服。傳播的途徑主要有商業貿易、印度教徒移居海外和外國人直接到印度學習。傳播者主要是僧侶、商人和學者、而不是軍隊，靠的是印度思想自身的自動傳播、而不是武力強迫。沒有紀錄說明印度文化在向外傳播過程中，發生過像古代基督教的「十字軍東征」那樣迫害異教徒的戰爭，或是有過像伊斯蘭教征服南亞次大陸那樣讓土著人在劍和古蘭經之間作出選擇的事。這是非常值得注意的。

2. 印度文化在印度以外的地方傳播，既有印度教文化，也有佛教文化，但佛教文化比印度教文化傳播得更廣。原因主要有兩個：一是印度教因種姓制度而較難爲外國人所接受；二是古代印度佛教的信奉者主要是剎帝利和商人，而這兩個階層較有進取心，剎帝利到遙遠的地區定居和建立統治，商人有很大的流動性，他們貿遷有無，足蹟所到之處也把佛教帶到了那裡。這是佛教文化得以在印度以外廣泛傳播的一個重要原因。

3. 以佛教爲代表的印度文化在向外傳播的過程中，都結合當地的文化風土，和當地的文化發生了很好的融合。在融合過程中沒有發生大的衝突，作爲代價，佛教也大大地改變了自己的性格。經過融合，佛教成爲亞洲許多國家各具特點的意識形態。古代印度成爲亞洲許多重要思想的一個淵源，佛教成爲亞洲國家的精神紐帶，這是印度文化對亞洲同時也是對世界的一個巨大貢獻。

第二版後記

人們對「文化」一詞有各種各樣的理解。本書使用的「文化」概念主要指人類在心智方面的創造成果，包括宗教、哲學、思想、道德、法律、語言、文學、藝術以及科學技術等。這個意義上的印度文化可謂博大精深，是世界文化大花園中極重要的一支。從宗教（這是印度文化最重要的特徵之一）上看，所謂「印度文化」包括印度教文化、佛教文化、伊斯蘭教文化和耆那教等。其中印度教文化（其前身為婆羅門教）為正統，餘為非正統；在非正統部分中，伊斯蘭教文化為外來，佛教和耆那教文化為土生土長。這些文化在成長中相互砥礪融合、借鑑影響，共同構成印度文化的主要內容。作為印度文化史通論性質的讀物，該書要解決的主要問題是：第一，印度各種文化是在什麼背景下產生的？它們適合了怎樣的社會和個人的要求？它們是通過怎樣的社會和個人的活動以及使用怎樣的素材和方法創造出來的？創造者與享用者是誰？因此我們在書中分析了與文化相關聯的社會階層（種姓制度）和種族等社會背景。第二，被創造出來的文化具有怎樣的內容、性質、構造和作用？各種文化之間有何內在的連繫？這既對印度文化的總體而言，也適用於各分支文化（如印度教文化、佛教文化、伊斯蘭教文化等），以及各具體的文化領域（哲學思想、雕刻等）。第三，一種文化一旦被創造出來，就會有相對的穩定性，就會超越時代被繼承下來。各種文化的產生是以怎樣的已有舊文化為素材？它們是怎樣繼承和變化的？第四，各種文化是如何交流、融合的？正統文化與非正統文化、本土文化與外來文化之間的交流和融合採用了怎樣的形式和具有怎樣的特點？

中國古代知識分子對印度文化充滿仰慕之情，印度文化（主要是佛教部分）對中國文化的深刻影響是人所共知的。當年筆者的老鄉玄奘，克服難以想像的困難赴印度，就是為了學習印度文化（佛教）。在更為「物質化」的今天，中國人對印度文化似乎陌生了、疏遠了。我們是否應當適當放緩腳步，想一想那些來自印度、曾經強烈打動過我們心靈的東西呢？筆者認為應當這樣。應廣西師範大學出版社之邀，筆者將昔日研究生講義加以修訂並配以多幅圖片，出版了這部《印度文化史》。願本書的出版能為中國人了解和學習印度文化盡綿薄之力。

不言而喻，本書是在參考了大量前人研究成果的基礎上寫成的。如果沒有各個領域專家的成果，可以說就沒有這本書。筆者在書中列出的每一處參考文獻，除了表明所用資料的出處之外，還都表示了筆者對他們的敬意和感謝。

尚會鵬

二〇〇六年末於智學苑

主要參考書目

1. 〔印〕R. C.馬宗達、H. C.賴喬杜里、卡利金卡爾·達合著，張澍霖、夏炎德等譯：《高級印度史》（上下卷），商務印書館，1986。
2. 培倫主編：《印度通史》，黑龍江人民出版社，1990。
3. 〔印〕恩·克·辛哈、阿·克·班納吉著，張若達、馮金辛譯：《印度通史》，商務印書館，1973。
4. 〔日〕中村元著：《印度古代史》（上下卷）（日文版），春秋社，1963。
5. 劉欣如著：《印度古代社會史》，中國社會科學出版社，1990。
6. 〔蘇〕安東諾娃、戈爾德別爾格、奧西波夫主編：《印度近代史》，三聯書店，1978。
7. 林承節著：《印度近現代史》，北京大學出版社，1995。
8. 林承節著：《印度民族獨立運動的興起》，北京大學出版社，1984。
9. 〔印〕D. D.高善必著：《印度歷史研究導論》（英文版），孟買，1956。
10. 〔美〕威爾·杜蘭著：《世界文明史：印度與南亞》，臺灣幼獅文化出版公司編譯，1973。
11. 〔古希臘〕阿里安著，李活譯：《亞歷山大遠征記》，商務印書館，1979。
12. 〔英〕查理斯·伊里亞德著，李榮熙譯：《印度教與佛教史綱》，商務印書館，卷一，1982；卷二，1991。
13. 方立天著：《中國佛教與傳統文化》，上海人民出版社，1988。
14. 〔英〕渥德爾著，王世安譯：《印度佛教史》，商務印書館，1987。
15. 呂澂著：《印度佛學源流略講》，上海人民出版社，1979。
16. 〔印〕拉達克里希南著：《印度哲學》（英文版），卷一，1923；卷二，1948。
17. 〔日〕宇井伯壽著：《印度哲學史》（日文版），岩波書店，昭和7年。
18. 〔日〕金倉丹照著：《印度古代精神史》（日文版），岩波書店，昭和14年。
19. 〔日〕金倉丹照著：《印度中世精神史》（上中），昭和24年、37年。

20.〔日〕中村元著：《印度人的思維方法》，春秋社，昭和36年。
21.〔印〕恰托巴底亞耶著，黃寶生、郭良鋆譯：《印度哲學》，商務印書館，1980。
22.〔印〕恰托巴底亞耶著，王世安譯：《順世論：古印度唯物主義研究》，商務印書館，1992。
23. 黃心川著：《印度哲學史》，商務印書館，1989。
24. 黃心川著：《印度近現代哲學》，商務印書館，1989。
25. 黃心川著：《印度近代哲學家辨喜研究》，中國社會科學出版社，1979。
26.〔日〕中村元著：《印度思想史》（日文版第二版），岩波書店，1968。
27.〔古印度〕室利．阿羅頻多著，徐梵澄譯：《瑜伽論》，商務印書館，1987。
28. 季羨林主編：《印度古代文學史》，北京大學出版社，1991。
29. 蟻垤著，季羨林譯：《羅摩衍那》，全七卷，人民文學出版社，1984。
30. 季羨林著：《羅摩衍那初探》，外國文學出版社，1979。
31. 季羨林著：《中印文化關係史論文集》，三聯書店，1982。
32.〔古印度〕毗耶娑著，金克木等編譯：《摩訶婆羅多插話選》（上下卷），人民文學出版社，1987。
33.〔德〕M.溫特尼茲著：《印度文學史》（英文版），第一、二卷，加爾各答，1927。
34. 金克木著：《梵語文學史》，人民文學出版社，1964。
35. 金克木著：《印度文化論集》，中國社會科學出版社，1983。
36. 趙國華編寫：《東方神話：印度古代神話》，知識出版社，1993。
37. 徐梵澄譯：《五十奧義書》（修訂版），中國社會科學出版社，1995。
38.〔古印度〕毗耶娑著，張保勝譯：《薄伽梵歌》，中國社會科學出版社，1989。
39. 蔣忠新譯：《摩奴法論》，中國社會科學出版社，1986。
40.〔古印度〕摩奴著，〔法〕迭朗善譯，馬香雪轉譯：《摩奴法典》，商務印書館，1982。
41.〔印〕夏斯特利譯：《考底利耶政事論》（英文第三版），邁索爾，1929。

42.〔日〕上村勝彥譯：《實利論》（日文版），岩波書店，1984。
43.玄奘著：《大唐西域記》，上海人民出版社，1977。
44.季羨林譯：《五卷書》，人民文學出版社，1964。
45.朱明忠著：《恆河沐浴：印度教概覽》，四川民族出版社，1994。
46.高建章著：《錫克・辛格・阿卡利：錫克民族與錫克教》，四川民族出版社，1994。
47.〔印〕泰戈爾著，冰心、石真等譯：《泰戈爾詩選》，人民文學出版社，1992。
48.張光璘著：《印度大詩人泰戈爾》，藍天出版社，1993。
49.劉國楠、王樹英編著：《印度各邦歷史文化》，中國社會科學出版社，1982。
50.王樹英著：《宗教與印度社會》，中國華僑出版社，1995。
51.張光璘、王樹英編：《季羨林論印度文化》，中國華僑出版社，1994。
52.〔法〕雷奈・格魯塞著，常任俠、袁音譯：《印度的文明》，商務印書館，1965。
53.葉公賢、王迪民編著：《印度美術史》，雲南人民出版社，1991。
54.黃寶生著：《印度古典詩學》，北京大學出版社，1993。
55.吳焯著：《佛教東傳與中國佛教藝術》，浙江人民出版社，1991。
56.〔印〕帕德瑪・蘇蒂著，歐建平譯：《印度美學理論》，中國人民大學出版社，1992。
57.〔美〕溫蒂・朵妮吉・奧弗萊厄蒂著，吳康譯：《印度夢幻世界》，陝西人民出版社，1992。
58.〔美〕許烺光著，薛剛譯：《宗族・種姓・俱樂部》，華夏出版社，1990。
59.〔印〕G. S.古里：《印度的種姓與種族》（英文版），倫敦，1932。
60.尚會鵬著：《種姓與印度教社會》，北京大學出版社，2001。
61.〔印〕甘地著，杜危、吳耀宗合譯：《甘地自傳》，商務印書館，1995。
62.〔印〕賈瓦哈拉爾・尼赫魯著，齊文譯：《印度的發現》，世界知識出版社，1956。
63.〔英〕特雷弗・菲希洛克著，袁傳偉、任榮康譯：《印度人》，上海譯文出版社，1990。

附錄 印度文化史重要紀年

年代政治事件文化現象

西元前

二五〇〇—一〇〇〇年印度河文化印度河文字

一三〇〇年前後雅利安人進入次大陸

一〇〇〇—八〇〇〇年雅利安人向恆河推進《梨俱吠陀》產生

《吠陀本集》形成

八〇〇—五〇〇年《梵經》和《奧義書》

婆羅門教盛行

種姓（階層）制度的發達

五〇〇年前後城市的出現婆羅門教衰落「沙門」思想興起

北方「十六」國時期耆那教創始人大雄（四四四—三七二）

佛陀（四六三—三八三）創立佛教

名醫妙聞（五〇〇）

大語法學家波你尼（三五〇）著書規範梵語

迦毗羅與數論哲學的建立

史詩的出現

三二七年亞歷山大大帝侵入印度

三二三年亞歷山大死

三一七年孔雀王朝建立考底利耶與《政事論》

三〇〇年前後麥加斯特尼來印度《本生經》

《白騾奧義書》

二六八—二三二年阿育王統治佛教流行全印度，分裂成上座部與大眾部

原始佛典形成

《天啓經》形成

阿育王詔敕與石柱雕刻

一八〇年前後，孔雀王朝滅亡與巽伽王朝建立

印度教興起巴爾胡特和桑奇佛塔

一六〇年前後希臘人在西北印度統治
彌蘭陀王佛教「說一切有部」形成
一二〇年卡拉維拉王帕檀賈利（一五〇年前後）
《慈氏奧義書》
小乘佛教諸派分裂
《薄伽梵歌》原型出現
南印度桑伽姆文學
七十五—三十年卡奴瓦王朝勝論派形成（一五〇—五〇）
《蛙氏奧義書》

西元後

二十五年前後貴霜族統治其他月氏部落
四十七年丘就卻王
六十年之後閻膏珍王《勝論經》（五〇—一五〇）
《薄伽梵歌》定型
《彌曼差經》（一〇〇前後）
一二九—一五二年迦膩色迦王名醫闍羅迦
《摩奴法論》形成
大乘佛教興起
馬鳴與《佛所行贊》
戲劇學著作《舞論》
犍陀羅藝術
二〇〇年前後貴霜王朝衰落
龍樹
提婆
三二〇年笈多王朝建立《正理經》（二五〇—三五〇）
彌勒菩薩
自在黑的《數論頌》
佛教的《成實論》形成
三三〇年前後沙摩陀羅笈多即位世親
鳩摩羅什到達中國的長安（四〇一）
六派哲學體系完成
《梵經》（四〇〇—四五〇）
史詩的完成（四〇〇前後）
三九九—四一四年法顯在印度
一〇〇—七〇〇年阿旃陀石窟壁畫
四〇〇年詩人與劇作家迦梨陀娑
梵語文學全盛
四七五年西方羅馬帝國滅亡《瑜伽經》（四〇〇—四五〇）
《往世書》的出現
《大乘起信論》

天文學家、數學家聖使（四七六—五五〇）
四八〇年前後匈奴人入侵陳那（四〇〇—四八〇）
五〇〇年前後笈多王朝衰落清辨（四九〇—五七〇）
天文學家伐羅訶·密希羅與《五悉曇多論》
（五〇五—五八七）
安慧（四七〇—五五〇）
護法（五三〇—五六〇）
天文學家婆羅門笈多（五九八—六六〇）
醫學家婆跋吒的《八支心要方本集》
密教產生
六〇六—六七四年戒日王統治北印度玄奘在印度
法稱（六五〇年前後）
枯馬利拉（六五〇—七〇〇）
義淨旅行到印度（六七一—六九五）
抒情詩《伐致呵利三百詠》
七五〇年前後帕拉王朝密教盛行
印度教性力派發展
印度教思想家商羯羅（八世紀）與吠檀多學派影響的擴大
喀什米爾的濕婆派興起
八〇〇—一四〇〇年西北印度拉其普特人統治
九〇〇年南印度朱羅王朝南印度虔信運動
《提魯年來》
一〇〇八年馬茂德入侵中部印度時輪乘（密教）產生（一〇二七—一〇八九）
思想家羅摩奴賈（十一世紀前半葉—一一三七）
天文學家巴斯迦羅阿賈利（十一世紀）
一二〇三年威克拉馬西拉寺院被燒哲學家馬杜瓦
（一一九七—一二七六）
一二〇五年穆斯林統治北印度
一二〇六—一二九〇年奴隸王朝建立
一二二一年成吉思汗的軍隊入侵印度河流域
南印度維查耶納伽拉王朝
一三九八年帖木兒軍隊入侵德里
北印度虔信運動展開
《數論經》
羅摩難陀（十四世紀末—十五世紀初）
納德瓦（十六世紀前半葉）
一四八三—一五三八年巴卑爾建莫臥兒王朝
詩人蘇爾達斯（一四七八—一五六三）
一四九八年達·伽馬到印度西海岸
一五一〇年葡萄牙人占領果阿

一五四二—一六〇四年阿克巴統治卡比爾（一四四〇—一五一八）
瓦拉巴（一四七三—一五三一）
柴檀尼亞（一四八五—一五三三）
那納克（一四六九—一五三八），錫克教創立
一六〇〇年英國東印度公司成立
一六〇五年查汗傑即位杜爾西達斯（（一五三二—一六二四）
一六三二—一六五二年修建泰姬陵
一六五八—一七〇七年奧朗則布統治錫克教第六代祖師哈爾·哥賓達（一六〇六—一六四五）
一六五九年學者達拉·西庫被處死
一六三〇—一六八〇年馬拉塔人西瓦吉統治
一七五七年普拉西戰役
一六七四年法國人在本地治理建立殖民地
一八〇二年英國在印度擊敗法國「梵社」成立廢止寡婦殉葬制
達耶難陀·薩拉斯瓦蒂（一八二四—一八八三）
一八四九年英國人征服錫克人羅摩克里什那（一八三六—一信息八六）
一八五七年印度大起義
一八七六年維多利亞女王成為印度之王「雅利安協會」建立（一八七五）
一八八五年印度國大黨建立「大菩提會」建立，佛教回傳印度
維維卡南達（辨喜）（一八六三—一九〇二）
提拉克（一信息五六—一九二〇）
R·泰戈爾（一八六一—一九四一）
一九四七年印度獨立，甘地（一八六九—一九四八）
奧羅賓多·高士（一八七二—一九五〇）

名詞索引（英文）

名詞索引（中文）

四畫

五畫

六畫

七畫

八畫

九畫

十二畫

十三畫

十四畫

十五畫

十六畫

十七畫以上

博雅文庫 233

印度文化史

作　　者　尚會鵬
發 行 人　楊榮川
總 經 理　楊士清
總 編 輯　楊秀麗
副總編輯　黃惠娟
責任編輯　高雅婷
封面設計　姚孝慈
出　　版　博雅書屋有限公司
地　　址　106台北市大安區和平東路二段339號4樓
電　　話　(02) 2705-5066
傳　　真　(02) 2706-6100
劃撥帳號　01068953
戶　　名　五南圖書出版股份有限公司
網　　址　http://www.wunan.com.tw/
電子郵件　wunan@wunan.com.tw
法律顧問　林勝安律師事務所　林勝安律師
出版日期　2019年12月初版一刷
定　　價　新臺幣450元

國家圖書館出版品預行編目資料

印度文化史／尚會鵬著. -- 初版. -- 臺北市：五南, 2019.12
面； 公分
ISBN 978-957-763-710-9（平裝）

1.文化史　2.印度

737.08　108016683